［英］丹尼尔·苏斯金德　著
（Daniel Susskind）

张文婷　舒蕾　译

没有工作
的　世界

如何应对科技性失业
与财富不平等

A WORLD
WITHOUT WORK

TECHNOLOGY,
AUTOMATION,
AND HOW WE SHOULD
RESPOND

中信出版集团｜北京

图书在版编目（CIP）数据

没有工作的世界：如何应对科技性失业与财富不平
等 /（英）丹尼尔·苏斯金德著；张文婷，舒蕾译 . --
北京：中信出版社，2022.2
书名原文：A WORLD WITHOUT WORK : Technology,
Automation, and How We Should Respond
ISBN 978-7-5217-3416-4

Ⅰ . ①没… Ⅱ . ①丹… ②张… ③舒… Ⅲ . ①技术进
步—影响—失业—研究—世界 Ⅳ . ① F241.4

中国版本图书馆 CIP 数据核字（2021）第 152929 号

没有工作的世界：如何应对科技性失业与财富不平等
著者：　　　［英］丹尼尔·苏斯金德
译者：　　　张文婷　舒　蕾
出版发行：中信出版集团股份有限公司
　　　　　（北京市朝阳区惠新东街甲 4 号富盛大厦 2 座　邮编　100029）
承印者：　　北京通州皇家印刷厂

开本：880mm×1230mm　1/32　　　印张：11.75　　字数：300 千字
版次：2022 年 2 月第 1 版　　　　印次：2022 年 2 月第 1 次印刷
京权图字：01-2021-2526　　　　　书号：ISBN 978-7-5217-3416-4
定价：65.00 元

献给格蕾丝和罗莎

推荐序
创造共同富裕的未来世界

我们在迎接人工智能技术带来的社会变革时，总是讨论人工智能技术对经济、生活的各种正面影响，却很少深入思考它对劳动市场的负面影响。

《没有工作的世界：如何应对科技性失业与财富不平等》中有一个深刻的洞见：人工智能技术对就业产生影响的核心原因在于分配问题的扩大，以及由此带来的大规模失业将会深刻影响社会的发展。

事实上，机器代替人类和与人类争夺劳动岗位的问题，在工业革命后就出现了。18世纪的工人就开始有组织地捣毁机器，最终并没能阻碍机器的运用，工作岗位也并没有减少，但是目前这一轮人工智能技术带来的挑战却有所不同。正如我们反复强调的，今天对于人工智能影响就业的分析，不能建立在对历史经验的盲目乐观之上。因为现在的人工智能不仅是一种能替代体力劳动的机器，更是一种足以替代人类脑力劳动的智慧载体。这本书给出了理解这个问题的框架以及创造性的解决方案，即组建"大政府"型的国家，从而在共享社会繁荣方面发挥更大的作用。这跟我国在推动"共同富裕"的目标和方法上有一种共通性。在新冠肺炎疫情暴发后，中国作为控制和治理疫情最好的国家之一，就体现了自身治理方式的优势。面对人工智能带来的就业问题，也可以通过同样的方式来解决。

除了上述洞见外，这本书还讨论了两个很重要的命题：巨型科技公司的垄断以及工作意义感的消失。近年来，国内外都很关注巨型科技公司垄断对社会系统产生的负面影响，尤其是数据隐私、算法歧视等科技伦理问题的集中爆发不容忽视。如何确保在为科技公司带来社会福利的同时避免滥用技术是当下我们面临的重要挑战。另外一个挑战就是如何在工作机会越来越少的世界中找到生活的意义。我们可以预见人工智能将造成传统工作岗位的逐渐消失，能否创造同样多的新就业机会也是一个问题。不过正如作者所说，工作机会和人生目标之间的关系实际上比人们通常认为的要模糊得多，因此重点并不在于工作机会是否消失，而在于如何在没有工作的世界里找寻新的生活的意义。换个角度来说，传统的工作形式实际上分散了人们对生活意义和生命本质的追求，而人工智能的发展则创造了这样的良机，让我们可以停下脚步，仔细思考这个问题。

人工智能技术的发展越来越快，这意味着我们即将迎来自动化程度越来越高的智能社会，同时也正面临越来越多蓝领工人失业的风险，这也意味着我们将要面对工作机会越来越少的现实。人们应该去反思人工智能技术带来的正面和负面效应，同时思考如何建设一个所有人都能共同发展的世界。在此之前我们需要思考一系列问题：智力本质的问题、不平等的社会分配问题、大型科技公司的垄断问题，以及如何赋予生活意义感的问题。阅读这本书虽然不会给我们一个终极的正确答案，但它是我们开始重新思考自己的生活，以及考虑如何与人工智能长期相处的一个好的开始，也是我们面对未来智能社会如何实现共同富裕的一个开始。

刘志毅

数字经济学家、商汤科技智能产业研究院主任

序　言
这个时代最大的经济挑战

本书讲述的是这个时代我们所面临的最大经济挑战之一：由于正在到来的技术变革，这个世界将要面临的威胁是无法为每一个人提供足够多的高薪工作。在我看来，这需要一种紧迫感，因为我们还没有足够认真地对待这一威胁。但没人能预料到，就在本书首次发行的几个月后，一场全球性大流行病将如何终结我们曾了解的经济生活，并使本书所述的想法和担忧比以往任何时候都更加紧迫。

在撰写本书的序言时，新冠肺炎疫情已在全球蔓延了约 6 个月。当大流行病开始时，人们希望它是一场短暂的危机，认为经济需要暂时保持一种停滞状态，一旦疫情过去（最初的想法是在几周内），我们就会迅速恢复正常的经济生活。我们现在知道，最初的希望是完全错误的，疫情还会持续一段时间。危机发生的头几个月的疯狂政策重启，已让位于更为持久的干预。新冠肺炎疫情引发的经济后果比我们最初想象的更具破坏性。例如，从 2020 年 4 月至 6 月，美国遭遇了二战以来最严重的经济崩溃；英国在几个月内失去了近 18 年的经济增长。[1]

这场经济危机的核心是劳动力市场。在新冠肺炎疫情出现之前，世界上许多地方的工作情况已经岌岌可危，其特点是工资停滞不前、居民不安全感上升、少量失业和员工参与度下降。2020 年的新冠肺炎疫情将就业情况推下了悬崖：在如美国和英国等被该病毒重创的许多国家，失业率飙升至异乎寻常的水平。随着新冠肺炎疫情的蔓延，我们发现自己竟被推入了一个工作机会更少的世界。换句话说，不是因为人的工作被自动化所替代，而是因为我们被迫采取的应对病毒的措施（封锁、保持社交距离、自我隔离等）完全摧毁了人们对就业岗位的需求。

因此，我们不得不更早地面对我在本书中所关注的挑战。2020 年美国总统候选人杨安泽在推特上写道："显然我应该谈论的是新冠肺炎疫情，而非自动化。"他更关注失业率增高给社会带来的威胁。[2] 需要明确的是，未来科技性失业的威胁并未减弱，相反，我们有理由认为，现在的威胁比以往更大。但是，新冠肺炎疫情也让我们对未来的状况有了可怕的预见，并让我们对疫情到来时所面对的巨大挑战有了深刻的认识。

窥见未来

我们将在本书中看到，摆在我们面前的根本问题是分配问题。技术进步可能会让我们的集体生活比以往任何时候都更加繁荣，但当我们传统的工资支付不如过去有效时，我们又该如何共享这种繁荣呢？当然，这正是 2020 年要面临的主要经济问题。一夜之间，世界各地的许多工人突然发现自己失去了工作和收入。

我们应该做些什么？我认为，在这样的时刻，国家必须通过所谓的"大政府"，在共享社会繁荣方面发挥更大的作用。新冠肺炎疫情暴发以来，不同的国家所采取的方案不尽相同，但很多方案都涉及国家为那些没有工作的人提供生活保障。事实上，仅在几个月前还被一些人视为稀奇古怪的想法，很快就在政治对话中变得司空见惯。为了给失业者提供保障，并在更广泛的层面上支撑经济，美国的举债规模已是 2007—2008 年金融危机最严重时的 5 倍以上；英国预计在 2020 年创下和平时期的最高借款纪录。[3]

除了共享繁荣，在一个工作更少的世界里，我们可能还会面临另外两大挑战，这两大挑战都与经济没有任何关系。其中之一是少数几家大型科技公司（或称大型互联网公司）的实力不断增强。在这方面，这场疫情也让我们得以窥见未来：这类公司的表现尤其出色，是新冠肺炎疫情下经济形势的一个显著特征。在此次危机期间，仅有 5 家公司的市值一度超过标普 500 指数总市值的 20%。标普 500 指数是记录美国 500 家上市公司的一个股票指数。[4] 单是苹果公司的市值就超过了伦敦证券交易所富时 100 指数中所有公司的市值总和。[5]

然而，我在本书中所关注的远不是大型科技公司的经济实力（尽管它可能很强大，而且还在不断增长），而是它们的政治实力以及它们在未来对自由、民主和社会正义问题可能产生的影响。因此，值得注意的是，例如，自新冠肺炎疫情暴发以来，有关数据隐私和安全问题的辩论是如何悄然从公众的讨论中消失的。在本次疫情暴发之初，一种"不惜一切代价"的心态就已生根发芽，许多国家允许大规模收集、筛选、分类和研究闭路电视监控录像、智能手机位置数据和信用卡购买记录等，以控制病毒扩散的范围。因为来自病毒的威胁要求我们必须这样做。但随着时间的推移，我们必须确保在必要时能够对我们赋予大型科技公司的新的政治权力以及由此带来的使我们在社会中共同生活能力的提升，进行适当的审查和控制。

我认为，在一个工作机会越来越少的世界里，我们将面临的最后一个挑战是寻找生活的意义。人们常说，工作不仅仅是为了收入，更是为了实现人生目标。因此，如果就业岗位枯竭，那么我们的方向感从何而来？我的个人观点是：工作机会和人生目标之间的关系实际上比人们通常认为的要模糊得多。今天，许多人并没有从工作中获得强烈的目标感，我们和工作的关系也与历史上的其他时刻看起来大不相同。新冠肺炎疫情增强了人们的这一信念。是的，曾经发生过一些可怕的事情，让一些人失去了工作，产生了一种无法用失去收入来解释的毁灭感。但也有很多人的感受恰恰相反，他们因从那些根本不值得他们提供劳务的工作中解脱出来，而感到如释重负。

　　但是，如果人们不需要通过工作来谋生，那么他们会做些什么呢？恐怕目前针对这个问题我们还没有很好的答案。在我们的世界里，工作是生活的中心，很难想象我们会用何种不同的方式来打发时间。由新冠肺炎疫情引发的全球性的斗争正表明了这一点。我们可以看到，在过去几个月中人们的消费模式发生了一些明显的变化，例如，英国的面粉、木材和纺织品严重短缺，因为人们开始从事烘焙、园艺和手工制作来充实业余生活；美国也遭遇了类似的破坏性需求飙升。但也有一些不为人所熟知的、关于更大问题的公开讨论：工作与生活的平衡、个人在家庭和社会中的价值、城市生活的优点、如何更好地打发空闲时间、如何在困难时期保持心理健康。（英国成年人的抑郁症患病率在新冠肺炎疫情期间几乎翻了一番；疫情期间，美国政府心理健康热线收到的咨询短信数量增长了近 1 000%。[6]）这些讨论让人感觉如此新颖，但结论有时显得如此随性和不令人满意，这使我的一些感觉更加强烈了，即传统的工作生活分散了人类的本质，然而直到现在才引起了我们对这些重大问题的关注。

自动化的威胁越来越大

新冠肺炎疫情预示着我们将生活在一个自动化程度更高的世界，面临一些不得不去应对的问题——繁荣的分配、大型科技的力量以及寻找工作的意义——但它们也可能加速了自动化世界的到来。

其中一个原因是，全球许多国家现在都处于严重的衰退之中。过去的证据表明，当经济增速放缓时，自动化进程可能会提速。例如，在 21 世纪初期，随着新技术开始承担秘书、文员、销售人员等的工作并取代他们的位置，类似的岗位数量开始减少。在本书中，我详细探讨了为什么这种"中等技能"的工作岗位会流失，而高薪和低薪人员的就业份额却有所增加。但考虑到我们目前的情况，至少在美国，绝大多数的工作岗位流失发生在经济衰退期间。一项有影响力的研究表明，自 20 世纪 80 年代中期以来，这些中等技能岗位的流失，有 88%发生在经济衰退的一年内。[7]

更重要的是，这次衰退不是普通的衰退。这种流行病也为人们担心自动化会带来的威胁创造了新的独特理由。最明显的是，新冠肺炎疫情加强了用机器取代人类的动机。毕竟，机器不会把病毒传染给同事或客户，不会生病，也不会请假，它不需要被"隔离"来保护它的同行。

截至目前，这种情况在一定程度上受到了政府的制约。例如，英国政府曾一度向 960 万名工人（超过英国雇员总数的 1/3）支付高达 80%的工资，以使他们免于失业。[8] 但许多国家的政府并没有采取类似做法。而当那些确实存在的干预措施略有放松时（这是不可避免的），自动化的动力将变得更加强劲。对于那些希望在经济低迷期间提高生产率或在收入下降时削减劳动力成本的企业来说，用机器代替工人从事特定活动似乎越来越有吸引力。

例如，咨询公司安永对全球企业高管进行的一项调查显示，在新冠肺炎疫情暴发之初，41% 的企业正在加速投资自动化。[9]

最后，新冠肺炎疫情可能已经减小了在工作场所使用新技术所带来的文化阻力。毕竟，自动化的障碍不仅仅是技术上的（一项工作是否可能实现自动化）、经济上的（一项工作实现自动化是否有利可图）或监管上的（是否允许一项工作自动化），它也包括文化因素，即自动化在某种程度上取决于人们是否喜欢用机器做一些事情。在某种程度上，我们中的任何一个人（无论是企业主、雇主、雇员还是消费者）可能在新冠肺炎疫情暴发之前就对新技术持有偏见，而这场危机的出现很可能削弱了这种偏见。例如，一项民意调查结果显示，目前，英国所有年龄段的人对科技"感觉更积极"，此外，1/3 的英国人在使用科技方面也变得更加自信。[10] 出于必要，我们正被迫在以几个月前难以想象的方式使用技术，并且这在很大程度上看来是成功的。因此，未来任何自动化形式可能都不会让现在的人觉得是一种前所未有的飞跃。

以药物为例，在新冠肺炎疫情出现之前，80% 的英格兰和威尔士的医生需要进行面对面的预约。现在，这一比例已降至 7% 左右。[11] 很难相信，一旦疫情结束，虚拟预约服务就会停止。此外，我们很容易想象到，医学的其他部分（例如诊断）也可以开始通过技术进行不同方式的处理，而且可能不需要医生的参与；或者以在线法庭为例，在许多司法管辖区，实体法庭被关闭，几乎一夜之间法庭变成了提供网上服务的平台，而不是实体场所。和医学一样，现在我们不仅可以看到这样的虚拟设置如何对刑事司法系统的细微之处进行规范，而且还可以看到一些更大胆的技术提议。例如，一些低成本的民事纠纷可能根本不需要任何商议就能得到解决。面对这种自动化行为，人们的态度似乎远没有几个月前那么激进了。

低薪工人面临失业风险

可以肯定的是，目前科技的发展似乎主要是为了让人们继续工作，而不是用机器替代人工。在危机开始前，美国和英国约 2/3 的人仍能够利用技术进行远程工作，然而直到最近还有很多人认为，这在某种程度上看起来似乎是不可想象的。[12] 然而，并不是每个人都可以在家工作，那些可以在家工作的人往往是收入更高的白领。美国的一项调查发现，在年收入超过 18 万美元的人群中，有 71% 的人可以在疫情期间进行远程工作；而在年收入低于 2.4 万美元的人群中，这一比例只有 41%。另一项研究显示，62% 拥有学士学位或更高学位的员工可以在家工作，而只有 9% 的未能从高中毕业的人可以这样做。[13] 远程工作对许多蓝领工人（比如那些在餐馆、商店和仓库工作的人）来说根本就无法实现。

人们通过技术来适应新冠肺炎疫情带来的变化，从而产生的不平等现象是一个更深层次的问题。当危机出现时，有人说新冠肺炎疫情会使"人人平等"。许多人宣称，这种疾病不会因一个人的种族或财富而区别对待，我们所有人都处于相同的危险之中。现在我们知道这只是个天真的想法。首先，新冠肺炎疫情对医学方面产生的影响极不均衡。在英国，有少数族裔背景的人占总人口的 14%，但他们在重症新冠肺炎患者中的占比高达 34%；在美国，黑人因感染病毒而住院的可能性几乎是白人的 5 倍，死于病毒的可能性是白人的两倍多。[14] 其次，新冠肺炎疫情对经济的影响也极其不平等。例如，失业问题一直集中在低收入人群中。一项研究表明，在疫情开始时，美国收入最低的 20% 劳动者的失业可能性大约是收入最高的 20% 劳动者的 4 倍。[15]

这些不平等现象本身就很明显，但考虑迫在眉睫的自动化威胁也很重要。新冠肺炎疫情很可能既增加了这种威胁，又将对已经处于经济不利地位的工人产生最严重的打击。

在过去几十年里，低收入人群大多受到了自动化的保护。这是因为他们的工作通常涉及与人互动或体力劳动，直到近期这些任务才被证明是难以自动化的。但过去几个月发生的残酷且具有讽刺意味的事情是，正是因为他们的工作特性，这些工人反而遭受了最严重的打击。病毒通过人与人接触传播，并且更容易在工厂和仓库等通风不畅的室内空间滋生，导致许多人发现自己无法从事之前的工作了。

由于新冠肺炎疫情增加了自动化的动力，因此，这些蓝领工人面临的风险可能也最大。他们不能在传统的工作场所工作，也不可能回到家里办公。最近，许多关于技术发展方面的报道似乎都是直接针对这类人群的，包括为货架备货、包装、招待顾客、送货、清洁地板、测量温度等而发明的机器。

一种有效疫苗的出现，是否意味着这种自动化的动力会逐渐减弱，并最终消失呢？事实可能的确如此，但我们目前尚不清楚，这种发展（无论从医学角度看它有多么了不起）能否消除自动化带来的威胁。首先，前面提到的文化转变可能会持续下去。如果新冠肺炎疫情使我们更加拥抱技术，那么这种新的观念可能会继续存在并发展下去。更重要的是，新冠肺炎疫情还改变了许多人的基本生活节奏。我们减少外出就餐和购物，而更多地选择在网上购物；如果可能的话，人们会尽量避免出行，远离剧院、电影院和举办体育赛事的场所，尽量居家工作等。即使新冠肺炎疫情逐渐好转并消失，政府放松限制，这些习惯和行为的变化也不太可能完全被瞬时逆转。[16]

有些人说新冠肺炎疫情的出现，预示着"办公室的终结""商业街的死亡""城市中心的崩溃"，这可能有些夸大其词。尽管办公室和购物中心被人们冷落了一段时间，但人们正慢慢开始回归。[17] 然而，这些地方完全有可能在相当长的一段时间内（也许是无限期）仍将是疫情时期的缩影。如果真的是这样，那么对依赖这些地方的工人来说可不是个好兆头，包括在办公楼里工作的保安、接待员和清洁工，附近街道的服务员、三明治师傅和咖啡师，市中心的零售商、交通乘务员、酒店员工和艺人等。当然，人们对这些工作的需求程度下降可能更多是受到新冠肺炎疫情的影响，而不是技术本身所产生的影响。在考虑自动化带来的威胁时，这些转变是至关重要的，因为低工资，动手操作的工作正是过去可能被机器取代的工作，而它们的未来充满了未知。

从某种意义上说，新冠肺炎疫情是一次我们应对工作机会更少的世界的锻炼。这种锻炼是没有提前计划的，也是我们所不希望发生的，但它也被证明是有价值和具有启示性的。我希望在未来的几个月或几年里，我们能够对这一巨大的社会实验进行反思，了解我们在应对这场危机时发挥了哪些作用，并诚实地承认在哪些方面我们做得还不够。目前，我们只是这个工作机会更少的世界的临时访客。这次新冠肺炎疫情，就像之前所有的大规模流行病一样，最终会变成过去，今天困扰我们的问题也将逐渐消失。但当疫情的危机消退时，自动化的威胁可能只会增加。然后，我们在新冠肺炎疫情期间看到的令人不安的挑战将再次出现，并开始再次困扰和考验我们。

前　言
科技性失业带来的问题与应对

　　人们应该仍对 19 世纪 90 年代发生的"马粪危机"记忆犹新。[1] 那个时期，在伦敦和纽约这样的大城市里，最流行的交通工具都是马匹，大量的马匹在街道上拉着出租车、货车和其他各种交通工具。作为交通工具，马匹的效率并不是特别高：它们必须每隔几英里①就休息一下以恢复体力，这在一定程度上也解释了为什么当时人们需要这么多马匹。[2] 例如，驾驶一辆普通的马车，至少需要三匹马：两匹轮流拉着它前进，另外一匹备用，以防出现故障。马拉有轨电车是当时纽约人的首选交通方式，以 8 匹马为一个小组轮流在一组专门铺设的轨道上拉动车辆。在伦敦，有数千辆双层马拉公交车（今天红色巴士的中型版本），每辆都需要十几匹马来合作拉动。[3]

　　这些马匹带来了大量的粪便。一匹健康的马每天会产生 15~30 磅②的粪便，几乎相当于一个两岁孩子的体重。[4] 一位在纽约州罗彻斯特工作的卫生官员计算，仅他所在的城市，马匹一年的粪便产量就足以

---

① 1 英里 =1.609 344 千米。——编者注

② 1 磅 =0.453 6 千克。——编者注

覆盖 1 英亩[①]土地，并高达 175 英尺[②]，这几乎和比萨斜塔一样高。[5]当时，人们从这些计算中推断出一个不可避免的充满肥料的未来：一位纽约的评论家预言这些粪便的高度将很快达到 3 层楼的窗户那么高。一位伦敦的记者则设想：到 20 世纪中叶，街道将被埋在 9 英尺高的粪便下面。[6]况且这场危机不仅仅与粪便有关，道路上堆满了成千上万匹腐烂的死马，许多是人们故意让其腐烂到便于处理的大小。仅 1880 年，就大约有 1.5 万匹马的尸体被运出纽约。[7]

据说政策制定者不知道该怎么做。[8]他们不能简单地禁止马匹上路，因为这些马太重要了。1872 年，当所谓的"马瘟"侵袭美国时，马被这场有史以来最严重的疫情之一所击倒，美国的大部分经济陷入停滞状态。[9]有些人甚至把当年波士顿的大火归咎于这场"马瘟"疫情，他们声称，700 栋建筑被烧为平地是因为没有足够的马匹把消防设备拉到现场。[10]但政策制定者最终没有对此表示担心，因为故事的转折点出现在 19 世纪 70 年代，那时第一台内燃机问世了。在 19 世纪 80 年代，内燃机被安装在了第一辆汽车上。仅仅几十年后，亨利·福特将他著名的 T 型车带入了大众市场。到 1912 年，纽约的汽车数量就比马车的数量多了。5 年后，该市最后一辆马拉有轨电车退役，[11]宣告了"马粪危机"的结束。

伊丽莎白·科尔伯特在《纽约客》上称，这个"马粪的寓言故事"多年来已经被复述过很多次了。[12]在这个寓言故事的大多数版本中，人们对马车的衰落都是持乐观态度的。它作为一个技术胜利的故事，一个令人安心的提醒，提醒人们即使发现自己深陷一个肮脏的、似乎难

---

① 1 英亩 =0.004 05 平方千米。——编者注
② 1 英尺 =0.304 8 米。——编者注

以解决的问题时，也要保持思想的开放。但对 1973 年诺贝尔经济学奖得主、俄裔美国经济学家华西里·列昂惕夫来说，同样的事件却表明了一个更令人不安的现象。他看到的是一种新技术——内燃机，是如何在短短几十年的时间里，将几千年来在经济生活中扮演核心角色的物种排挤到一边的。这一物种在城市和农场中都扮演了重要角色。在 20 世纪 80 年代早期的一系列的文章中，列昂惕夫提出了现代经济思想中最臭名昭著的主张之一。他说，科技进步对马匹产生的影响，最终也会同等地映射到人类身上——让我们失业。他认为，计算机和机器人之于我们，就像汽车和拖拉机之于马匹。[13]

今天，世界再次被列昂惕夫的恐惧所笼罩。在美国，30% 的工人认为他们的工作在未来可能会被机器人和计算机所取代。在英国，同样比例的人认为未来 20 年可能会发生这种情况。[14] 在本书中，我想解释为什么我们必须认真对待这类恐惧，不仅是说它们的内容，更多的是说它们的精神。在 21 世纪，会有足够多的工作机会提供给每个人吗？这是我们在这个时代要思考的重大问题之一。在接下来的篇幅中，我将对上述问题做出否定回答，并解释为什么"科技性失业"的威胁在目前来看是真实的。我将描述这会给我们带来的问题（包括现在和将来），最重要的是阐述我们应该如何去应对。

伟大的英国经济学家约翰·梅纳德·凯恩斯提出了"技术性失业"一词，几乎 50 年后列昂惕夫才写下他的担忧，他用简洁的词语组合表达了新技术可能会让人们失业的观点。在接下来的内容中，我将引用自凯恩斯发展起来的许多经济论点，试图更好地回顾过去发生的事情，并对未来有一个更清晰的认识。但我也将努力超越这一领域大多数经济学家狭窄的知识范围进行分析和论述。未来工作会提出一些既令人兴奋又令人不安的问题，这些问题往往与经济学毫无关系：关于智力本质的问题、关于不平等以及它为什么重要的问题、关于大型科技公司政治权力的问题、关于过有意义的生活意味着什么的问题、关于我们如何在一个与我们成长的世界截然不同的世界里共同生活的问题。在我看来，任何关于未来工作的故事，如果不能回答这些问题，都是不完整的。

不是大爆炸，而是逐渐凋零

思考未来工作的一个重要出发点是，过去许多人也以类似的方式对未来感到担忧，但这是错误的。这并不是自动化焦虑的第一次蔓延，它也不是在 20 世纪 30 年代由凯恩斯首次提出的。事实上，自从几个世纪前现代经济开始增长以来，人们就会周期性地对被机器取代感到恐慌。然而，事实一次又一次证明，这些担忧是错误的。尽管多年来技术不断进步，但人类始终有足够的工作需求，可以避免出现大批永久流离失所的人。

所以，在本书的前四章，我从这段历史着手，研究为什么那些担心被机器取代的人所持的观点总是错误的，探索经济学家如何随着时间的推移改变了他们对技术工作所产生的影响的看法。然后，我转向人工智能的历史，这是一项在过去几年里凝聚了我们集体想象力的技术，也是现在许多人重新对未来感到不安的主要原因。事实上，我们早在几十年前就开始对人工智能进行研究了，最初人们怀着一股热情和兴奋，但随后就陷入了漫长的"寒冬"，几乎没有取得任何进展。然而，近年来，对人工智能的研究逐渐复苏，这是一场智力和实践方面的革命，令许多经济学家、计算机科学家和其他试图预测哪些事情是机器无法代替劳动力的人措手不及。

　　基于这段历史，在本书的第五章至第八章，我试图回避其他人之前所犯的知识错误，重点解释科技性失业在 21 世纪将会如何发展。在最近的一项调查中，顶尖的计算机科学家声称，45 年内，机器在"每项任务"上都有 50% 的机会超越人类。[15] 我所提出的观点并不依赖于这样戏剧性的，却被证明是正确的预测。事实上，我很难相信他们会这么做。即使在 21 世纪末，在那些很难实现自动化、无利可图的自动化或可能实现且有利可图的自动化领域中，我们仍然宁愿人类来做这些工作。尽管对美国和英国工人进行的调查的结果反映出了人们对此的担忧，但我也很难想象当今的许多工作将会在未来几年完全消失（更不用说在未来可能出现的新的工作类型了）。我预计，其中大部分工作最终将涉及一些即使是最强大的机器也无法完成的任务。

　　我讲的是一个不同的故事。在未来，机器不会做所有的事情，但它们会做的事情会越来越多。当机器慢慢地，且尽可能地承担越来越多的任务时，人类将被迫只能做越来越少的工作。而这些仅存的工作不太可能是每个人都能胜任的，而且我们也没有理由想象会有足够多的岗位可以提供给所有有能力从事这项工作的人。

　　换句话说，如果你期待这本书讲述的是未来几十年将发生一场戏剧性的科技大爆炸，而在那之后，许多人在一夜之间发现自己失业了，那么恐怕你会失望。因为这种情况不太可能发生：几乎可以肯定一些工作在相当长的一段时间内会继续存在。但是，随着时间的推移，越来越多的人可能无法完成这些工作。而且，随着我们进入 21 世纪，对只有人类才能进行的工作的需求可能会逐渐减少。最终，我们将无法为很多人提供传统的高薪工作。

　　思考这些的一个重要意义是，自动化已经对世界许多地区的农业和制造业产生了影响。农民和工人依然是被需要的，这些工作岗位还没有完全消失。但这两个行业所需的人员数量都出现了下降，有时甚至是急剧下降，尽管这些行业当今的产出高于以往任何时候。简言之，在一些经济领域，对人类工作的需求已经不足以让同样数量的人继续工作。当然，我们将看到，这种比较是有其局限性的。但它仍然有助于凸显我们对未来真正应该担忧的东西：未来不是像一些人预测的那样，是一个没有工作的世界，而是一个没有足够多的工作让每个人都有事做的世界。

人们倾向于把科技性失业看作当今经济生活的彻底中断，而不是神经过度紧张、头发凌乱的经济学家的凭空想象。通过探究科技性失业是如何发生的，我们将明白为什么这种态度是错误的。如今，人们对经济不平等的担忧正在加剧，与此同时，对自动化的担忧也正在加剧，这并非巧合。不平等和科技性失业，这两个问题是密切相关的。今天，劳动力市场是我们分享社会经济繁荣的主要方式：大多数人的工作即使不是唯一的，也是他们主要的收入来源。劳动力市场上存在着巨大的不平等现象，一些劳动者的劳动所得远远低于其他人，这些表明这种方式已经开始失灵。科技性失业只是"马粪危机"的一个更为极端的版本，但它最终会导致一些工人什么都得不到。

在本书的最后几章，我试图解开产生于工作机会更少的未来世界的不同问题，并描述我们应该如何应对它们。第一个是刚刚提到的经济问题：如何在传统机制（按人们所做的工作支付报酬）不如过去有效的情况下共享社会的繁荣。然后我转向了两个与经济学几乎没有任何关系的问题。一个问题是大型科技公司的崛起，因为在未来，我们的生活可能会被少数大型科技公司主宰。在 20 世纪，我们的主要担忧可能是公司的经济实力，但在 21 世纪，这将被对它们政治实力的担忧所取代。另一个问题是寻找生命意义的挑战。人们常说，工作不仅是获得收入的手段，也是获得方向的来源：如果这是正确的，那么工作机会少的世界可能也是一个目标少的世界。这些都是我们将面临的问题，我们需要对每一个问题做出回应。

10 年思考一个问题

在某种程度上，本书中的故事和争论都与个人经历有关。大约 10 年前，我开始认真地思考技术和工作的关系。然而，在此之前，这只是一种非正式的兴趣，也是我经常思考的问题。我的父亲理查德·苏斯金德于 20 世纪 80 年代在牛津大学获得了人工智能和法律方面的博士学位。那些年他一直待在一个计算机实验室里，试图制造出能够解决法律问题的机器。1988 年，他与他人合作开发了世界上第一个商用人工智能法律系统。在接下来的几十年里，他的职业生涯建立在这项工作的基础上，所以在我成长的家庭里，我们在餐桌上反复讨论与技术难题有关的话题。

离开家后，我去了牛津大学学习经济学。在那里，我第一次接触到了经济学家思考技术和工作的方式。这格外令人着迷。我被经济学家严谨的文笔、精确的模型和自信的主张深深吸引了。在我看来，他们找到了一种可以消除现实生活中令人迷失方向的混乱的方法，并揭示问题的核心。

随着时间的流逝，我最初的兴趣也渐渐淡化，并最终消失。毕业后，我加入了英国政府，先是在首相战略组任职，然后加入位于唐宁街 10 号的内阁办公室的政策小组。在那里，我在一些喜欢技术的同事的鼓励下，开始更仔细地思考未来的工作以及政府是否会在某种程度上为这些工作提供帮助。但当我为此求助于我本科所学的经济学知识时，我发现它远没有我想象的那么有洞察力。在经济学界有一个原则，就是许多经济学家希望用已有的证据来证明自己的观点。正如一位著名经济学家所言，"虽然我们都喜欢科幻小说，但历史书通常是对未来的一个更安全的向导"[16]。我并不认同这种观点。我们目前所面临的经济形势，看起来与以往的经验完全不同，对此我感到非常不安。

因此，我辞去了英国政府的工作，去美国学习了一段时间后，重新回到学术界，探索关于未来工作的各种问题。我获得了经济学博士学位，对传统经济学家关于技术和工作的思考方式提出了挑战，并试图设计出一种新的方式来思考劳动力市场正在发生的事情。与此同时，我与父亲合著了《职业的未来》(*The Future of the Professions*) 一书，探讨了科技对专业白领人士（律师、医生、会计师、教师等）的影响。10 年前，当我们开始研究这个项目时，有一个广泛流传的假设，即自动化只会影响蓝领工人。人们认为专业人士在某种程度上不会受科技变化的影响。我们对这个想法提出了挑战，描述了新技术将如何帮助我们在不像过去依赖传统专业人士的基础上，解决社会上一些最重要的问题：提供司法途径，让人们保持良好的健康状态，教育我们的孩子。[17]

我的学术见解和我们那本关于职业的书中的内容将会在接下来的章节中再次出现，也会在以后的经验和思考中被打磨得更好。简言之，本书记录了我的个人历程，以及我花 10 年时间思考的一个特定问题——工作的未来。

新出现的三个问题

本书对未来持乐观态度。原因很简单，在未来几十年里，技术进步有可能会解决一直困扰人类的经济问题。如果我们像经济学家喜欢做的那样，把经济看作一个蛋糕，那么传统的挑战是如何把这个蛋糕做得足够大，让每个人都能生存下去。在公元 1 世纪初，如果把全球经济这块蛋糕均分给世界上的每个人，按今天的美元计算，每人每年只能分到几百美元，大多数人就会生活在贫困线附近。从现在往前推 1 000 年，情况也大致如此。

但在过去的几百年里，技术进步推动着经济迅速增长。全球的经济蛋糕做得越来越大。如今，全球人均 GDP（国内生产总值）已经达到每年 10 720 美元左右（75.3 亿人分 80.7 万亿美元的蛋糕）。[18] 如果经济继续以每年 2% 的速度增长，那么我们的孩子的财富将是我们的两倍。如果我们期望年经济增长率仅为 1%，那么我们的孙子辈将比现在的我们富裕两倍。至少在原则上，我们现在几乎解决了过去困扰人类同胞的贫困问题。正如经济学家约翰·肯尼思·加尔布雷思所说："人类暂时摆脱了长期以来被命运所主宰的贫困。"[19]

奇怪的是，科技性失业将会是一个成功的标志。在 21 世纪，技术进步将解决一个问题，即如何把蛋糕做得足够大，让每个人都能生存下去。但是，正如我们所看到的，又会出现另外三个问题：目的、权力和不平等。我们应该如何应对这些挑战，如何共享经济繁荣，如何限制大型科技公司的政治权力以及如何在一个工作机会更少的世界中寻找意义，这些问题都将存在分歧。这就要求我们着手去解决一些难题，我们可以问：国家应该做什么和不应该做什么？我们对人类同胞的本质义务是什么？过一个有意义的人生意味着什么？但归根结底，这些问题要比困扰我们祖先几个世纪的难题更具吸引力，即如何首先创造出足够多的食物让每个人都能生存下去。

列昂惕夫曾经说过："如果马能加入民主党并参加投票，农场的情况可能会有所不同。"[20] 当然，这是一个带有严肃意义的俏皮话。马无法掌控它们的集体命运，但人可以。我不是一个技术决定论者：我不认为未来一定会按照某种特定的方式运行。我同意哲学家卡尔·波普尔的观点，当他说"未来取决于我们自己，而不是被历史和天命所决定"时，就已经在与天命论者为敌。[21] 但我也是一个技术现实主义者：我确实认为我们的自由裁量权受到了限制。在 21 世纪，我们无法逃避的事实是：我们将建造比我们今天拥有的更加强大的系统和机器，这些新技术将继续承担那些我们认为只有人类才能完成的任务。在我看来，我们面临的挑战是，既要把未来那些不可避免的情况当作既定条件，又要继续建设一个让我们所有人都能繁荣发展的世界。这就是本书的内容。

目 录

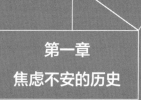

第一章

焦虑不安的历史

经济增长是最近几百年才出现的现象。事实上，在人类存在的30万年里，经济增长在大部分时间都是相对停滞的。远古时期，我们的祖先只是狩猎和收集生存所需的东西。[1]但在过去的几百年里，经济却以爆炸式的增长而告终，面临停滞状态。每个人的生产数量增加了大约13倍，全球总产出飙升了近300倍。[2]假设人类存在的时间总和为一个小时，那么大部分的经济活动都发生在最后半秒钟左右。自公元1年以来全球总产出变化情况如图1.1所示。

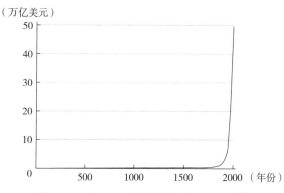

图1.1　自公元1年以来的全球总产出[3]

经济学家一致认为是持续的技术进步推动了这一增长，但为什么它开始的时间和地点是在 18 世纪末的西欧？[4] 其中一个原因可能与地理位置有关：某些国家拥有丰富的资源、宜人的气候，便于跨越海岸线和河流进行贸易。另一个原因可能与文化有关：不同地区的人受到截然不同的历史知识和宗教的影响，对科学方法、资金、工作以及彼此的态度也不同（据说社会中的信任水平也很重要）。然而，最常见的解释是与制度有关：有些国家保护财产权、实行法治并鼓励冒险、勤劳和创新，有些国家则并非如此。

不论是什么特殊原因，都导致英国引领了经济大潮，并在 18 世纪 60 年代遥遥领先于其他国家。[5] 在接下来的几十年里，新机器的发明和使用极大地改善了产品的生产方式。有些已经成为经济进步和技术创新的标志，比如蒸汽机。尽管"革命"这个词看起来很有戏剧性，但它可能仍然是一种保守的说法：工业革命是人类历史上最重要的时刻之一。在此之前，任何经济增长都是有限的、断断续续的，并且很快就夭折了；在此之后，经济增长则变得相对丰富和持续。如今，我们已经完全依赖于这种经济解决方案。想一想在每次经济增长停滞甚至放缓时，愤怒和焦虑的情绪就会开始爆发，沮丧和绝望的浪潮就会冲击整个社会，就好像没有它我们就不能活得更好。

工业革命的新技术使制造商能够比以往任何时候都更高效地运作。简言之，就是用更少的钱制造更多的东西。[6] 正是在这里——现代经济增长之初，我们也可以发现"自动化焦虑"的根源。人们开始担心，使用这些机器来制造更多的东西也意味着对自己工作的需求会减少。似乎从一开始，经济增长和自动化焦虑就交织在了一起。

当然，人们肯定在那之前就已经对自动化感到焦虑了。对于任何发明的出现来说，都有可能存在一群感觉自己受威胁的不幸之人。例如，印刷术（也许是工业革命之前所有技术中最重要的一种）最初遭到了想要保护传统工艺的人力抄写员的抵制，他们说只有魔鬼才能如此迅速地印出这么多本《圣经》。[7]但是，工业革命期间发生变化的特征与过去不同，它们的强度、广度和持久性加重了人们已有的担忧。

关于自动化的焦虑

担心自动化会破坏就业环境的焦虑演变成了抗议和反对。想想詹姆斯·哈格里夫斯的经历吧，这位谦虚的人发明了珍妮机。作为一名不识字的纺织工，他生活在兰开夏郡的一个偏远村庄，在机缘巧合下建造了这样的装置。这种机器可以使棉花纺线的速度比人工快得多，当把原棉纺成可用的线成为一项不断增长的业务时，这就是一项有价值的创新（事实上，到19世纪中叶，英国生产了全球一半的布料[8]）。但是，当哈格里夫斯的阴谋论传开后，他的邻居就破门而入，把机器捣毁了，还无理地毁掉了他的家具。当哈格里夫斯试图在别处建厂时，他和他的商业伙伴遭到了一群暴徒的攻击。[9]

与哈格里夫斯同时代的约翰·凯伊，在18世纪30年代发明飞梭时也曾遭遇过类似的命运。据说，他的家曾遭到过愤怒织工的洗劫，"如果不是两个朋友用羊毛被单把他送到安全的地方，那些纺织工人早就杀了他"。[10]曼彻斯特市政厅里的一幅19世纪的壁画描绘了他逃脱危险的情景。[11]

这些并非偶发事件。在工业革命时期，这种技术破坏行为非常普遍。众所周知，这些掠夺者被称为"卢德主义者"。他们的名字来源于奈德·卢德，一位来自东米德兰地区，在工业革命之初毁坏了整套织布设备的假织布工。奈德可能不是真实存在的人，但他的后继者造成的混乱却是真实存在的。1812 年，英国议会被迫通过了与破坏纺织设备等相关的法案。毁坏机器成了一种可以被判处死刑的罪行，并且很快就有几个人被起诉并被处决了。第二年，惩罚措施被放宽为驱逐到澳大利亚，但事实证明，这依然不够大快人心，因此 1817 年又恢复了死刑。[12] 今天，我们依然把同时代对技术不感兴趣的人称为"卢德主义者"。

在工业革命之前，国家并不总是站在发明者一边。事实上，有些时候它会为心怀不满的工人所烦忧，这些工人会介入并试图阻止创新的传播。回想 16 世纪 80 年代的两个故事：第一个故事关于威廉·李。他是一位英国牧师，他发明的一种机器把人们从手工编织中解放出来。1589 年他前往伦敦，希望向女王伊丽莎白一世展示他的发明，并申请专利对其加以保护。但当女王看到这台机器时，她断然拒绝了，并回答道："你志存高远！但是想想这发明会对我可怜的臣民造成什么影响吧！这会剥夺他们的就业机会，无疑会给他们带来毁灭，使他们沦为乞丐。"[13] 第二个故事是安东·穆勒的悲剧，这个倒霉的人在 1586 年发明了织布机，之所以倒霉是因为这并不像拒绝一个专利那么简单，据说，他的家乡丹泽市政府对其成果的回应是下令将他勒死，这与今天我们对发明家热情的态度截然不同。[14]

焦虑的不仅仅是工人和政府。随着时间的推移，经济学家也开始研究自动化带来的威胁。如前所述，1930 年凯恩斯提出的"技术性失业"一词就广为流传。李嘉图（经济学奠基人之一）早在凯恩斯之前的一个多世纪就已经在这个问题上苦苦挣扎了。1817 年，李嘉图出版了他的伟大著作《政治经济学及赋税原理》。在出版后的 4 年里，他于更新版中增加了新的一章"关于机械"。在这一章中，他做出了一个重大的妥协，宣布他在技术进步是否有利于工人的问题上改变了想法。他认为自己的"机器对劳动普遍有益"的想法是一个"错误"，而他现在认为这些机器实际上是"非常有害"的（也许是因为工业革命给李嘉图的祖国——英国带来的痛苦的经济变化）。[15]

整个 20 世纪的社会中一直弥漫着人们对机器消极影响的焦虑。在过去的几年中，我们看到了大量与自动化威胁的内容相关的书籍、文章和报告。然而，早在 1940 年，关于技术性失业的争论就已经非常普遍，以至《纽约时报》很自然地称它为"古老的争论"。[16] 的确，这些论点往往会反复出现。美国前总统奥巴马在 2016 年的告别演讲中称自动化会导致"下一波经济浪潮的混乱"。大约在 60 年前，肯尼迪总统也这么说过，当时他用了几乎相同的词，说自动化带来了"工业混乱"。[17] 同样，2016 年，斯蒂芬·霍金描述了自动化是如何导致蓝领工作机会"锐减"的，并预测这一趋势将很快"扩展……并深入中产阶级"。[18] 爱因斯坦在 1931 年也发出过类似的警告，他认为"人造机器"本来是要把人类从繁重的劳动中解放出来，结果它们却准备"压垮"它们的创造者。[19] 事实上，自 1920 年以来，几乎每 10 年，《纽约时报》都会有一篇以某种方式讨论技术性失业产生的威胁的文章。[20]

技术变革带来的动荡与变化

事实证明，这些对新技术可能造成经济危害的担忧大部分是错误的。回顾过去的几百年，几乎没有证据支持这种最初的恐惧：技术进步将产生大量永久性失业工人。当然，工人最初的劳动已经被新技术所取代，但最终大多数人也倾向于寻找新的工作。人们一次又一次地担心"这次不一样"，担心随着新技术的发展，大规模置换迫在眉睫。但事实上，每一次都差不多，所谓的大规模置换并没有真的出现。

可以理解的是，这是那些对未来心存疑虑的人能够感到乐观的普遍原因。如果那些在过去担心未来工作的人是错误的，那么，那些在今天焦虑未来的人就肯定也是错误的吗？

正如我们将看到的，这个问题并非如此简单。即使对"这次与之前不同"的担忧在以前被证明是错误的，但在今天仍然可能是正确的。更重要的是，即使历史会重演，我们仍应警惕对过去的过分乐观。人们确实在被技术取代后会找到新的工作，但这一切发生的方式并非温和或良性的。再以技术进步的典型时刻——工业革命为例。尽管"卢德主义者"很担心，但英国的失业率仍然相对较低，如图 1.2 所示。但在当时，整个行业都被摧毁了，手工编织和蜡烛制造等利润丰厚的工艺品都变成了无利可图的消遣。人们逃离城镇，整个城市陷入衰退。值得注意的是，英国的实际工资几乎没有增长，从 1760 年到 1820 年仅增长了 4%。与此同时，食物越来越贵，饮食条件越来越差，婴儿死亡率攀升，预期寿命减少，人口数量急剧下降。[21] 一位历史学家的报告表明，由于这些问题，人们的平均身高降到了历史最低水平。[22]

如今，"卢德主义者"常常被视为技术文盲，但有证据表明，他们有权表示不满。事实上，技术变革引起的动荡和困境最终促成了福利国家的兴起，这或许是 20 世纪最激进的发明。关于被解雇的工人最终会找到新工作的说法，也没有什么值得高兴的。用经济学家泰勒·考恩的话来说，也许未来会像过去一样，这就是为什么我们不应该对工作的未来感到乐观。[23]

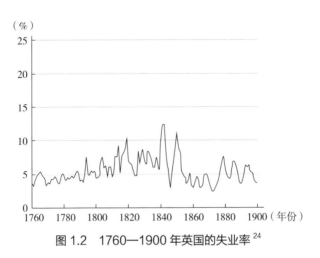

图 1.2　1760—1900 年英国的失业率 [24]

也不是说那些关于未来工作机会可能会减少的担忧就是完全错误的。以凯恩斯为例，他在 1930 年就曾想到，一百年内，技术进步将带我们进入一个"每 3 小时轮一次班"或"每周工作 15 小时"的世界。如今，他的批评者兴奋地指出，他的预测将在 10 年左右实现，而到目前为止，他所谓的"休闲时代"尚未出现。[25] 这种批评有一定的力量，但从总体数据来看，情况更加微妙。在经济合作与发展组织（OECD）这个由几十个富裕国家组成的俱乐部中，人们每年的平均工作时间在过去的 50 年里一直在持续下降。虽然下降的速度很慢，却很稳定，大约每 10 年减少 45 个小时（见图 1.3）。

重要的是，这种下降在很大程度上与技术进步和随之而来的劳动生产率提高有关。以 2014 年为例，德国是欧洲劳动生产率最高的国家之一，也是每年人均工作时间最短的国家。希腊是欧洲劳动生产率最低的国家之一，却是每年人均工作时间最长的国家。如图 1.4 所示，

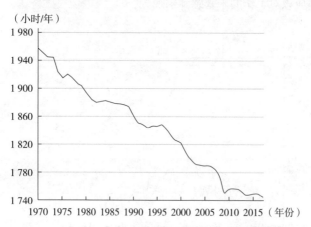

图 1.3　1970—2015 年 OECD 国家每年人均工作时间 [26]

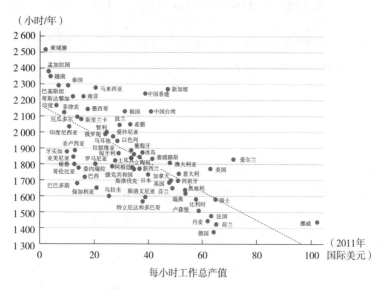

图 1.4　2014 年生产率与年度工时 [27]

这是一个总体趋势：在劳动生产率更高的国家，人们的工作时间往往更少。正如凯恩斯所预期的那样，我们虽然还没有达到每周工作 15 个小时的状态，但由于技术的持续进步，我们已经开始朝着这个方向发展了。[28]

在考虑将来可能发生的事情时，请记住所有这些信息。现在，我们花了很多时间试图弄清楚将来会有多少"工作"。例如，悲观主义者会想象出一个世界，在这个世界中很多人发现自己无所事事，没有什么特别有成就感的事情可做，因为"机器人"包揽了所有工作。然而，乐观主义者认为，目前的失业率在很多方面都达到了历史最低水平，并表示对未来没有工作的担忧毫无依据。但是在这场争论中，双方都在以一种非常狭隘的方式来思考工作的未来，好像唯一重要的事情就是人们是否会被雇用。历史表明，就工作本身而言，这种思维方式无法概括全部情况。技术变革不仅会影响工作量，而且会影响工作的性质。这份工作的薪水如何？它的安全性如何？每天或者每周工作的时间是多少？这份工作涉及什么类型的任务？你是需要一份从早到晚忙来忙去的令你充实的工作，还是需要躲在幕后的那种工作？只关注就业的风险，与其说是见树不见林，不如说是一叶障目，不见泰山。

我将继续讨论与工作相关的问题。我们应该记住，技术进步不仅会影响工作岗位的数量，还会影响许多其他方面。在后面的章节中，我将再次详细探讨这些内容。

有益的互补力量

考虑到这些警告，我们现在可以转向更为宽泛的问题了。在过去，尽管有很多人对此表示担心，但技术进步并未造成大规模的失业。

当我们回顾过去几百年来实际发生的情况时，会发现让我们祖先忧心忡忡的问题是技术变革对工作产生的消极影响，机器的确在某些方面替代了人工，但这仅仅是故事的一面。机器不可能替代人类，它们只是对自动化的任务进行了完善，从而提高了人们做这份工作的效率。纵观历史，始终有两种截然不同的力量在发挥作用：替代力量损害了工人的利益，而有益的互补力量却起到了相反的作用。这种有益的力量常常会被人们忘记，它以三种不同的方式在起作用。

1. 生产率效应

新技术进行有益驱动的最明显的方式是通过互补的力量来帮助人类。即便新技术取代了一些工人的工作，但也常常使其他工人的工作更有效率。想想英国的纺织工，他们幸运地发现自己在 18 世纪 30 年代可以操作约翰·凯伊发明的飞梭，或者在 18 世纪 60 年代使用着哈格里夫斯发明的珍妮机。与仅依靠双手的同时代人相比，他们能够纺出更多的棉布。这就是生产率效应。[29]

我们在如今的工作中也可以看到这种生产率效应。比如，卫星导航定位系统帮助出租车司机在不熟悉的道路上行驶；或者建筑师通过使用计算机辅助设计软件来构造更复杂的建筑；或者会计师使用税务计算软件来处理更难、更棘手的计算问题。结果，所有人都有可能变得更擅长他们的工作。以医疗为例，麻省理工学院的研究人员在 2016 年开发了一种系统，该系统可以通过活检来检测人们是否患有乳腺癌，且准确率为 92.5%。相比之下，人类病理学家的诊断准确率能够达到 96.6%，当人类病理学家使用麻省理工学院的系统进行诊断时，则能够将准确率提高到近乎完美的 99.5%，新技术使这些医生在识别癌症的工作中表现得更加出色。[30]

在其他情况下，新技术可以使某些任务自动化，不再由工人来做，从而使工人更有效率地完成剩下的工作。想象一下，如果大量实体的法律文件审查工作由一个自动化的文件审查系统进行，该软件可以更快地审查相关材料，在许多情况下也可以更精确地找到对应的法律材料。[31] 现在，同一位律师可以将注意力转移到与提供法律建议有关的任务上，可能是与他的客户面对面交流，或者将其解决问题的能力用在一个特别棘手的法律问题上。

在所有这些情况下，如果通过提高劳动生产率把较低的价格或质量更好的服务传递给客户，则人们对商品和服务的需求可能会增加，对工人的需求量也会随之上升。因此，通过生产率效应，技术进步以一种非常直接的方式与人类的发展相辅相成。技术进步使人类更擅长其所从事的工作，从而增加了人类对工作的需求。

2. 做大蛋糕效应

经济史还揭示了另一种互补的力量以不那么直接的方式帮助过工人：如果我们再次将经济看作一个蛋糕，那么技术进步可以让蛋糕变得更大。如前所述，在过去的数百年中，经济产出大幅增长。以英国为例，从 1700 年到 2000 年，英国的经济增长了 113 倍。与同一时期其他欠发达的国家相比，这算不了什么：在同样的 300 年里，日本经济增长了 171 倍，巴西经济增长了 1 699 倍，澳大利亚经济增长了 2 300 倍，加拿大经济增长了 8 132 倍，而美国经济惊人地增长了 15 241 倍。[32]

凭直觉，这样的增长很可能对工人来说也是有益的。随着经济的增长，人们变得越来越富裕，他们可以有更多的收入、更多的工作机会。的确，有些任务可能会被自动化并丢给机器去做。但是随着经济的发展，人们对商品和服务的需求量会增加，对生产这些商品和服务的工作的需求量也会增加。因此被取代的工人可能会找到与之相关的工作，所以这里也会包括一些尚未实现自动化的工作。

曾任美国总统国家经济委员会主席的拉里·萨默斯很早就阐明过这一点。20 世纪 70 年代，作为麻省理工学院的一名崭露头角的学者，他发现自己陷入了有关自动化的争论中。用他的话说，当时在校园里，"愚蠢的人以为自动化将使所有工作消失"，但"聪明的人明白，当生产更多的产品时，就会有更多的收入，因此需求也会越来越多"。[33] 当今最重要的劳动力市场经济学家之一大卫·奥托也提出了类似的观点。他认为，"人们过于悲观……人们越来越富裕，他们倾向于消费更多，因此这也会创造更多需求"。[34] 诺贝尔经济学奖获得者肯尼斯·阿罗也同样认为，从历史上看，"机器取代人工"并没有增加失业率。"经济发展确实为工人找到了其他工作。当财富增长时，人们就会将钱花在某些事情上。"[35]

3. 更新蛋糕效应

最后，在过去的几百年里学界也对工作的互补力量提出了第三条途径。由于技术进步，经济不仅实现了增长，而且实现了转型。在不同的历史时期以不同的方式产生了截然不同的效应。如果我们把经济看作一个蛋糕，新技术不仅让这个蛋糕变大了，而且也改变了这个蛋糕。以英国经济为例，我们注意到它现在的产量是 3 个世纪前的 100 多倍。但是，其产出以及生产方式也已经完全被改变了。500年前，经济主要由农业构成；300年前，到处都是工厂；如今，到处都是写字楼。[36]

同样，我们可以直观地看到这些变化对失业工人的帮助。在某些时候，某些任务可能会被自动化，并交给机器。但是，随着经济的长期变化，其他领域的工作需求也会增加。而且，这些新出现的需求活动可能尚未实现自动化，因此工人可以找到与之相关的工作。

在美国就可以看到这种不断更新蛋糕的效应。你可以看到流离失所的工人在不断变化的经济中跌跌撞撞，一次又一次地进入不同的行业并完成不同的任务。一个世纪前，农业是美国经济的重要组成部分：1900年，每5个工人中就有2个受雇于农业。但是自那以后，农业的重要性大幅下降，如今它的雇员人数占比不到2%。[37] 其他的工人都去了哪里？他们进入了制造业。50年前，制造业取代了农业：事实上，在1970年，制造业雇用了1/4的美国工人。但随后，该行业也出现了相对衰落，如今只有不到1/10的美国工人受雇于该行业。[38] 这些被解雇的工人去了哪里？答案是服务业，现在服务业雇用了超过80%的工人。[39] 这个关于经济转型的故事并不存在什么明显的美国特色，几乎所有发达经济体都遵循类似的发展路径，许多欠发达经济体也在效仿。[40] 1962年，中国有82%的人从事农业；如今，这一比例已降至31%左右，相比美国降幅更大，速度更快。[41]

"做大蛋糕效应"表明，我们的焦虑是因为我们的前辈目光短浅，无法看到未来经济的增长，而"更新蛋糕效应"表明，他们也遭受了想象力的挫败。我们的祖先没有意识到，在未来，经济会产生什么样的变化，又会如何发生翻天覆地的变化。在某种程度上，这种挫败是可以被理解的。例如，在 1900 年，大多数英国人在农场或工厂工作。很少有人能预料到，未来，一个单一的"医疗保健"组织——英国国家卫生服务局，雇用的人员将比在该国所有农场工作的工人数量还要多。[42] 当时尚未出现医疗保健行业，并不像我们现在所认知的那样，而英国政府是这个庞大的医疗保健体系的雇主这一想法，也会显得非常奇怪。毕竟，当时大多数医疗保健服务都是由私人或自愿提供的。今天的许多职位也是如此：搜索引擎优化师、云计算专家、数字营销顾问和移动应用程序开发人员等职位，都是几十年前的人们所无法想象的。[43]

替代力量与互补力量之间的相互作用

技术对工作的影响可能取决于两种对立力量之间的相互作用，即一种有害的替代力量和一种有益的互补力量，这种想法也并不新奇。然而，我们往往无法以特别清楚的方式解释这些力量。有关自动化的书籍、文章和报告可能会令人困惑，它们暗示了这两种力量产生的影响，却又经常使用截然不同的术语进行表述。比如，取代和增强、替代和加强、贬值和增效、破坏和维持、摧毁和创造。挑战在于与机器的竞争与合作，与机器的赛跑与协作。人们在谈论机器的崛起和人类的进步、威胁人类的机器与令人舒适的机器的协作、机器的人工智能与增强的人类智慧时会说，在未来，机器既会过时也会越来越有意义，技术既是威胁也是机会，既是竞争对手又是合作伙伴，既是敌人又是朋友。

本章对经济史的讨论虽然可能有些简短，但阐明了这两种力量实际上是如何运作的。一方面，当机器取代人类完成特定任务时，它就会"替代"人类。这是相对容易看到的情况。另一方面，当机器增加了人类在其他任务上的工作需求时，它就成为人类的"补充"。正如我们所看到的，这种现象可以通过三种不同的方式发生，而且通常更不容易识别。

清楚地区分技术的替代效应和互补效应，有助于解释为什么过去人们对技术性失业的焦虑一再错位。在这两种基本力量的冲突中，我们的祖先往往会选择错误的赢家。人们在一次又一次的选择中，不是完全忽视了互补的力量，就是错误地以为它会被替代的力量所压倒。正如大卫·奥托所说，人们倾向于"夸大机器替代人类劳动的程度，而忽视自动化和人类劳动之间强大的互补性"。[44]结果，人们一再低估人类不断持续地对新增工作的需求。总的来说，总会有足够多的工作需求来维持人们的就业岗位数量。

我们也可以在个别技术上看到这种情况，例如，自动取款机的故事。自动取款机被发明出来是为了替代银行出纳员递现金的业务，它是自助服务文化的一部分，在20世纪中叶蔓延到整个经济生活中，伴随而来的还有自助加油站、自助结账柜台、自助糖果贩卖机等。[45]据说第一台自动取款机是在20世纪60年代中期于日本安装的。[46]几年后，这种机器开始在欧洲流行，这在一定程度上解决了工会要求银行在周六关门的问题，这也是许多工作人士唯一可以去银行办理业务的一天。在美国，从20世纪80年代末到2010年，自动取款机的数量翻了两番，到2010年，其数量超过40万台。考虑到这一点，你可能会认为美国银行职员数量会急剧下降。但事实恰恰相反，在此期间，银行柜员的数量也增加了20%。[47]我们该如何解释这种现象呢？

我们可以利用已经讨论过的两种力量来解释。答案是，自动取款机不仅可以替代银行柜员，而且还对他们进行了补充。自动取款机并没有提高银行柜员发放现金的效率，但确实可以让他们把精力集中在其他活动上，比如提供面对面的服务和财务指导。这意味着走进银行的客户会得到更好的服务，从而吸引了更多的客户前来。自动取款机还有助于降低开设分行的成本，让银行以更优惠的价格来吸引更多的客流。

与此同时，自动取款机间接地补充了银行柜员。在一定程度上，这可能是"做大蛋糕效应"：随着自动取款机和无数其他创新推动了经济增长，居民的收入增加了，对银行和其余在银行工作的职员的需求量也增加了。在一定程度上，这也可能是由"更新蛋糕效应"造成的：随着人们变得更加富裕，其需求可能已经从简单的存款和取款转向了现在银行职员所提供的"关系银行"服务。

综上所述，所有这些有益的影响意味着，尽管一家普通支行所需柜员的数量从 1988 年的 20 人下降到了 2004 年的 13 人，但在此期间，为了满足人们对银行服务不断增长的需求，银行分支机构的数量增加了（城市地区增加了 43%）。这意味着银行柜员的工作需求量总体上增加了，这就是柜员数量增加而不是减少的原因。[48]

当然，工作和技术的完整历史比本章所述的更加复杂和微妙。故事发生在不同的时间、不同的地点，并且不总是那么清晰。但这只是一般概况，正如我们所见，技术进步带来了许多破坏和混乱情况。从工业革命到今天，那些担心人力会被机器永久取代的观念，在很大程度上被证明是错误的。到目前为止，在有害的替代力量和有益的互补力量之间的斗争中，后者仍然胜出，人类所从事的工作总是会产生源源不断的新需求。我们可以称之为"劳动时代"。

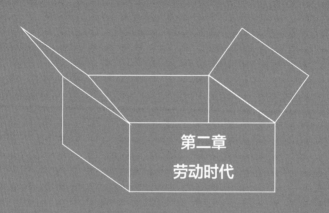

第二章

劳动时代

劳动时代可以被定义为：在连续不断的技术进步浪潮中使工人普遍受益而不是受害的时期。尽管总体上这一进步对工人有利，但并非所有人都能从中受益。随着时间的推移，科技进步带来的好处也并非一成不变。事实证明，科技进步是善变的朋友，不同群体的工人在不同的时期从中受益。为了理解这些发展过程，在过去的一二十年中，许多经济学家不得不从根本上改变他们讲述的技术及其对工作影响的故事。

我们可能不会认为经济学家是讲故事的人，但他们确实如此。他们的故事恰好是用一种叫作数学的"外语"来编写的，目的是使他们的叙述对熟悉的读者而言更为精确（但对于那些不熟悉的读者来说，则会令他们难以理解）。它们应该是非虚构、以事实为基础、情节尽可能贴近现实的。有些如史诗般，试图一次性捕捉大量人类活动；其他的研究则有限得多，专注于解释非常特殊的行为模式。经济学家更喜欢称它们为模型，而不是故事，这听起来像是一个更有分量的标签。但最终，任何模型都只是一个用方程式和图表讲述的故事，旨在捕捉现实世界的运作方式。

21 世纪之前技术进步普遍使工人受益

在 20 世纪下半叶的大部分时间里，从技术变革中受益最多的人大多是那些受过更多正规教育的人。经济学家讲述了一个故事来解释为什么会这样，这个故事大致如下。[1]

故事的主角是数字计算机。它被发明于 20 世纪中叶，随着时间的推移，其功能和实用性呈爆炸式增长。20 世纪 50 年代末和 60 年代初，企业开始广泛使用大型计算机。随后，个人计算机被发明并开始普及。[2] 1980 年，美国每 100 人中拥有的个人计算机还不到 1 台，但到了世纪之交，这一数字就已经上升到了 60 多台。[3] 更重要的是，随着时间的推移，这些机器的功能变得更加强大。在 20 世纪下半叶，一台机器在给定时间内所能完成的计算数量猛增。[4] 如图 2.1 所示，从 1850 年的手动计算开始，到 2000 年戴尔的 420 系列台式机结束，当然其间还有其他计算机出现。

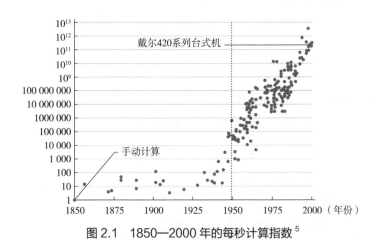

图 2.1　1850—2000 年的每秒计算指数[5]

　　为了在一个可控制大小的图表中捕获每秒计算的增长速度，这里的纵轴设置了一个对数刻度。这意味着，沿纵轴向上移动时，每一格表示每秒计算量增加 10 倍（两格是 100 倍，三格是 1 000 倍，照此类推）。我们可以看到，1950—2000 年，计算机的计算能力大约提高了 100 亿倍。

　　虽然这些功能强大的新机器有能力处理人们在工作中所需完成的任务，例如执行复杂的数值计算或以一种吸引人的方式排版文本，但它们并没有完全消除人类对工作的需求。事实上，这些计算机导致了对能够操作计算机并将其用于生产的高技能人才的更大需求。人们认为，当时出现的其他技术也具有同样的效果，对能够有效使用这些技术的高技能工人产生了更大的需求。因此，在这种情况下，技术变革并没有让所有工人都平等受益，而是出现了一种特殊的倾斜。正如经济学家所说，这是一种"技能偏见"。

　　值得注意的是，经济学家使用了一个非常特殊的含义来定义"熟练"：即一个人接受的正规教育的数量。这一定义可能会让很多非经济学家感到困惑，因为在日常术语使用中，我们所认为的"熟练"的人，如专业的美发师或有着娴熟技能的园丁，往往被经济学家认为"不熟练"，因为他们没有上过大学。简言之，在常识和经济学家对"熟练"一词的使用上存在分歧。这并不意味着这两种用法是有误的。但为了避免产生混淆，引起混乱，我们有必要弄清楚经济学家在创造"技能偏见"等术语时到底是为了讨论什么。

　　20 世纪下半叶，这个关于技术进步且带有技能偏见的故事得到了强有力的证据支持，并且巧妙地解释了那个时期出现的一个经验谜题。经济学的一个基本原理是，当某物的供应增加时，它的价格应该下降。令人困惑的是，在 20 世纪的很长一段时间里，职场上出现了反常情况。在一些国家，从大学和学院流出的高技能人才数量大幅增长，但与没有接受过这种教育的人相比，他们的工资水平似乎有所上升而不是下降。为何会如此呢？这个带有技术偏见的说法为此提供了答案。高技能工人的供给量确实增加了，从而使其工资水平下降，但新技术偏向技能，因此导致对高技能工人的需求量飙升。后者的影响如此之大，以至超过了前者。因此，尽管有更多接受过良好教育的人在寻找工作，但社会对他们的需求依然如此强烈，使得他们得到的报酬也会增加。

衡量经济学家所谓的"技能溢价"的一种方法是比较大学毕业生和高中毕业生的工资。如图 2.2 所示，2008 年美国高中毕业生的平均工资相对于普通大学毕业生的平均工资差距达到数十年来的最高水平。（比较的数据在这里被调整为"工资差距的对数"，即两组平均工资之比的对数；2008 年的工资差距对数为 0.68，这意味着普通大学毕业生的收入几乎是普通高中毕业生收入的两倍。[6]）在此期间，其他国家也遵循着非常相似的模式。[7]

图 2.2　1963—2008 年美国的技能溢价 [8]

　　看待工作中存在技能偏见的另一种方式是，看看受教育程度不同的人的工资收入随着时间的推移是如何变化的。如图 2.3 所示，在过去的半个世纪里，受教育时间越长的人不仅在每个时期都挣得更多，而且他们与受教育时间较短的人之间的差距也会随着时间的推移而扩大。

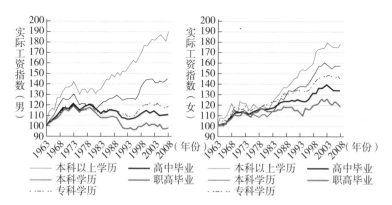

图 2.3　1963—2008 年美国全职工人的实际工资指数[9]（1963 年起始指数为 100）

　　然而，尽管技能偏见很好地解释了 20 世纪后半叶在职场中发生了什么，但在那之前，情况却大不相同。图 2.4 显示了 1220—2000 年英国的技能溢价。（幸运的是，确实有数据可以追溯到很久以前：在过去的 1 000 年里，英国的机构在记录保存方面既非常稳定也很勤勉。）鉴于 1220 年几乎没有大学学位，这里的技能溢价是通过比较手工业者和工人的工资来衡量的。正如我们所见，从长远来看，技能溢价不再遵循图 2.3 中所示的上升模式。

图2.4　1220—2000 年英国的技能溢价 [10]

　　这是怎么回事？这种更长远的观点认为，技术变革实际上在不同的历史时期有利于不同类型的工人，但并不总是有利于那些在特定时期被认为是熟练工种的工人。以 19 世纪为例，正如我们在前一章所见，当英国发生工业革命时，新的机器被引入工作场所，新的生产过程被建立起来，因此必须完成新的任务。但事实证明，那些没有技能的人往往是完成这些任务的最佳人选，确定人选依据的是技术，而非技能偏见，这就是一种"非技能偏见"。[11]

　　有一幅关于工业革命的流行画作，描绘了机器取代了大量低技能工人的场景，那些靠手工纺线和织布为生的人发现自己没了工作。然而，事实并非如此。受到威胁的是当时技术娴熟的工人。反对自动化的"卢德主义者"的虚构领袖——奈德·卢德就是一个技术娴熟的工人。如果他真的存在，那么他应该是某个行业的专业人士，甚至可能是由英国皇家宪章批准成立的有着超过 500 年历史的著名纺织服装公司的成员，这是一个享有盛誉的纺织服装公司。机械织布机取代了卢德和他的伙伴，这就意味着一些技术较差、没有受过专业训练的人可以代替他们。这些新机器是"去技能化"的，能够让低技能的人更容易生产出高质量的产品，而在过去，这些产品需要技术娴熟的工人来生产。

从 16 世纪末到 19 世纪初，英国非熟练技术工人的比例似乎翻了一番。[12] 这种变化绝非偶然。安德鲁·乌尔是当时一位很有影响力的人物，曾担任过制造商的早期管理顾问。他呼吁从"巧匠"的手中夺走工作，用"孩子都可以操纵"的简单机器来替代他们的工作。[13]（他的话并不是比喻，童工在当时较普遍。）正如经济史学家乔尔·莫基尔指出的那样，这种趋势并不局限于棉花和布料领域，"首先是枪支，然后是钟表、水泵、锁、收割机、打字机、缝纫机，最后是发动机和自行车，可互换零件技术被证明是卓越的，它用凿子和锉刀代替了技术熟练的工匠"。[14]

因此，在 21 世纪初，经济学家的传统观念是技术进步有时会带有技能偏见，有时则不带有技能偏见。无论在哪种情况下，许多经济学家更倾向于认为这种进步总是让工人受益。事实上，在该领域使用的主导模型中，新技术不可能使熟练或非熟练工人的境况变得更糟。技术进步总是会提高每个人的工资，当然在某些特定时间有些工人的工资会高于其他工人。这个故事广为流传，被经济学家称为"经典模型"。[15]

21 世纪的故事

数十年来，这个"经典模型"一直主导着经济学家的言论。但是最近发生了一件非常奇怪的事情。从 20 世纪 80 年代开始，新技术似乎同时帮助了低技能和高技能工人，但中等技能工人似乎并没有从中受益。

在许多经济体中，如果你把所有的职业都设置成从最低技能到最高技能的长队，在过去的几十年里，你会经常看到工资和就业率（占总就业人数的比例）两端增长，中间较低。我们可以从图2.5中清楚地看到这种趋势。

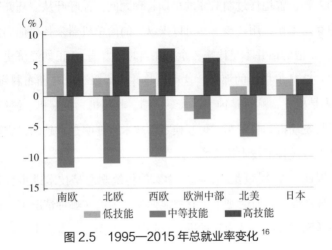

图 2.5　1995—2015 年总就业率变化 [16]

这种现象被称为"两极分化"或"空心化"。在许多经济体中庞大的中产阶级群体正在消失，过去许多为中产阶级提供的高薪工作也正在消失。在许多国家，高薪专业人员和管理人员以及低收入的护理人员、清洁工、教师、保健助理、护工、园丁、服务员和美发师占总就业人数的比例越来越高。[17] 但是，中等收入的秘书、行政职员、生产工人和销售人员的数量越来越少。劳动力市场正变得越来越分层和分化。[18] 更重要的是，其中一个阶层比另一个阶层受益更多。在过去几十年里，美国处于收入最高阶层（收入最高

的 0.01%）群体的工资大幅飙升，其中有 1.65 万个家庭年收入超过
1 130 万美元。[19]

这又是一个概念：这个数据的结果看起来像是把工资和技能当
作一回事，就像是将工人划分为从最低薪水到最高薪水，从最低
技能到最高技能一样。和以前一样，这个问题与经济学家对"熟
练"一词的特殊定义有关。显然，有些工作报酬较低，但需要重要
技能，例如急诊医疗人员。还有一些高薪工作，但许多人认为，这
些工作根本不需要什么技能。回想一下 2007—2009 年金融危机时，
对金融从业人员的抱怨。但是，正如前面提到的，当经济学家谈论
技能时，他们实际上指的是"正规的教育水平"。而将薪酬作为对
特定技能定义的替代衡量标准，确实是一件合理的事情，正如我们
所见，受过更多教育的人往往也能赚更多的钱。因此，不管你是根
据薪酬水平还是平均受教育年限给工作岗位排序，都无关紧要，从
"空心化"模式的角度来看这两种方式大致相同。[20]

劳动力市场空心化是一个新的谜题。而主宰 20 世纪晚期经济
思维的经典模型也无法解释这个问题。它局限于两类工人——低技
能工人和高技能工人，无法解释为什么中等技能工人面临着与低技
能工人和高技能工人截然不同的命运。我们需要一个新方式，来
使经济学家的注意力回到他们的思想画板上。在过去 10 年左右的
时间里，出现了一种完全不同的思考技术和工作的方式，即智能
支持，它是由麻省理工学院的大卫·奥托、弗兰克·利维和理查
德·默南率先提出的，后来被称为"奥托 - 利维 - 默南假说"，简
称"ALM 假说"。[21] 10 年前，当我开始认真思考未来的时候，就有
人给我讲述过这个故事。[22]

"ALM 假说"建立在两种认识之上。第一种认识很简单：就像

我们经常做的那样，从工作的角度来看待劳动力市场是有误导性的。当我们谈论未来的工作时，倾向于从记者、医生、教师、护士、农民和会计等职业的角度进行思考。我们想知道，是否有一天，当从事这些工作的人醒来时发现他们的工作岗位上有了一台机器。但这样想是没有用的，因为它鼓励我们想象一项特定的工作是一种统一的、不可分割的活动：如律师做的是辩护，医生做的是治疗等。然而，如果你仔细观察其中一项工作，就会发现人们在一天的工作中需要完成各种不同的任务。因此，要清楚地思考技术和工作，我们就必须从下往上进行，关注人们完成的特定任务，而不是从上往下看，只关注那些普通的工作头衔。

第二种认识则更加微妙。随着时间的推移，人类完成一项任务所需要的教育水平（这些人有多"熟练"）并不总是能帮助机器判断完成同样的任务是容易还是困难。相反，重要的是任务本身是否为经济学家所谓的"例行程序"。所谓"例行程序"，并不是指这项任务一定是无聊或枯燥的。相反，如果人们认为可以很容易地解释他们是如何完成一项任务的，那么它就被视为"例行程序"，因为它依赖于所谓的"显性"知识，即容易表达的知识，而不是不容易表达的"隐性"知识。[23]

奥托和他的同事认为，这些"例行程序"的任务肯定更容易被自动化。因为当经济学家试图确定机器可以完成哪些任务时，唯一的方法就是由人来设定机器如何完成这项任务，然后根据这个解释写一套指令，供机器遵循。[24]

奥托写道：要让机器完成一项任务，"程序员首先必须完全理解执行该任务所需的步骤，然后必须编写一个程序，让机器精确模拟这些步骤"。如果一项任务是非常规性的，换句话说，如果人类很难解释他们是如何完成的，那么程序员就很难把它设置为一组指令传入机器。[25]

"ALM 假说"将这两种观点结合在一起。报告称，机器可以很容易地完成工作中的"常规"任务，但很难处理"非常规"任务。这一论点可以解释图 2.5 中出现的奇怪趋势，自从经济学家对各种不同的工作进行分组以来，许多由中等收入人群所做的工作被证明是"常规的"，而那些低收入人群和高收入人群所做的工作则不是。这就是为什么世界各地的劳动力市场被掏空，呈现出"沙漏形"的数据。技术变革正在侵蚀中间人群的"常规"任务，但两端的"非常规"任务难以被消化，仍由人类来承担。[26]

高收入、高技能的工作往往是"非常规"的，这并不奇怪。这些工作所涉及的任务需要人类的创造力和判断力，而这些很难，甚至不可能完全在一套规则中体现出来。（例如，大多数人会质疑关于"如何变得有创造力"的明确指令。）但为什么低工资、低技能的工作最终也会变成"非常规工作"呢？一种原因是，这些工作通常是服务经济的一部分，而提供服务所需的人际交往技能很难在规则中体现出来。另一种原因是，低工资的工作通常需要手工技能，很难实现自动化。计算机科学家已经很熟悉这一规律：我们通过手工做的许多基本的事情对机器来说是相当困难的任务。[27]（这被称为"莫拉维克悖论"，以未来学家和发明家汉斯·莫拉维克的名字命名，他是最早记录下这个悖论的人之一。）当人类在从事像做饭或修剪灌木这样的任务时，更倾向于无意识和本能地去做，而无须进行深思熟虑。虽然人们可能觉得这些任务很简单，但很难解释如何去做。因此，这类任务似乎也不容易实现自动化。

技术进步既不是对技能有偏见，也不是没有偏见。相反，它具有一种任务偏向，即机器能够执行某些类型的任务，而不能执行其他类型的任务。这意味着，从技术变革中受益的人将是那些能够胜任机器无法处理的"非常规"工作的人。反过来，如果人们发现自己被困在由大量"常规"任务组成的工作中，而机器可以轻松地处理这些任务，那么就会明白为什么自己可能根本无法从新技术中获益。

"ALM 假说"的深刻见解

让人感到惊讶的是经济学家愿意改变想法，从认为技术总是有利于工人的观点转变为任务偏向的观点。不过，关于这一主题有一个古老的故事。据说当一位评论家要求凯恩斯改变他在某些经济问题方面的立场时，凯恩斯是这样回答的："当事实改变时，我会改变我的想法。你是做什么工作的，先生？"[28] 这句话经常被当作笑话来引用，这是一个既承认错误又逃避错误的机智例子。但请记住经济学家实际上在做什么：他们是在讲故事，而且是在捕捉现实中的数学故事。因此，这正是我们应该希望经济学家表现的方式：在事实发生变化时及时进行调整，更新他们的模型，重新编写故事。近几十年来，研究劳动力市场的经济学家正是这么做的。这绝不是思想不一致的标志，而是一件好事。

"ALM 假说"也有助于揭示对未来工作的几种错误想法。例如，我们经常听到各种对工作自动化可能性的讨论，诸如，"护士很安全，但会计有麻烦了"或"美国 x% 的工作正面临自动化风险，但英国这一数字只有 y%"。在一个有影响力的研究中，牛津大学的卡尔·弗瑞和迈克尔·奥斯本认为，美国 47% 的工作在未来几十年将面临自动化的风险，其中电话销售员面临的风险最大（将面临99%的自动化风险），理疗师面临的风险最小（将面临 0.2% 的自动化风险）。[29]但弗瑞和奥斯本也指出，这样的结论非常具有误导性。技术进步并不会摧毁整个工作，"ALM 假说"中对工作与任务的区分解释了其中的原因。没有一项工作是一成不变的，它们都可能在未来实现完全自动化。相反，每一项工作都由许多任务组成，其中一些任务比其他任务更容易自动化。同样重要的是要记住，随着时间的推移，构成一个特定职业的任务可能会发生变化。（现在几乎没有什么工作和 30 年前看起来是一样的。）

麦肯锡公司在 2017 年进行的一项研究中就阐明了这一观点，该研究回顾了 820 种不同的职业。他们发现，只有不到 5% 的技术可以实现完全自动化。另外，在 60% 以上的工作中至少有 30% 是由自动化的任务组成的。[30]换句话说，很少有工作可以完全由机器完成，但大多数工作可以让机器至少接管其中的一个重要部分。

这就可以解释为什么那些声称"我的工作不受自动化的影响，因为我做了 X"（其中 X 就是一项特别难以自动化的任务）的人掉进了一个陷阱。同样，任何工作都不是由单一任务组成的：律师不仅仅是出庭，外科医生不仅仅是做手术，记者不仅仅是写具有原创观点的文章。这些特定的任务可能很难被自动化，但这并不一定适用于同样的专业人员在他们的工作中所做的所有其他活动。例如，律师可能会辩称，没有哪台机器能够站起来，向陪审团发表令人震惊的结束语（他们很可能是对的）。但是，今天的机器完全可以检索、汇编和审查广泛的法律文件，而这些工作构成了大多数律师工作的很大一部分，对于初级律师来说，这几乎是他们的全部工作。

技术乐观主义者犯了一个类似的错误，他们指出，在 1950 年的美国人口普查中，271 种职业中只有一种职业——电梯操作员，由于自动化的出现而消失了。[31] 正如他们所想象的，这并不意味着技术无能为力。这进一步证明了变化是更深层次的，发生在基本任务一级，而不是职业本身。

奥托及其同事的研究背后的第二个关键认识也是一个至关重要的见解，即重要的是任务本身的性质，而不是执行任务的工人是否"熟练"。他们常常对白领专业人士在教育上投入的时间和金钱感到震惊。甚至有些人觉得被人把自己从事的所谓"复杂"的工作与别人的粗劣劳动相提并论，是一种冒犯。关键是，他们的工作并不像他们自己想象的那么特别。一旦你把大部分专业工作分解成各种任务，其中许多任务就变成了"例行公事"，而且已经可以实现自动化。事实上，接受过教育的专业人士倾向于用他们的头脑，而不是用手来完成工作任务。然而这并不重要，重要的是这些任务是否可以被"规范化"。

乐观的思维方式

"ALM 假说"之所以重要，不仅是因为它成功地解释了过去的经济特点（即劳动力市场的空心化和其对中间收入人群的伤害），还因为它解释了许多预测者对技术和未来的乐观情绪。

技术变革的"经典模型"也展示了人们对未来工作的乐观看法，但有一个极不现实的原因：在模型中，我们看到技术永远是工人工作的补充（尽管也存在其他情况）。如今，很少有人会提出这样的论点。相反，那些对未来工作持乐观态度的人构建的案例看起来更像"ALM 假说"中带有任务偏见的故事。他们认为，新技术确实取代了工人，但不是在所有方面都如此，而且机器往往会增加对人工的需求，以完成无法自动化的任务。奥托用一句简洁的话概括了这种乐观情绪："自动化无法替代的任务通常由人工来补充。"[32]

争论依赖于这样一种假设：有些任务是机器根本无法完成的，因此就会对有害的替代力量有一个严格的限制。当然，有些人可能会说，这个命题直觉上是显而易见的。但是"ALM假说"提供了支持这种直觉的正规推理：机器无法被命令去执行非常规任务，因为人们很难解释它们是如何运行的。正如奥托所言，"这种替代的范围很有限，因为有许多任务是人们可以心照不宣地理解并毫不费力地完成的。对于这些任务，无论是计算机程序员还是其他任何人都无法阐明其规则或过程"。[33]因此，尽管未来的技术可能会越来越多地在日常工作中替代人类，但它们也会在剩下的非常规任务中始终与人类相辅相成。

现在，常规和非常规任务之间的区别已经远远超出了经济学学术论文的范围。从国际货币基金组织到世界银行，从经济合作与发展组织到国际劳工组织，各种最具影响力的研究机构和智库都依靠它来决定哪些人类活动将会面临被自动化的风险的问题。[34]英国央行行长马克·卡尼也发出了类似的警告，警告人们要"屠杀呆伯特"。他认为，新技术会威胁到"日常认知的工作"，例如雇用了呆伯特的工作（呆伯特是一位生活在格子间里的连环漫画人物）。[35]奥巴马总统同样警告说，可重复的工作最有可能被自动化。[36]大型企业的思维结构都围绕着这个理念：如投资银行瑞银声称，新技术将"把人们从日常工作中解放出来，使他们能够专注于更具创造性和附加值的服务"。专业会计服务公司普华永道表示，"通过替代常规的、有条理的工作，机器可以放大这些工人在解决问题、领导能力、情商、同理心和创造力等方面的相对优势"。另一家专业服务公司德勤的报告称，在英国，"高风险自动化的常规工作减少了，但被低风险、非常规、创造性的工作所弥补"。[37]

专栏作家和评论家也普及了这一概念。例如，《经济学人》解释说："专家说，容易受到自动化冲击的工作，与其说是体力工作或是白领工作，还不如说是日常工作。"与此同时，《纽约客》要求我们"想象由两个轴组成的坐标，手动任务与认知任务、常规任务与非常规任务"，其中每个任务都被归入一个象限。[38] 在其他地方，我们通过人们经常描述自动化的方式可以看到常规工作和非常规工作的区别。他们说，机器只能做一些重复或可预测、基于规则或定义明确的工作（换句话说，就是常规工作），他们无法处理那些无法指定或复杂的任务（即非常规工作）。

事实上，在现代经济思想中，很少有方法能像"ALM假说"那样具有影响力。一套始于经济学家研究过程的想法，已经渗透到了更广阔的领域，塑造了许多人对未来的思考方式。[39] "ALM假说"鼓励我们相信，有大量的任务永远不可能被自动化，它们是一个永远能为人类提供足够工作机会的"避难所"。我们已经习惯了的劳动时代将继续下去。

在我看来，这种乐观的假设可能是错误的。但要理解其中的原因，我们必须首先看看在科技和人工智能领域所发生的变化。

第三章

实用主义革命

长久以来，人类一直在分享关于机器可以做非凡事情的故事。3 000 年前，荷马讲述了一个神造的"无人驾驶"三脚凳的故事，这些凳子会在主人的命令下奔向主人。[1] 柏拉图在他的著作中提到了代达罗斯——一位才华横溢的雕刻家，他的雕像必须被绳子绑起来，以防逃跑。[2] 这个故事听起来似乎很离奇，让柏拉图的学生亚里士多德深感困扰，他甚至想知道，如果"我们拥有的每一种工具，无论是在我们的要求下，还是在它自身意识到工作需要的情况下，都能完成它的任务"，那么工作的世界将会发生怎样的变化。古老的犹太圣贤曾提到，有一种叫作"傀儡"的神秘生物，是由泥土和黏土制成的，只要主人念出正确的咒语，它就会活过来帮助主人。[3] 据说一个名为约瑟夫的魔像仍然藏在布拉格犹太教堂的阁楼里；据传说，几个世纪前，犹大将他救活，以保护他所在社区的犹太人免受迫害。[4]

　　这类故事遍布古代文献。在近代历史上，也充斥着类似的故事：奇妙而古怪的机器在没有任何明显的人类参与的情况下工作。今天我们称它们为"机器人"，但在 1920 年发明这个词之前，它们被称为"自动机"，并且非常受欢迎。在 15 世纪，达·芬奇画出了一辆自动小车和一个全副武装的人形机器人；他还为法国国王设计了一头机械狮子，在被国王陛下鞭打 3 次后，它就会打开胸腔，露出君主制的象征。[5] 在 18 世纪，一个叫雅克·德·沃康桑的法国人因他的机器而闻名：一个会吹笛子，另一个能按节拍击鼓，还有他最著名的机器，一只会吃、会喝、会拍动翅膀和排便的鸭子。令人失望的是，所谓的机械鸭或消化鸭，实际上并非货真价实，这个机器是通过隐藏的隔间排放一种令人信服的替代物（被染成绿色的面包屑）。[6] 有趣的是，这样的骗局时有发生。大约在同一时期，匈牙利人沃尔夫冈·冯·肯佩伦制造了一台人形下棋机器，由于其具有东方外观，因此被昵称为"土耳其行棋傀儡"，它在世界各地巡回了几十年，打败了许多著名的对手，如拿破仑·波拿巴和本杰明·富兰克林。他们不知道，一个人类象棋大师隐藏在所谓的机器人的腹部。[7]

为什么人们对这些机器如此着迷？在某种程度上，这可能是一种奇观：一些机器做着有趣的事情，而且（就像消化鸭那样）常常是具有冒犯性的事情。但是人形下棋机器呢？为什么这会让每个人都感到兴奋？这并不是因为它的巧夺天工：18 世纪的世界充满了各种技术，它们完成任务所需要的体力，远比移动一枚棋子更令人印象深刻。相反，人们对"土耳其行棋傀儡"执行认知型任务的能力印象深刻，是因为这类事情是人类用头脑而不是用手来做的。每个人都认为这样的活动是任何机器都无法完成的，然而"土耳其行棋傀儡"所能做的远不只是在棋盘上漫无目的地移动棋子。它似乎在思考可能发生的动作，并比有能力的人类棋手更聪明。这似乎是经过深思熟虑的。对于人类来说，我们认为这些能力需要"智能"。

这可能会让它的观众感到震惊：这些机器似乎也有智能行动。

最后，几乎所有这些描述都是虚构的。许多由发明家潦草写下的设计从未被制造出来，而制造出来的机器往往具有欺骗性。第一个现代魔术师让·尤金·罗伯特·胡丁（几十年后，魔术师胡丁以他的名字命名）也是一个制作自动装置的大师，有一次当那只著名的消化鸭被折断了一只翅膀时，他被叫去修理，而这并非巧合。[8]但在 20 世纪，这一切都改变了。研究人员第一次怀着与人类竞争的认真意图开始制造机器，一种适当的、复杂的构建智能的程序正在开发中。现在他们的愿望是认真的，不再局限于虚构或依赖于欺骗。

第一波人工智能

1947 年，在伦敦数学学会的一次会议上，艾伦·图灵告诉与会者，他已经构想出一种可以展示智能的计算机。[9]图灵值得我们关注：他可能是英国战时的顶级密码破解者，也是有史以来最伟大的计算机科学家之一。然而，人们对他演讲中观点的反响并不友好，以至不到一年，他不得不发表一篇关于这个主题的新论文，对他声称机器"可以表现出智能行为"的各种反对意见进行了激烈而详细的回应。"人们通常会毫无争议地认为这是不可能的。"他在开头几句话中愤怒地表示。图灵认为，这些反对意见通常是"纯粹出于情感因素""不愿承认人类在智力上有竞争对手的可能性""宗教信仰认为，制造这样的机器是对普罗米修斯的不敬"。[10]

不到 10 年后，由四位美国学者组成的小组——约翰·麦卡锡、马文·明斯基、纳撒尼尔·罗彻斯特和克劳德·香农——向洛克菲勒基金会提交了一份提案，要求获得足够的资金支持在达特茅斯学院进行为期两个月的 10 人人工智能研究。（"人工智能"一词是麦卡锡的发明。）[11] 他们的提议因雄心勃勃和乐观而引人注目。他们声称："学习的各方面以及智能的任何其他特征都可以被机器模拟出来。"他们相信，如果一群经过精心挑选的科学家花一个夏天的时间共同研究，一定会取得"重大进展"。[12]

1956 年夏天，达特茅斯会议并没有取得特别值得庆祝的进展。然而，它形成了一个团队，并且确立了一个方向，少数伟大的"头脑"开始一起工作。假以时日，各种不同类型的问题将在人工智能的旗帜下被整合到一起：识别人类语言、分析图像和物体、翻译和解释书面文本、玩跳棋和国际象棋等游戏以及解决问题。[13]

一开始，大多数人工智能研究人员认为，制造一台机器来执行给定的任务，意味着它们可以观察人类如何执行任务，然后复制人类的行为模式。在当时，这种做法似乎是完全明智的。到目前为止，人类是世界上最有能力的"新发明"，那么为什么不试着按照人类的形象来制造这些新机器呢？

科学家采取了各种形式进行模仿。一些研究人员试图复制人类大脑的实际物理结构，以创建人工神经元网络。（当年游说洛克菲勒基金会的人员之一马文·明斯基的博士论文就是关于如何建造这些机器的。[14]）其他人则尝试了一种更具心理学特征的方法，试图复制人类大脑可能参与的思考和推理过程。（这就是达特茅斯会议与会者赫伯特·西蒙和艾伦·纽维尔试图做的"通用问题解决者"，这个早期的系统被誉为"模拟人类思想的程序"。[15]）第三种方法是列举出人类可能遵守的规则，然后基于此给机器人编写说明。研究人员建立了一个专门的子领域来做这项工作，他们的作品被称为

"专家系统"，这是因为它们依赖于人类专家所制定的规则。

　　人类通过各种方式，努力为机器行为提供模板。例如，要设计一台可以下世界级国际象棋的机器，就意味着要让国际象棋大师解释如何才能下好棋。编写一个将一种语言翻译成另一种语言的程序，意味着要观察一个会说多种语言的人是如何理解一段文字的。识别物体意味着用与人类视觉相同的方式来表示和处理图像。[16]

　　这种方法反映在人工智能先驱的语言中。艾伦·图灵声称，"可以建造出能够非常紧密地模拟人类思维行为的机器"。[17]参加达特茅斯会议的尼尔斯·尼尔森指出，大多数学者都对模仿人类更高层次的思维感兴趣。[18]他们的工作得益于大量的对人类如何解决问题的反思。哲学家约翰·豪格兰指出，人工智能领域正在寻找"真货"——具有完整和字面意义的心智机器。[19]

　　在豪格兰和其他人的一些主张背后，有一个更深层次的理论信念：他们认为，人类本身就是一种复杂类型的计算机。这就是"心智计算理论"。从实用性的角度来看，这对人工智能研究人员来说可能是一个很有吸引力的想法。如果人类只是复杂的计算机，那么构建人工智能的难度并非不可克服：研究人员只需要让自己的简单计算机变得更复杂。[20]正如计算机科学家道格拉斯·霍夫施塔特在他著名的《哥德尔，艾舍尔，巴赫》一书中所言，这是许多研究人员的"信念"："所有的智能只是一个单一主题的变体；如果人工智能工作者希望机器拥有我们所拥有的能力，希望创造真正的智能，他们就必须继续努力……越来越接近大脑的机制。"[21]

　　当然，并不是每个人都对复制人类感兴趣。但那个年代的大多数人工智能专家都被吸引了——就连那些最初并不被吸引的人最终也被吸引了。以赫伯特·西蒙和艾伦·纽维尔为例。在创造基于人类推理的"通用问题解决者"之前，他们实际上建立了一个完全不同的系统，叫作"逻辑理论家"。这个系统与众不同：不像最初达特茅斯会议研发的其他机器，它确实能工作。然而，尽管取得了这样的成功，但西蒙和纽维尔还是放弃了它。部分原因是它的表现不像人类。[22]

然而，这种以人类形象建造机器的方法最终没有取得成功。尽管一开始人们抱有乐观和热情的心态，但人工智能并没有取得实质性进展。当它面临重大挑战时——制造一个有头脑、有意识或者像人类一样思考和推理的机器——遭遇了明显的失败，什么都没有被制造出来。同样的道理也适用于那些想让机器执行特定任务的普通人。尽管研究人员付出了很多努力，但机器还是无法击败顶级的国际象棋棋手。它们只能翻译几个句子、识别最简单的物体。还有很多其他任务的情况也类似。

由于进展缓慢，研究人员发现自己进入了"死胡同"。20 世纪 80 年代末被称为"人工智能的冬天"：资金枯竭，研究速度放缓，人们对该领域的兴趣消退。人工智能的第一波浪潮曾带来了许多希望，但最终以失败告终。

第二波人工智能

1997 年，人工智能出现了转机。当时，IBM（国际商用机器公司）旗下的"深蓝"系统打败了当时的国际象棋世界冠军加里·卡斯帕罗夫。这是一项了不起的成就，但更了不起的是这个体系的运作方式。"深蓝"没有试图模仿卡斯帕罗夫的创造力、直觉或者拥有他天才般的智慧。它没有复制他的思考过程或模仿他的推理过程。相反，它使用了大量的处理能力和数据存储，每秒处理 3.3 亿种走法。卡斯帕罗夫是人类历史上最优秀的国际象棋棋手之一，在棋盘前他的大脑在任何时刻都可能存在着 100 种可能的走法。[23]

"深蓝"所取得的是一个实际的胜利，也是一个意识形态的胜利。在那之前，我们可以把大多数人工智能研究人员视为纯粹主义者，他们密切观察人类的智能行为，并试图制造像人类一样的机器。但"深蓝"不是基于这种思路而设计的。它的创造者并没有打算复制人类象棋选手的剖析方式、推理能力或是他们遵循的特定策略。相反，他们是实用主义者，接受了一项需要通过人工智能来完成的任务，然后制造出一台机器，以一种完全不同的方式来完成这项任务。这就是人工智能走出寒冬的原因，我称之为"实用主义革命"。

在"深蓝"获胜后的几十年里，一代机器在这种实用主义精神下被制造出来：它们的功能与人类非常不同，不是根据执行任务的方式，而是根据执行任务的好坏来判断。例如，在机器翻译方面取得的进步并非来自开发出模仿有才华的翻译家的机器，而是来自让计算机扫描数百万份人工翻译的文本片段，然后让其自行找出语言间的对应关系和模式。同样，机器也学会了对图像进行分类，不是通过模仿人类的视觉，而是通过审查数百万张先前标记过的图片，并寻找这些图片与特定照片之间的相似之处。ImageNet 项目（一个用于视觉对象识别软件研究的大型可视化数据库）每年举办一次软件比赛，国际上主要的计算机科学家竞相建立系统，比较谁的系统能更准确地识别图像中的物体。2015 年，系统第一次超过了人类，正确识别图像的准确率达到 96%。2017 年，获胜系统的准确率达到了 98%（见图 3.1）。

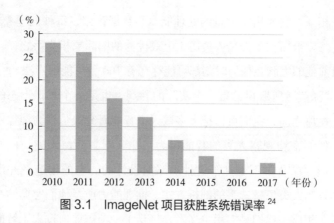

图 3.1　ImageNet 项目获胜系统错误率 [24]

与"深蓝"一样，许多这些新机器都依赖于最近在处理能力和数据存储方面取得的进步。请记住，从 1956 年达特茅斯会议举行以来到 20 世纪末，一台普通计算机的能力提高了超过 10 亿倍。至于数据，谷歌前董事长埃里克·施密特估计，我们现在每两天创造的信息量，相当于人类文明诞生之初到 2003 年期间所创造的信息之和。[25]

在人工智能的第一波浪潮中，在拥有如此强大的处理能力和海量数据存储能力之前，人们不得不自己做很多复杂的计算工作。研究人员希望通过自己的聪明才智、洞察力和内省，发现人类思考和推理的方式，或人为地发现塑造他们行为的隐藏规则，并将所有这些都捕获在一套明确的指令中，供机器遵循。但在第二波人工智能浪潮中，机器不再依赖于这种自上而下的人类智能应用。相反，它们开始使用强大的处理能力和越来越复杂的算法来搜索庞大的数据，挖掘人类的经验和例子，从而自下而上地弄明白自己该做什么。[26]

算法（algorithm）的意思是一组要循序的指令，这个词来源于 9 世纪数学家阿尔·花剌子模（Abu Abdulloh Muḥammad ibn Mūsā al-Khwā rizmī）的名字，al-Khwā rizmī 在拉丁语中的发音与算法的英语发音一致。机器学习算法在很大程度上推动了今天人工智能的进步，它的目标是让系统从经验中学习，而不是遵循明确的规则。许多机器学习算法借鉴了早期人工智能的想法，这些想法早在有足够的处理能力和可用数据把它们从有趣的理论可能性变成更实际的东西之前就已经发展起来了。事实上，今天一些最伟大的实用主义者的胜利，都源于早期的纯粹主义模仿人类的尝试。例如，今天许多功能最强大的机器都依赖于所谓的"人工神经网络"，这种网络最早是在几十年前建立的，旨在模拟人类大脑的工作方式。[27]如今，根据这些网络对人体的模仿程度来进行评判的意义不大；相反，对它们的评估完全是实用主义的，是根据它们在完成既定任务时的表现来进行的。[28]

　　近年来，这些系统甚至比"深蓝"更加复杂。以"阿尔法围棋"为例，这是一款为中国棋类游戏——围棋而开发的系统。2016年，它在 5 场系列赛中击败了世界上最优秀的人类选手李世石。这是一项重大成就，大多数专家认为人类至少还要 10 年才能实现这一成就。围棋是一种非常复杂的游戏，不是因为规则很难，而是因为要"搜索空间"，即所有可能走法的集合非常巨大。在国际象棋中，第一个棋手在开局时从 20 种可能的走法中进行选择，但在围棋中他要从 361 种走法中进行选择。在对方做出回应后，国际象棋有 400 种可能出现的位置，但围棋大约有 129 960 种。走两步后，这一数字在国际象棋中上升到 71 852 种，但在围棋中大约是 170 亿种。每个人只需走三步棋，在国际象棋中就有大约 930 万种可能，而在围棋中则是 2.1×10^{15} 种可能，即 2 后面加 15 个 "0"，这是国际象棋的 2.3 亿倍。[29]

在国际象棋中，"深蓝"的胜利部分来自能够使用处理能力来计算比卡斯帕罗夫更超前的棋局。但由于围棋的复杂性，这种策略不适用于"阿尔法围棋"。相反，它采取了一种不同的方法。首先，它对最优秀的人类玩家的 3 000 万步进行了评测。然后它会从与自己的反复对抗中吸取经验教训，研究成千上万次围棋游戏，并从中汲取经验教训。通过这种方式，"阿尔法围棋"能够在评估比"深蓝"少得多的位置的情况下获胜。

2017 年，"阿尔法围棋"推出了一个更复杂的版本，名为"阿尔法零"。这个系统之所以如此引人注目，是因为它使自己完全脱离了人类智力的一切作用。"深蓝"的代码中仍然隐藏着一些象棋冠军提前为它制定的"聪明策略"。[30] 在研究人类伟大棋手过往的大量游戏时，从某种意义上说，"阿尔法围棋"在很大程度上依赖于这些游戏来完成复杂的计算工作。但"阿尔法零"不再需要这些，它不需要知道任何人类专家的游戏思路，也根本不需要尝试和模仿人类智能，它所需要的只有游戏规则。它通过与自己"对弈"三天生成了自己的数据，然后打败了它的大表哥"阿尔法围棋"。[31]

其他系统也在使用类似的技术以追求更接近现实生活的混乱状态。例如，国际象棋和围棋都是"完全信息"类的游戏：双方都能看到整个棋盘和所有棋子。但正如传奇数学家约翰·冯·诺伊曼所说，"现实生活并非如此"。真实的生活包括虚张声势，包括一些欺骗性的策略，包括问问自己别人会认为我想做什么。这就是扑克如此吸引研究人员的原因，而且事实证明它很难实现自动化。然而，由加拿大和捷克研究人员组成的团队在 2017 年开发的 DeepStack（德州扑克人工智能系统），成功地在超过 4.4 万手较量（即两名玩家参与的游戏）中击败了职业扑克玩家。和"阿尔法围棋"一样，它的战术不是通过回顾人类专家过去的游戏得出的，它不依赖"领域知识"，也不依赖人类为它设定的"聪明的扑克策略"。相反地，它通过研究数百万随机生成的游戏取得了胜利。[32] 2019 年，脸书和卡内基梅隆大学进行了更进一步的研究：他们宣布创建 Pluribus（德州扑克人工智能系统），该系统也可以在多人游戏竞赛中击败最优秀的职业扑克玩家。这个系统也是完全"从零开始"学习扑克，没有任何人工输入，只是通过在几天的时间里不断地和自己的复制品玩扑克最终取得胜利的。[33]

优先级的转变

如果你认为研究人员只是在 20 世纪 90 年代早期灵光乍现的瞬间"发现"了实用主义道路，那就错了。不论是尝试让机器以任何可能的方式解决问题，还是让它们专门模仿人类的方法，在我所谓的"实用主义"和"纯粹主义"之间做出选择，都不是新鲜事。回到 1961 年，在"纯粹主义"的鼎盛时期，艾伦·纽维尔和赫伯特·西蒙写道：研究人员正在"谨慎地在尝试用机器完成人类执行的任务，与尝试模拟人类实际用来完成这些任务的过程之间划清界限"。[34] 1979 年，人工智能哲学家休伯特·德雷福斯同样将"人工智能工程师"（一群"对制造通用智能机器不感兴趣"的实用人士）和"人工智能理论家"（从事他所认为的高尚的学术职业）进行了区分。[35] 早期的研究人员意识到，他们可以专注于通过建造机器来完成历史上需要人类来完成的任务，也可以专注于试图理解人类智能本身。[36] 对他们来说，真正吸引他们注意力的是后者。

正如我们所看到的，在一定程度上，这是因为复制人类行为最初似乎是制造有能力的机器阻力最小的途径。人类有非凡的能力，如果你可以简单地模仿人类，为什么要从头开始设计机器呢？但他们倾向"纯粹主义"还有第二个原因。对许多研究人员来说，为了理解人类智能本身的项目要比仅仅制造有能力的机器有趣得多。他们的著作中充满了对古典思想家和对人类思想的思考的激动人心的引用——像戈特弗里德·威廉·莱布尼茨、托马斯·霍布斯，勒内·笛卡儿和大卫·休谟这样的人。人工智能研究人员希望他们能追随这些人的脚步。让他们兴奋的不是关于机器，而是关于人类的问题：什么是"意识"？"思考"或"理解"到底是什么意思？

对于该领域的许多先驱来说，人工智能只是实现人类目标的一种机械手段。正如颇具影响力的哲学家约翰·塞尔所言，人工智能的唯一目的是作为"研究人类思维的有力工具"。另一位杰出的哲学家希拉里·普特南认为，评判人工智能领域应该仅仅看它是否"教会了我们一些重要的东西……关于我们如何思考"[37]。这就是为什么当时许多人工智能研究人员认为自己是认知科学家，而不是计算机科学家。[38] 他们想象自己是在一个更大的项目——理解人类大脑的子领域里工作。[39]

然而今天，正在发生一种优先级的转变。随着技术进步的加速，人类智能显然不再是获得机器能力的唯一途径。许多研究人员现在更感兴趣的是建造功能良好的机器，而不是试图理解人类智能。更重要的是，那些仍然对人类智能本身的理解感兴趣的研究人员也发现他们被"拖"向关注更实用的目的。"实用主义者"的机器能力已经引起了大型科技公司的兴趣——谷歌、亚马逊、苹果、微软和其他公司。这些公司拥有大量数据和处理能力，并雇用了大批才华横溢的研究人员，这些公司在人工智能开发方面处于领先地位，塑造了这个领域，并改变了它的优先级。在它们当中工作的许多人看来，为了理解人类智力本身而进行的探索，对于那些做白日梦的学者来说一定越来越像是一种深奥的活动。为了保持相关性，许多研究人员——甚至是那些倾向于"纯粹主义"的研究人员——不得不与这些公司及其商业野心保持更紧密的联系。

以开发"阿尔法围棋"的深度思考公司为例，它在 2014 年被谷歌以 6 亿美元的价格收购，现在的员工都是该领域的顶尖人才，他们是被从顶尖学术部门挖来的，他们的薪酬让以前的同事感到嫉妒——人均年薪为 34.5 万美元。[40] 该公司声明，他们正试图"解决智能问题"，乍一看，这表明他们可能对解开人类大脑之谜感兴趣。但仔细看看他们的实际成就，你会发现他们在实践中的关注点是完全不同的。他们的机器，比如"阿尔法围棋"只是在非常特殊的情况下才算"智能"，在某些情况下它们表现得非常出色，但它们并不是像人类那样思考或推理。

同理，想想亚马逊的 Alexa、苹果的 Siri 和微软的 Cortana 等人工智能助手。我们可以向这些机器提出简单的问题，就像我们向人类提出问题一样，它们会用类似人类的声音进行回答。（2018 年，谷歌展示了它们的 Duplex——人工智能助手的录音演示，该人工智能助手呼叫一家美发沙龙进行预约，然而接线员并不知道她是在和一台机器说话，因为机器的语调和类似人类的"嗯，嗯"声都非常逼真。[41]）然而，无论这类系统有多么令人印象深刻，也无论它们与人类有多么相似，它们都没有表现出类似于人类的智能。它们的内部运作与人类的大脑并不相似。它们没有意识，也不像人类那样思考、推理，或有人类的感觉。

那么，从任何意义上来说，把这些机器描述为"智能"是否恰当呢？感觉似乎并不恰当。大多数时候，我们最终会依赖于这个词，或者类似的词，因为我们没有其他的词可用了。但因为我们主要用这些词来谈论人类，在用它们来谈论机器时的感觉并不对。哲学家将此称为"类别错误"，即将表示一类事物的词语用于表示另一类事物：就像我们不会期望胡萝卜会说话或手机会发怒一样，我们也不应该期望机器是"智能的"或"聪明的"。那么，我们还能如何描述它们呢？当人工智能领域刚刚起步，还没有被命名的时候，有一个想法是把这个研究领域称为"计算理性"。这个词可能不像"人工智能"那么令人兴奋或激动，但它可能是一个更匹配的词，因为这正是这些机器正在做的事情：利用计算能力在浩瀚的海洋中搜索可能采取的最理性的行动。

创造力是自下而上的设计过程

在许多方面，当前人工智能领域的实用主义革命与一个半世纪前发生的另一场智能革命相似，那场革命塑造了我们对另一种机器——人类——的智能能力的看法。

想想看，到目前为止，被自己的智能武装起来的人类一直是世界上最能干的"机器"。在很长一段时间里，对这些能力起源的主要解释是带有宗教色彩的：它们来自上帝，来自某种比我们更聪明的事物，它按照自己的形象塑造了我们。毕竟，如果不是某种比我们聪明得多的事物把人类设计成这样，那么像人类这样复杂的"机器"怎么可能存在呢？18世纪的神学家威廉·佩利让我们想象自己正在穿过一片田野。他说，如果我们在草地上偶然发现一块石头，我们可能会认为它一直在那里，但如果我们发现一块手表，我们就不会这么想了。他认为，自人类诞生以来，不可能自然出现像手表这样复杂的设备。在某种程度上，一定是一位才华横溢的钟表匠设计并制造了它。佩利认为，我们在自然界中发现的所有复杂事物都像那块手表：唯一能解释这些复杂事物的方式是有一个创造者，一个看不见的钟表匠，制订计划并将其付诸行动。

这些宗教学者和人工智能纯粹主义者之间有着惊人的相似之处。他们都对机器能力的起源感兴趣，前者是人类机器，后者是人造机器，两者都相信，这些事物一定是由一个与他们相似的智能，也就是所谓的智能设计者，刻意创造出来的。对于宗教学者来说，设计者就是上帝。对于人工智能纯粹主义者来说，设计者就是他们自己。两者都相信，被创造的事物应该和它们的创造者一样。正如《圣经·旧约》中的上帝按照自己的形象创造了人类，人工智能研究人员也试图按照自己的形象建造他们的机器。[42]

总之，神学家和人工智能科学家都认为，非凡的能力只可能出现在类似人类智能的东西上。用哲学家丹尼尔·丹尼特的话来说，两者都认为能力只能从理解中产生，只有智能过程才能创造出能力非凡的机器。[43]

然而，今天我们知道宗教学者错了。人类和人类的能力并不是被比我们更聪明的事物自上而下努力创造出来，并把我们塑造成人类的样子的。1859 年，达尔文证明了事实正好相反：创造力是一种自下而上的无意识的设计过程。达尔文称其为"自然选择的进化"，最简单的解释只需要你接受三件事：第一，生物之间有微小的差异；第二，其中一些变异可能有利于它们的生存；第三，这些变异会传递给其他生物。不需要由一个聪明的设计者直接塑造事件，仅这三个事实就可以解释自然界中所有设计的表象。变化可能是微小的，优势也是非常微小的，这些变化在任何时刻都可以忽略不计，但如果你让这个世界运行足够长的时间，累积数十亿年，就会创造出令人眼花缭乱的复杂性。正如达尔文所言，即使是最"复杂的器官和本能"也"得到了完善，虽然与人类的理性类似，但这不是通过优于人类的理性，而是通过无数细微变化的积累，每种变化对个体拥有者都有好处"[44]。

自然选择和智能设计的观点截然不同。"一个真正的钟表匠是有远见的，"研究达尔文的伟大学者之一理查德·道金斯写道："他设计齿轮和弹簧，并把它们之间的联系考虑在内。自然选择过程，即达尔文发现的盲目无意识的自动过程……心中没有目标。它没有心灵，也没有心灵的眼睛。它不为未来做计划。它没有先见，也没有远见。如果说它在自然界中扮演了钟表匠的角色，那它就是盲人钟表匠。"[45]

佩利故事中的钟表匠有着完美的先见和远见，但达尔文提出的自然选择过程却不具备这一点。它对自己所做的事情浑然不觉，在漫长的岁月中盲目地摸索复杂的事物，而不是在某一瞬间有意识地进行创造。

人工智能领域的实用主义革命要求我们在思考人造机器的能力来源时做出类似的逆转。今天，最有能力的系统不是那些由聪明的人类自上而下设计的系统。事实上，正如达尔文在一个多世纪前发现的那样，非凡的能力可以逐渐从盲目、无意识、自下而上的过程中涌现出来，而这些过程与人类的智慧毫无相似之处。[46]

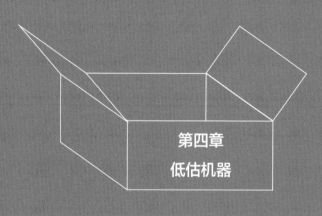

第四章

低估机器

1966年，在人工智能的第一波浪潮中，一位名叫约瑟夫·魏岑鲍姆的研究人员宣布，他创造了世界上第一个聊天机器人伊丽莎：这个机器人系统将"使人与计算机之间进行自然语言的对话成为可能"[1]。刚开始，伊丽莎被设计成一名心理治疗师。主要考虑到一个"病人"可以对它说话，系统会对病人所说的话做出回应，然后就有了对话交流。不过，魏岑鲍姆并不是很认真地看待这个事情。在某种程度上，他好像是以一种可预知的方式在取笑心理治疗师。他写道：心理治疗师以一种看似深思熟虑的方式，却鹦鹉学舌般地重复病人陈述的病情，这是一种"戏仿"。

　　然而，当伊丽莎开始运作时，事情却发生了意想不到的变化。这个系统给用户留下的印象比魏岑鲍姆预想的要深刻得多。一些从事精神病学研究的专家对该系统进行了评估，他们认为，经过进一步的研究，该系统可能"已经准备好用于临床"。当魏岑鲍姆邀请他的秘书（她非常了解伊丽莎是如何被制造出来的）来对它进行试验时，在最初简短的交流后，秘书转向他，请他离开房间：她竟然想和机器单独待一会儿。魏岑鲍姆震惊了。这段经历"感染"了他，几年后他写道："我可能永远也摆脱不了一些基本的问题……关于人类在宇宙中的位置。"[2]

魏岑鲍姆对机器人伊丽莎的期望并不高，因为他知道，虽然这个系统表面上看起来很智能，但实际上它根本不像一个心理治疗师。他写道："我一直认为，一个人要想帮助另一个人学会处理自己的情绪问题，就必须有一个先决条件，那就是帮助者自己要参与到被帮助者的情绪经历中去。"[3]基于这些理由，魏岑鲍姆对他创造的系统不屑一顾，他低估了自己的创造能力。

几十年后，实用主义革命开始了，研究人员开始系统地制造与人类工作方式截然不同的机器，与魏岑鲍姆所犯的类似的错误将会更频繁地出现，并带来更严重的后果。人工智能研究人员、经济学家和其他许多人将一次又一次地被新机器的能力所困，这些机器不再是为了复制人类智能的某些不可或缺的特征而被制造出来的。

真正的智能尚未出现

在人工智能领域一群颇具影响力的批评者看来，与其说实用主义革命是值得庆祝的，不如说是令人失望的。以他们对 IBM 的"深蓝"战胜加里·卡斯帕罗夫的反应为例。计算机科学家兼作家道格拉斯·霍夫施塔特将其首次胜利称为"分水岭事件"，认为比赛"与计算机是否智能化无关"。[4]他对 IBM 的机器"没有什么学术兴趣"，因为"穷举算法下的国际象棋程序的工作方式与真正的人类思维没有丝毫相似之处"。[5]哲学家约翰·塞尔对"深蓝"不屑一顾，称其"放弃了人工智能"。[6]卡斯帕罗夫本人实际上也同意这种观点，他将这台机器称为"价值 1 000 万美元的闹钟"。[7]

或者拿 IBM 的另一个超级计算机"沃森"来说。2011 年，它出现在美国智力竞赛节目《危险边缘》上，并击败了该节目历史上两位人类冠军。事后，霍夫施塔特再次表示，该系统的表现"令人印象深刻"，但也"绝对空洞"。[8]塞尔在《华尔街日报》一篇尖锐的社论中挖苦道："'沃森'根本就不知道自己在《危险边缘》节目中获胜！"[9]这台机器也不会打电话给它的父母，告诉它们自己做得有多好，更不会去酒吧和朋友一起庆祝。

正如我们在上一章所看到的，霍夫施塔特、卡斯帕罗夫、塞尔和那些做出类似观察的人都是正确的。尽管企业和媒体无休止地谈论"人工智能"或"机器智能"，但真正的智能尚未出现。像塞尔和霍夫施塔特这样的纯粹主义者希望通过人工智能研究来解决人类思维的难题、解开意识的奥秘、了解人类的心理，然而今天最有能力的机器对人类的功能却知之甚少。因此，可以理解的是，这让他们感到失望。

就其本身而言，这种失望并非不合理。通常情况下，当这种失望变成轻蔑的时候，麻烦就来了。其中一些批评人士似乎认为，由于最新的机器不像人类那样思考，它们显得不起眼或肤浅，这导致批评者系统性地低估了机器的能力。

这种思维方式解释了为什么批评家经常会发现自己陷入反复出现的知识逃避模式。当一些他们认为只有人类才能完成的任务实现了自动化时，他们就会回应说，这个任务并不能恰当地反映人类的智慧，转而执行一些完全不同的任务（尚无法实现自动化的任务），并辩称这实际上就是人类的智慧所在。宗教领袖有时会被批评把"上帝"定义为目前科学无法解释的东西，一个"缝隙中的上帝"：是上帝创造了日夜的力量，直到天文学能够解释它们；上帝是造就万物的力量，直到进化被认为是自然选择的结果。在这里，我们也有一个类似的流畅的定义方式，一个"间隙的智能"，其中智能被定义为一切当前机器无法执行的操作。意识到这个陷阱也不一定能保护你不陷入其中，例如，霍夫施塔特很清楚这一现象，巧妙地将该定义设定为该领域的一个"定理"——人工智能是尚未实现的东西。[10] 然而，在亲自描述了这个谬论之后，我仍然为之感到迷惑。

1979 年，当霍夫施塔特被问到是否会有一个"可以打败任何人"的国际象棋程序出现时，他直截了当地回答说："不会。"也许有一些程序可以在国际象棋比赛中打败任何人，但它们不会只是棋手。它们将是普遍的智能的程序，并且将像人一样喜怒无常。"你想下棋吗？""不，我对象棋已经厌倦了。我们来谈谈诗歌。"这可能是你与一个可以打败所有人的程序进行的某种对话。[11] 换句话说，霍夫施塔特认为一个成功的国际象棋系统必须具有人类的智慧。因为他是一个纯粹主义者。他认为，"下棋从本质上借鉴了人类处境的核心方面"，比如"直觉上的去芜存菁的能力，进行微妙类比的能力，联想回忆的能力"。[12]

然而，正如我们所看到的，"深蓝"证实了这个错误：其并未包含任何国际象棋所需的人类智慧，也没有任何直觉上的去芜存菁的能力。但霍夫施塔特并没有承认错误，而是以"智能的差距"为借口来逃避问题。这些机器"只是在某些我们认为需要智能的活动上超越了人类"，他在"深蓝"战胜卡斯帕罗夫的首场比赛中写道："天啊，我以前还以为下象棋需要思考。现在，我意识到并非如此。这并不是说卡斯帕罗夫不是个深刻的思想家，只是说在下棋时你可以绕过深刻的思考，就像你不需要拍打翅膀就能飞翔一样。"[13] 霍夫施塔特改变了主意，他否认下棋的能力是人类智慧的

"基本成分"。[14]

或者以卡斯帕罗夫本人为例，这个关于人类与机器下棋的故事中的人类主角，在《深度思考》一书中描述了他与"深蓝"的比赛，也指出了其中存在的陷阱："一旦我们找到一种方法让计算机做一些智能的事情，比如参加世界国际象棋锦标赛，我们就会认定它不是真正的智能。"[15]然而这正是他所做的。7年前当卡斯帕罗夫面对"深蓝"时，他已经大胆地声称，机器永远不可能像他一样打败别人，因为机器永远不可能成为像他这样的人。"一台计算机可以击败世界冠军，（然后）计算机还可以阅读世界上最好的书，可以写最好的剧本，并且可以了解历史、文学和人类，但其实这些都是不可能的。"[16]对当时的卡斯帕罗夫来说，在国际象棋比赛中获胜与造就我们的一切密不可分。然而比赛结束后，他说："'深蓝'……就像你的可设置的闹钟一样聪明。"[17]与霍夫施塔特一样，卡斯帕罗夫改变了想法，他认为赢棋并不代表拥有人类的智慧。

这种朝令夕改的习惯并没有起到任何帮助作用，因为它往往会导致批评者低估未来机器的能力，甚至就其本身而言，你可能会怀疑这种轻蔑的语气是否用错了地方。人类的智慧到底有何独特之处？为什么我们要把人类的思维能力提升到其他任何能够创造卓越机器的能力之上，尽管这可能令人震惊？当然，人脑的力量和奥秘应该使我们感到敬畏。在相当长一段时间内，我们可能无法完全了解我们的大脑。但是，在机器的程序中，即使它们不像人类，也不是模仿人类，难道就不存在另一种同样令人产生不安和激动感觉的令人惊奇的现象吗？卡斯帕罗夫可能认为"深蓝"只是一个昂贵的闹钟，这个"闹钟"在棋盘上给了他沉重的一击。它的内部运作难道不应该像人脑那样让我们感到惊奇吗？即使它们不像我们一样有着奇妙的解剖学和生理学意义。

毕竟，当达尔文意识到人类机器的能力并非来自类似于人类智慧的事物时，就是这种感觉。[18] 他并不是一个苦情之人，也没有试图用他的自然选择理论来榨干世界上最后一丝神秘感。恰恰相反，《物种起源》一书的最后几句话写道："这种人生观是伟大的，凭借多种力量，生命最初被吸纳成几种形态或一种形态；当这个星球按照固定的万有引力定律继续循环的时候，从如此简单的开始，就已经形成了无数最美丽、最奇妙的形态，并且正在进化。"[19]

这不是形而上学的失败者的写照。达尔文这种没有造物主的生活观点是伟大的，并带有一种近乎宗教的敬畏感。也许有一天，我们也会对非人类的机器产生同样的感觉。

通用人工智能

古希腊诗人阿奇洛丘斯曾写道："狐狸知道很多事情，而刺猬只知道一件大事。"以赛亚·伯林将他在阿奇洛丘斯残存的诗歌片段中发现的这句神秘的话作为一种著名的隐喻，来区分两种类型的人：对很多事情略知皮毛的人（狐狸）和对少数事情知之甚多的人（刺猬）。[20] 在我们的观念中，可以重新利用这个隐喻来思考人类和机器。目前，机器是典型的刺猬，每一个都被设计成在特定的、被狭义定义的，在任务上非常强大（想想"深蓝"和国际象棋，或者"阿尔法围棋"和围棋），但无法执行一系列不同任务的机器。而人类是骄傲的狐狸，他们可能发现自己在某些事情上被机器打败了，但仍然可以在其他广泛的事情上胜过机器。

对于许多人工智能研究人员来说，智力上的"圣杯"是制造出像狐狸而不是刺猬这样的机器。用他们的术语来说,他们想要建立一个具有广泛能力的"通用人工智能"(AGI)机器,而不是一个只能处理特殊任务的"有限人工智能"(ANI)机器。[21] 这正是雷·库兹韦尔和尼克·博斯特罗姆等未来学家所感兴趣的方面。但研究人员在这方面的努力几乎没有取得成功,批评者常常把通用人工智能的难以捉摸作为对机器能力持怀疑态度的另一个理由。纯粹主义者认为,只有通用人工智能才是"真正的"人工智能,如果没有这种通用性,这些机器永远不会在它们所做的工作中成为人类"真正的对手"。[22]

有人说,通用人工智能将成为人类历史上的一个转折点。他们的想法是,一旦机器具备了"通用"能力,能够比人类更好地执行广泛的任务,那么设计出更有能力的机器将只是时间问题。人们认为,在这一点上,将会发生"智能爆炸":机器不断地改进之前的机器,它们的能力在爆炸式的自我改进中飞速发展。据说,在这一过程中将产生"超级智能"的机器,有人称其产生的时刻为"奇点"。这些机器将是"人类最不需要的发明",牛津大学数学教授欧文·古德提出了"智能爆炸"的可能性,即机器能对任何人类发明的东西加以改进。[23]

如此强大的通用人工智能的前景让斯蒂芬·霍金("可能意味着人类的终结")、埃隆·马斯克("比朝鲜核武器更危险")和比尔·盖茨("不明白为什么有些人不担心")等人感到担忧,尽管他们的担忧不尽相同。[24] 一种担忧是,人类的能力受到了相当于蜗牛般进化速度的限制,将难以跟上机器的步伐。另一种担忧是,这些机器可能在不知不觉中追求与人类不一致的目标,而在这个过程中可能会毁灭人类。例如,一个思想实验设想一个通用人工智能机的任务是尽可能高效地制造回形针。故事的结局是，它将"首先扩大占用的土地面积，然后增大回形针生产设施的空间"，在毫无人类情感的过程中追求所设定的目标。[25]

专家对人工智能真正达到这种程度可能需要的时间存在分歧。有人说离通用人工智能实现还有几十年的时间，有人说可能会是几个世纪。最近的一项调查，以令人难以置信的精确度将时间表述为2047年。[26] 如今，我们确实看到了一些朝着"通用"能力迈进的小进展，尽管这些只是机器工作中非常早期和原始的例子。例如，作为其创新组合的一部分，英国深度思考公司开发了一种机器，能够在49种不同的名为 Atari 的电子游戏上与人类专家竞赛。这台机器接收到的唯一数据是计算机屏幕上的像素图案和它在游戏中赢得的分数。然而，即便如此，它还是能够学会如何玩每一种不同的游戏，其水平往往可以与最优秀的人类玩家相匹敌。[27] 这就是通用人工智能狂热者所追求的能力。

关于"智能爆炸"和"超级智能"这样的讨论可能会令人兴奋。但是考虑到未来的工作，与人工有限智能相比，通用人工智能的重要性被夸大了。对于人工智能研究人员来说，缺少通用人工智能是一个急需突破的瓶颈。但从经济学的角度讲，它对自动化的约束要比通常人们想象的弱得多。例如，如果一项工作由10项任务组成，那么人工智能可以有两种方式让它消失。一种是创建一个通用人工智能，它可以自己执行所有10项任务；另一种是发明10种不同的人工有限智能指令，每一个人工有限智能指令都能执行其中的一项任务。我们对制造与人类具有相同能力的通用人工智能机器的痴迷，可能会分散我们对没有通用人工智能的机器所拥有的强大力量的注意力。没有必要按照人类的形象建造一台可以在瞬间取代工人的单一机器。相反，一系列非人类机器逐渐积累起来的能力虽然有限，却令人印象深刻，这足以蚕食人们执行的各项任务。总之，在思考未来的工作时，我们应该警惕的不是一只无所不能的狐狸，而是一支勤劳的刺猬大军。

重新看待常规与非常规任务

人工智能的实用主义革命也对经济学家产生了重要的影响。在过去的几年里，它推翻了"ALM假说"。

当大卫·奥托和他的同事在2003年首次提出"ALM假说"时，它是伴随着一系列"非常规"任务的，人们非常确信某些任务并不能完全实现自动化，然而在今天，其中的大多数却实现了自动化。其中一项任务是"驾驶卡车"，塞巴斯蒂安·特伦在2004年就开发出了世界上第一辆无人驾驶汽车。另一项任务是"法律写作"，然而文档自动化系统在目前大多数主要实践中的应用已经司空见惯了。"医疗诊断"曾经也被认为是无法实现自动化的，但如今机器可以检测眼部问题和识别癌症等。[28]

10年后，奥托和另一位同事将"接受指令"定义为"非常规"。但同一年，美国的红辣椒餐厅和苹果蜂餐厅宣布，它们将安装10万台平板电脑，顾客可以在没有服务员的情况下下单和付款，随后麦当劳和其他连锁店也纷纷效仿。这导致一些非常深奥的"非常规"任务的数量也减少了。就在几年前，有人曾声称"识别鸟的种类"并不容易实现自动化，但是现在有一款由美国康奈尔鸟类学实验室的计算机科学家设计的名为Merlin的鸟种识别应用程序就可以做到这一点。

当然，我们有理由质疑这些任务是否已经完全实现了自动化。目前，仍有一些诊断系统无法解释的疾病，而 Merlin 也无法识别某些鸟类。今天的"自动驾驶"汽车系统仍然需要人类的关注。但重要的是要注意行进的方向：许多非常规的任务现在已经被机器所掌握，这些都是直到最近才能实现的。[29]

预测出了什么问题？问题是"ALM 假说"忽视了实用主义革命。经济学家曾认为，要完成一项任务，计算机必须遵循由人类设置的明确规则，这种机器能力必须始于对自上而下的人类智慧的应用。在第一波人工智能浪潮中，这可能是正确的。但正如我们现在所看到的，情况已不再如此。现在机器可以学习如何自己执行任务，从下向上制定自己的规则。即使人类不能很容易地解释他们如何开车或如何识别一张桌子，也没有关系，机器不再需要人类的解释。这意味着它们能够承担很多以前被认为是它们做不到的非常规任务。

其直接影响是显而易见的：经济学家必须更新他们所讲述的关于技术和工作的故事。机器能做的一系列任务已经超出了人们曾经想象的范围。在著名经济学家的最新研究中，这种更新工作已经开始。人们意识到，关于机器能力的传统假设不再成立，对常规和非常规的识别出了问题。然而，人们的反应往往是仍然保持原有的识别方式，只是对其进行调整和更新，而不是完全放弃"ALM 假说"。

目前，许多经济学家认为他们的错误是误以为新技术会把许多非常规任务变成常规任务。记住，非常规任务被定义为需要隐性知识（人类努力表达出来的那种知识）的任务。经济学家认为，目前的情况是，新技术只是在揭示一些人类赖以生存的隐性知识。他们认为对常规与非常规的识别仍然是有用的，新技术只是改变了两者之间的界限，经济学家曾经（他们承认这是错误的）认为这条界限是固定的。通过这种方式，他们试图挽救"ALM 假说"。例如，大卫·奥托认为，今天的计算机科学家正试图通过"推断我们默认适用但未明确理解的规则"来自动完成非常规任务。达纳·雷穆斯和弗兰克·利维也说，新技术"使隐性协议变得清晰"。[30]

要了解这种思维方式的实际应用，我们可以看看斯坦福大学的一组研究人员在 2017 年开发的一种检测皮肤癌的系统。如果你给它一张雀斑的照片，它就能像 21 位领先的皮肤科医生一样准确地判断这是不是癌症。它是如何工作的？它搜寻了 129 450 个过往临床病例的数据库，对照寻找这一病例与特定病变的图像之间的相似之处。更新的"ALM 假说"表明，这一系统之所以能起作用，是因为它能够识别并从过去的案例中提取出皮肤科医生遵循但无法表达的规律。机器正在将他们的隐性规则变得明确，将非常规任务变成常规任务。

但这种关于斯坦福皮肤癌检测系统工作原理的解释是不正确的。该解释认为这些机器正在揭示迄今为止隐藏的人类规则，深入人类对世界的理解，仍然假定是人类的智慧支撑着机器的能力。但这并不是第二波人工智能系统的运作方式。当然，一些机器可能确实会遇到未明确表达的人类规则，从而将非常规任务转变为常规任务。但更重要的是，许多机器现在也在推导全新的，与人类遵循的规则无关的规则。这不是措辞上的诡辩，而是一种严肃的转变。机器不再依赖于人类的智慧。

还是以斯坦福皮肤癌检测系统为例，当它搜索 129 450 个过往临床病例时，它并不是在试图揭示皮肤科医生所遵循的隐性规则，而是使用强大的处理能力来识别数据库中的关键信息，该数据库包含的病例比一个医生一生查看的病例都要多。当然，它可能在分析过程中揭示了某些类似于人类遵循的规则。但事实未必如此：机器也可能发现完全不同的规则，甚至是人类根本无法遵循的规则。

"阿尔法围棋"也是一个很好的例子，这台围棋机器打败了世界冠军李世石。几乎和"阿尔法围棋"的整体胜利一样引人注目的是它走得非常特别的一步棋，即第二局的第37步。评论员和观众都惊呆了，他们从未见过这样的走法。李世石本人似乎也深感不安。几千年的人类游戏有一个即使是初学者也知道的经验法则，即在游戏开局时，应避免在边缘的第五行放置棋子。然而，"阿尔法围棋"却这么做了。[31]该系统甚至不知道，有这样一个人类规则的存在。事实上，"阿尔法围棋"是根据其本身掌握的数据计算得出的，而人类专家走出这一步的概率只有万分之一。[32]正如一位专业观察人士指出的那样，这根本不是人类的下棋招数。[33]这是全新的，令人惊讶的招数。一名围棋冠军称赞它"漂亮"，甚至有人说，这让他感到"身体不适"。[34]这个系统重建了人类所遵循的规则。

人们可能很容易忽视这一区别，认为真正重要的是经济学家需要认识到，现在非常规的任务可以实现自动化。然而，研究经济学家出错的原因也同样重要。这些系统不遵循与人类相同的规则的这一事实为它们创造了机会，就像"阿尔法围棋"让李世石感到惊讶一样，这同样也带来了问题。例如，考虑一下，在第一波人工智能浪潮中，所开发的系统的优点之一是它们非常"透明"。因为它们倾向于遵循人类制定的明确规则，所以人们很容易理解为什么一个系统会做出给定的决定，无论是游戏中的一个动作还是医疗诊断。在第二波人工智能浪潮中，情况不再如此，这些系统现在没有曾经那么透明了。例如，"阿尔法围棋"为什么要走史无前例的第37步，最初人们根本就无法理解，该系统的开发人员必须仔细审查它做出的复杂计算，然后才能搞清楚它的决定。

这种新的不透明性促使人们开展了专门的研究工作，以帮助人工智能系统"自我解释"。[35] 这也引发了公共政策的试探性反应。例如，欧盟在新的《通用数据保护条例》第15条中，已将"有关（自动决策）逻辑的有意义的信息"列为一项法律权利。[36] 目前，欧洲政策制定者认为这类信息是缺失的。

人工智能谬误

在上述各种情况下，计算机科学家和经济学家都出现了我父亲和我所说的"人工智能谬误"：要开发出像人类一样执行任务的机器，唯一的方法是复制人类执行该任务的方式。[37] 这一谬论至今仍在广为流传，影响着许多人对技术和工作的思考。

例如，医生往往不会承认一台机器能够像他们一样诊断疾病。他们说，机器永远无法进行"判断"。判断需要本能和直觉，即具备认真观察患者的能力，并能够通过经验培养出个人的感觉。这些都不可能被写在机器的指令里。英国医生专业机构——皇家全科医师学院宣称："没有任何一款应用程序或算法能够完成全科医师的工作……研究表明，全科医师有一种直觉，可以判断是否会出现病变。"[38] 事实可能确实如此。然而，这并不意味着机器不能以另一种方式执行医生的任务。斯坦福大学开发的皮肤癌检测系统并没有复制医生的"判断"练习，也没有试图复制他们的"直觉"。事实上，有人可能会说它根本没有掌握任何有关皮肤病的知识。然而，它仍然可以判断一个雀斑是否致癌。

与此同时，建筑师可能会说，机器永远无法设计出一个创新或令人印象深刻的建筑，因为计算机不可能"有创造力"。而在德国汉堡新建的易北爱乐音乐厅里有一个非常漂亮的礼堂，由1万个连锁隔音板组成。正是这种空间设计让人本能地认为只有人类——一个具有非常精致创造力的人——才能设计出如此具有美感的东西。然而，这个礼堂实际上是按照算法设计的，在设计中使用了一种名为"参数设计"的技术。建筑师给系统提供了一组标准（例如，空间必须有一定的声学特性，或者任何观众触手可及的面板都必须具有特殊的触感），而系统生成了一组可供建筑师选择的设计方案。类似的软件已经被用于设计轻便的自行车车架和更结实的椅子，以及许多其他东西。[39] 这些系统的行为是否"富有创意"？不，人们正在使用机器盲目生成各种可能的设计，其工作方式与人类完全不同。

再举一个例子。1997年，在"深蓝"击败卡斯帕罗夫的几个月后，人工智能又获得了一次被人们所忽视的胜利。俄勒冈大学满屋子的听众听到了一首钢琴曲，他们认定这是一首巴赫的钢琴作品，但实际上这首曲子是由作曲家大卫·科普发明的计算机应用程序EMI所创作的。这一应用程序是在"创造性"地把作品拼凑在一起吗？该大学的一位音乐理论教授认为这件事"令人不安"。[40] 道格拉斯·霍夫施塔特组织了这次音乐试验，他称EMI是"我所遇到过的最发人深省的人工智能项目"，并表示这让他感到"困惑和困扰"。[41] 如果是人类写出这首曲子，我们会毫不犹豫地使用"富有创意"这个词。但是无论音乐结构多么美好，使用这样的词语来描述计算机应用程序所做的事情仍然让人感到不适。正如霍夫施塔特曾经写过的关于作曲的文章中所表述的那样，人类"必须独自走遍世界，在迷宫般的生活中挣扎，感受每时每刻"，然后才能坐下来把这些感受变成音符。[42] 机器再一次以完全不同的方式完成了任务。

人们往往会说，因为机器不能像我们一样进行推理，所以它们永远不会做出判断；因为它们不能像我们一样思考，所以它们永远不会发挥创造力；因为它们的感觉和我们不一样，所以它们永远不会有同理心。这一切可能都是对的，但大家没有意识到，机器可能会完成需要人类用同理心、判断力或创造力才能完成的任务，只是它们是通过完全不同的方式做到的。

人与机器的距离

在希腊神话中，古代众神居住在奥林匹斯山顶上。他们拥有非凡的才能，坐在顶峰，俯视下面的人。然而，如果下面的人特别勇敢或杰出，他们也可能变得像神一样：在一个希腊人称为"羽化登仙"的过程中，他们将登上山峰，并在山顶上就座。这就是发生在古希腊英雄赫拉克勒斯身上的事情。在生命的最后一刻，他被带到奥林匹斯山上与众神一起生活，在那里他"永远不会受到伤害，永远不会衰老"。[43]

今天，我们中的许多人似乎都想象着人类坐在了"山顶"上。我们不认为自己是神，但我们确实认为自己比现存的任何其他生物都更有能力。许多人认为，如果一台在山脚下的机器要和我们一起登上山顶，它也必须经过"羽化登仙"，不是变得更像一个神，而是变得更像一个人。这是人工智能的纯粹主义观点。一旦机器获得了人类智能，它的能力就达到了顶峰，这种攀登的过程也就结束了。

但是，正如实用主义革命向我们展示的那样，这种假设存在两个问题。第一，除了遵循人类走过的特定道路，还有其他方法可以攀登能力之山。纯粹主义路线只是实现这一目标的方式之一，技术进步也揭示了一系列其他有可能的途径。第二，在这座人类引以为傲的山峰之上，还有其他的山峰。许多人被山顶的景色分散了注意力：我们花时间低头看着能力较弱的机器，或者彼此凝视，惊叹于自己的能力。但如果我们向上看，而不是向下看或平视，我们就会看到高耸在我们上方的其他山脉。

就目前而言，人类可能是现存最有能力的"机器"，但机器还可以采用许多其他可能的设计。想象一个储存所有这些不同组合和迭代的宇宙仓库：它将是难以想象的大（也许是无限大）。自然选择在这片广阔的土地上寻找到了一个小角落，花了很长时间在一条路上浏览，最终选定了人类的设计。然而，人类正在探索其他新的技术。进化使用的是时间，而我们使用的是计算能力。很难想象，在未来我们可能会偶然发现不同的设计和全新的机器制造方式，这些发现将开创能力的顶峰，即使是当今最有能力的人也无法企及。[44]

如果机器不需要复制人类的智慧就能具备很强的能力，那么目前科学界在智能的理解上的巨大差距就远不如人们通常所认为的那么重要。我们不需要解决大脑和思维如何运作的谜题，就能制造出超越人类的机器。而且，如果机器不需要复制人类的智慧就能具备很强的能力，则没有理由认为人类目前能够做的事情将限制未来机器可能完成的工作。然而，人们普遍认为，人类的智慧是机器所能达到的极限。[45]而且人们无法相信这种极端情况将会真的发生。

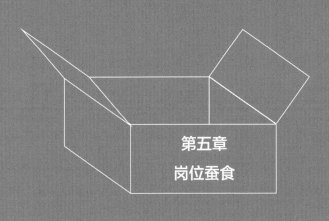

第五章

岗位蚕食

我们应该如何预期人工智能的发展进程对人类就业产生的影响？虽然现在机器可以做的事情远比过去要多得多，但这并不意味着它们可以做任何事情。有害的替代力量仍然是有限的，但问题是，这些界限并不明确，而且在不断变化。

最近的许多书籍、文章、评论和报告都试图用各种不同的方法来确定机器能力的新极限。其中一种是试图确定哪些特定的人类能力是难以自动化的。例如，一个十分流行的发现是，新技术难以执行需要社会智慧的任务，即需要面对面互动或感同身受地进行支持性的活动。从 1980 年到 2012 年，在美国劳动力市场中需要高度人际互动的工作的份额增长了 12%。[1] 2014 年皮尤研究中心的一项调查发现，尽管实用主义革命取得了种种进展，但许多专家仍然认为，某些"独特的人类特征，如同理心、创造力、判断力或批判性思维"永远无法实现自动化。[2]

除了看人类的能力是否可以被机器复制外，另一种不同的方法是，考虑任务本身是否具有机器更容易或更难以处理的特征。例如，如果你有一个任务，其目标容易被定义，可以很简单地判断目标是否已经实现，并且有大量的数据可以供机器学习，那么该任务很可能可以实现自动化。[3]识别猫的照片是一个很好的例子。[4]目标很简单：回答"这是一只猫吗？"的问题很容易判断一个系统是否成功。据估计，互联网上大约有 65 亿张猫的照片。[5]相比之下，目标不明确或可用数据不足的任务可能导致机器无能为力。美联储的经济学家认为，"任务复杂性"可能也是衡量机器能做什么的有用指标。[6]类似地，斯坦福大学人工智能实验室的前主任安德鲁·恩格教授也在寻找一个"特定的人思考不到一秒钟就可以做"的任务。[7]

然而，用这两种方法中的任何一种来衡量机器的极限，存在一个很明显的问题就是你得出的结论会很快过时。那些试图识别这些边界的人就像众所周知的苏格兰第四铁路桥的油漆匠，这座桥如此之长，以至他们完成尾端的刷漆工作后就需要开始重新刷漆，因为到那时，另一端的油漆已经开始剥落了。花一些时间来思考今天的机器能做些什么，当你努力完成时，你可能需要重新开始思考并进行调整。

考虑机器能力的更好方法是不再试图确定其在特定方面的极限。抑制分类的诱惑，隐藏本能，不再寻找"哪些特定的人类能力难以复制，哪些特定的任务十分棘手"的清单，而是试图找出更普遍的趋势。这样做，你就会看到，在我们今天所见的进步的特殊涟漪之下，有一些更深的水流。[8]虽然很难确切地说未来的机器能够做什么，但可以肯定的是，它们将来能做的事情肯定比现在更多。随着时间的推移，机器将无情地逐渐进入人类从事的各个任务领域，到那时以目前存在的技术为例，当你拿起智能手机、打开笔记本电脑，你可以自信地说这是有史以来最不先进的技术。

我们可以把这种总趋势看作"岗位蚕食"，即机器承担越来越多曾由人工执行的任务。[9]在现实中发现这种趋势的最好方法是观察人类在工作中使用的三种主要能力：手动能力、认知能力和情感能力。今天，每一种能力都面临着越来越大的挑战。

当20世纪伟大的社会学家之一丹尼尔·贝尔被要求对自动化进行一些反思时，他调侃说，我们应该记住古老的犹太谚语："举例不是证据。"[10] 然而，鉴于随之而来的大量例子，我希望即使是贝尔也能认识到这一趋势。

手动能力

首先，考虑人类与物质世界打交道的能力，例如，体力劳动以及对我们周围看到的事物做出反应。传统上，这种身体和精神运动能力被应用于农业经济用途。但在过去的几个世纪里，这一领域变得越来越自动化。现在有无人驾驶拖拉机、无人挤奶机、无人放牧机和棉花自动采收机。[11] 有采收橘子的摇树机器人，采收葡萄的藤蔓修剪机器人，以及使用真空管把苹果从树上吸下来的机器人。[12] 有监测动物健康的健康追踪器，检测不健康产品的摄像系统，以及将肥料滴在作物上、将农药滴在杂草上的自动喷雾器。[13] 例如，日本90%的作物喷洒是由无人驾驶飞机进行的。[14] 英国农场根本无须任何一个人踏上田野，就能够种植、培育和收割大麦。[15] 美国农业巨头嘉吉公司使用面部识别软件监测奶牛。[16] 中国科技巨头阿里巴巴正在开发类似的技术跟踪猪，并计划使用语音识别软件来监测仔猪被其母亲重压的尖叫声，据说这将使仔猪死亡率每年降低3%。[17] 今天，物理世界中自动化的热点集中在无人驾驶汽车和卡车上。在过去，人们认为计算机操作车辆的唯一方法是复制人类司机，模仿他们驾驶的思维过程。这符合实用主义革命的精神，但被证明是错误的。我们现在意识到，无人驾驶汽车不必遵循人类所阐明和设定的固定的、按部就班的道路规则，而是可以学习如何自己导航，自下而上，从数百万真实和模拟的驾驶测试中提取传感器数据。[18] 福特已承诺在 2021 年前推出无人驾驶汽车。[19] 其他企业也做出了类似的承诺。特斯拉声称，它的汽车已经拥有在"远超人类司机"的安全水平上自动驾驶所需的所有硬件。[20] 考虑到平均每秒就有一人在世界某处的交通事故中受伤，每 25 秒就有一人死亡，人们非常看好自动驾驶汽车的前景。[21]

受无人驾驶汽车最直接影响的可能是货运，而不是个人交通运输，部分原因是货物的相对重要性。一个半自动卡车车队在 2016 年完成了第一次穿越欧洲的旅行，这些车互相成排：前面的车辆控制速度，其他车辆自动跟随前面的车辆。目前，每辆车都有一名司机。[22] 将来，货运可能无须在道路上完成。亚马逊已经为无人机巢穴和空中货物中心申请了专利，无人机巢穴是容纳自动飞行运输机器人的大型蜂箱式建筑，空中货物中心是巡航在 4.5 万英尺的高空、满载产品，等待无人机交付的飞船。[23]

由飞行机器人进行运输听起来可能是不切实际的，亚马逊的专利似乎只是试图引起一些关注。然而，值得注意的是，亚马逊是最先进的机器人应用企业之一，其仓库中有超过 10 万台地面机器人。[24] 今天，一些机器人已经能够完成非凡的物理壮举，比如开门、爬墙、爬楼梯和后空翻着陆，以及在恶劣的地势上携带电缆和在半空中给绳索打结。[25] 与此同时，全球工业机器人的数量正在稳步增长：国际机器人联合会（一个贸易协会），预计 2020 年将有超过 300 万台机器人在运行，这比 2014 年增加了近一倍（见图 5.1）。[26]

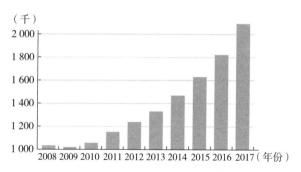

图 5.1　全球机器人的数量[27]

　　汽车制造业提供了一个在工业世界发生岗位蚕食的绝佳案例。很久以前，制造汽车是一种定制活动，工匠从零开始制造每一个部件。1913 年，亨利·福特将工艺自动化，用标准化的机器制造零件代替手工零件。这就是他所设计的著名的装配线：一个传送带网络，将正在生产的汽车从一个工人那里传送到另一个工人那里。现在，汽车制造中 80% 的工作由机器人完成。[28] 这不仅仅是一个关于汽车的故事。麦肯锡公司估计，截至 2015 年，所有制造业领域 64% 的工时都花在了可以用现有技术实现自动化的工作上，甚至尚未考虑未来的技术。[29]（尽管在技术上可行，但这些活动尚未实现自动化，这是我们将在本章后面讨论的一个问题。）

　　建筑业是经济生活的另一个部分，传统上需要依靠人类的体力劳动完成相关工作。现在据说机器也在侵占这一领域。一个人可以在 8 小时的轮班中铺设 300~600 块砖，但一个名为 Sam100 的砌砖机器人可以在 8 小时铺设 3 000 多块砖。[30] 另一个机器人，配备了一个被称为雷达（光探测和测距）的激光传感系统，可以漫步在建筑工地周围，扫描已经完成的工作，确保所有的东西都在正确的时间被安装在正确的地方。（目前，这项任务是由人通过剪贴板和卷尺完成的，在这个行业，98% 的大型建筑项目最终超出预算并且不能在计划的时间内完成。[31]）

英国著名的建筑公司鲍尔弗·贝蒂希望，到 2050 年它的建筑工地"将是无须人工的"。[32] 最令人兴奋的建筑机器也许是由新加坡南洋理工大学的一个研究小组开发的，它可以在 20 分钟内组装宜家的椅子。[33]

建筑商也开始采用 3D 打印技术，将物体逐层"打印"出来，用于建造整个住宅（尽管目前并不是很美观）。这种 3D 打印技术也不限于家庭建筑：它被用于打印仿真摩托车和食品、比基尼和犹太帽、飞机部件和人体替换部件、功能武器和 16 世纪雕塑的复制品。[34] 通用电气使用 3D 打印技术制造的发动机燃油喷嘴，比其前身轻 25%、耐用度高 5 倍。无国界医生组用它为成千上万在战争中失去四肢的叙利亚难民制作义肢，费用是传统替代品的 1/5。[35]

认知能力

除了影响物理世界，机器也越来越多地侵占了需要人类的思考和推理能力完成的任务。

例如，在法律领域，摩根大通已经开发了一个审查商业贷款协议的系统，能够在几秒钟内完成人类律师预计需要约 36 万小时才能完成的任务。[36] 类似地，安理国际律师事务所已经推出了一款软件，为场外衍生品交易起草文件；他们说，一名律师需要 3 个小时来编写相关文件，而他们的系统在 3 分钟内就可以完成。[37] 美国的一个研究团队开发了一个系统，可以预测美国最高法院判决的结果，它的预测正确率在 70% 左右，而人类专家利用他们的法律知识进行推理，正确率往往只能维持在 60% 左右。[38] 英国的一组研究人员开发了一个类似的系统，对欧洲人权法院的判决结果进行预测，准确率可达 79%。[39] 鉴于陷入纠纷的客户想知道的主要事情之一就是他们胜诉的概率，这样的系统能够引起人们的特别关注。

在医学领域，最令人印象深刻的进展是诊断。[40] 深度思考公司已经创建了一个程序，可以诊断超过 50 种眼部疾病，错误率仅为 5.5%，它与 8 名临床专家相比，表现与其中两名最好的专家相当，并优于其他 6 名。[41] 牛津的一个团队设计了一个系统，他们声称，这个系统在预测心脏问题方面优于心脏病专家。[42] 在中国，对数据政策的限制性不如英国或美国，据报道，被输入这些系统的信息量大得令人震惊。例如，斯坦福皮肤癌检测系统中有 129 450 个历史病例可供其使用，由中国科技巨头腾讯和广东省第二人民医院共同创建的诊断系统，能够利用全国各地医院的 3 亿多份医疗记录。[43] 这种系统可能不是完全准确的，但人类也不是绝对正确的：当今，错误诊断发生率据说在 10%~20%。[44] 人类的替代率，才应该是判断这些诊断机器有用性的基准。

在教育领域，一年之内报名参加哈佛大学在线课程的人数比大学建立以来的就读人数都多。[45] 我自己在牛津大学的很大一部分任务是教授本科生经济学和数学课程。除了授课，我经常指导我的学生去可汗学院（Khan Academy）——一个在线收集实践问题（其中 10 万个问题被解决了 20 亿次）和教学视频（其中 5 500 个视频被观看了 4.5 亿次）的网站。可汗学院每个月有大约 1 000 万名独特的访客，比英格兰所有的中小学都有更高的有效出勤率。[46] 可以肯定的是，收集实践问题和观看在线视频是相当简单的技术，而且它们可以让高质量的教育内容被更多人获取。但像这样的数字平台也越来越多地被用来支持更复杂的方法，如"适应性"或"个性化"学习系统。这些量身定制的教学（内容、方法和节奏）适合每个学生的特殊需求，试图复制像牛津这样的地方所提供的一对一个人教学，但这种教学在大多数其他环境中是学生负担不起的。超过 70 家公司正在开发这些系统，97% 的美国学区以某种形式投资于这些系统。[47]

名单还在继续扩大。在金融领域，计算机化的交易现在已经基本普及，负责股票市场上一半左右的交易。[48] 在保险领域，一家名为富国相互生命人寿保险的日本公司已经开始使用人工智能系统来计算投保人的保费，并在此过程中代替了 34 名员工。[49] 在植物学领域，一种经过 25 万多次扫描干燥植物训练的算法能够在新的扫描中识别物种，准确率几乎达到 80%；一位古生物学家回顾了识别结果，认为该系统"可能比人类分类学者的表现好得多"。[50] 在新闻领域，美联社已经开始使用算法来编写它们的体育报道和收益报表，现在编制的数量是单独依靠作家编制的 15 倍左右。彭博新闻发布的内容大约有 1/3 是以类似的方式生成的。[51] 在人力资源领域，72% 的工作申请"从来没有被用人眼来查阅"。[52]

我们已经看到，机器现在可以创作如此复杂的音乐，以至听众以为它一定是巴赫写的。现在也有一些系统可以导演电影、剪辑预告片，甚至可以撰写基本的政治演讲稿。正如杰米·苏斯金德——律师、政治理论家，同时也是我的兄弟所说，"政客（的言论）经常听起来像没有灵魂的机器人，这已经够糟糕的了，而现在没有灵魂的机器人发言时也像政客一样"[53]。达特茅斯学院——人工智能的诞生地，举办了"文学创作图灵测试"：研究人员提交的系统可以创作不同的十四行诗、五行打油诗、短诗或儿童故事，最常被人们采用的作品将被授予奖项。[54] 这样的系统听起来可能有点好笑，其中一些的确如此。然而，在"计算创造力"领域工作的研究人员正在非常认真地开展建造类似机器的项目。[55]

　　有些时候，机器侵占需要人类认知能力的任务可能会引起争议。考虑一个军事情景：现在有武器可以自己选择并摧毁目标，而不需要依靠人类发送指令。这引发了一系列联合国会议，讨论所谓的"杀手机器人"的兴起。[56] 或者考虑"合成媒体"这个令人不安的领域，它把用 Photoshop（图像设计软件）调整图像的概念提升到一个全新的水平。现在有一些系统可以将从未发生的事件生成十分逼真的视频，包括从来没有参与过的色情作品，或者公众人物从未发表过的煽动性演讲。在政治生活日益受到虚假新闻污染的今天，滥用这种软件的前景令人担忧。[57]

　　在另一些时候，机器侵占需要认知能力的任务似乎很奇怪。以北京天坛公园为例，近年来，公园因公共厕所厕纸丢失事件大量发生而备受困扰。但公园管理者非但没有聘请保安，反而安装了配备面部识别技术的卫生纸分配器，其程序是在 9 分钟内向同一个人提供不超过两英尺的厕纸。负责这项服务的营销总监说，公园考虑了各种技术选择，但"最终选择了面部识别，因为这是最卫生的方式"。[58] 或者可以看看天主教会，2011 年，一位主教颁发了第一个"许可"（教会官员对宗教经文颁发的官方许可）给移动应用程序。该程序旨在帮助用户为忏悔做准备，它提供了跟踪罪恶的工具和为各种忏悔行为选择的下拉菜单。这款应用程序引起了非常大的轰动，以至梵蒂冈觉得自己必须向前迈进一步，需要注意的是，虽然人们可以使用这个应用程序来准备忏悔，但它并不能代替真正的忏悔。[59]

情感能力

　　除了物质世界和认知领域，机器现在也在侵占需要我们的情感能力以及感知情感能力的任务。事实上，计算机科学的整个领域被称为"情感计算"，它致力于构建能够做这件事的系统。

例如，有一些系统可以观察一个人的脸，并判断他们是快乐、困惑、惊讶还是高兴。[60] 四川大学的魏晓勇教授用这样的程序来判断他的学生在上课时是否感到无聊。[61] 在区分真正的微笑和礼貌性微笑，以及区分真实痛苦和假装痛苦的面部表情方面，有一些系统的表现优于人类。有一些机器不仅可以阅读我们的面部表情，还可以从一个女人和一个孩子之间的谈话中确定他们是否有血缘关系，也能从一个人走进房间的方式判断其是否会发生犯罪行为。[62] 另一些机器可以判断一个人是否在法庭上撒谎，准确率约为90%，而人类判断的准确率约为54%，仅略高于纯粹猜测的预期准确率。[63] 中国平安保险公司使用这样的系统来判断贷款申请人是否诚实：人们在回答关于收入和还款意愿的问题时的影像会被记录下来，由计算机对视频进行评估，以检查他们是否在说真话。[64]

然后是"社会机器人"的相关领域。现在全球所有机器人的数量——不仅仅是之前提到的工业机器人——大约为1 000万，机器人总支出预计将从2010年的150亿美元增长4倍多至2025年的670亿美元。[65] 社会机器人是上述机器人的一部分，它与其他机器人的区别在于能够识别人类情绪并对此做出反应。这类机器人最引人注目的应用之一是医疗保健。Paro是一种治疗性机器密封舱，用于安慰患有阿尔茨海默病等认知障碍的患者；Pepper是一种有情感设置的人形机器人，比利时一些医院用它来迎接病人并引导他们到正确的科室。[66] 然而，不是每个人都能和机器和谐相处。例如，Pepper在2015年时声名狼藉，当时一位名叫石川桥一的醉汉进入一家日本手机商店，袭击了迎接他的机器人，因为"他不喜欢它的态度"（那人很快就被逮捕了）。[67]

这些能够识别并回应人类情绪的机器是惊人的，但是过于关注它们反而会误导我们。为什么？因为 Pepper、Paro 以及类似的系统都在试图以各种方式模仿人类的情感能力。然而实用主义革命的教训是，这不是必要的：机器在一项任务中无须复制人类的方式，便可以优于人类的表现。

例如教育领域。诚然，教师和学生之间的个人接触是我们今天教书育人的主要方式，但这并不能阻止像可汗学院这样的在线教育平台每月为数百万学生提供高质量的教育素材。[68]同样，医生和病人之间的互动是目前我们医疗系统的核心，但计算机系统不需要直视病人的眼睛来做出准确的医学诊断。在零售领域，招聘广告时常在寻求那些社交能力强、能与顾客互动、能微笑地说服顾客掏出钱包的求职者，但完全没有社交技能的自助结账机正在取代友好的收银员，线上零售不涉及人类互动，但它无情地威胁着位于商业街的商店。机器人学者经常谈论"神秘谷"，即当机器人在外观上变得接近人类但又不那么完美时，人们与之互动会突然感到不适。[69]但我们可能永远都不用穿过这个山谷。只有当机器人被设计成与人类一模一样时，这才会成为问题。对于大多数任务，甚至情感任务来说，这都不是必需的。

这里有一个一般性的教训。经济学家经常根据人类用来执行任务的特定能力来给任务贴标签。例如，他们谈论的是"手动任务""认知任务""人际任务"，而不是"人类执行时需要手动、认知或人际能力的任务"。但这种思维方式很可能导致他们低估了机器在这些领域的侵占程度。正如我们一再看到的，机器可以越来越多地执行各种任务，而不用去尝试复制人类执行任务时所使用的特定能力。根据人类的工作方式来给任务贴上标签，会让我们错误地认为机器只能以同样的方式完成任务。

岗位蚕食并不是完全稳定的过程

上述列举并非详尽无遗。肯定会缺失一些令人印象深刻的例子，而在未来的几年里，其他的例子无疑也会变得陈旧、毫无新意，所提到的各种公司的主张也不会被视为福音。有时，很难区分企业的雄心壮志和仅仅为了谋生而做出的夸大其词。如图 5.2 所示，在 2018 年，"人工智能"和"机器学习"在上市公司的季度财报和电话会议中被提到的次数大约是 3 年前的 14 倍。这种增长在一定程度上可能是由真正的技术进步推动的，但也很可能是被炒作所推动的，因为各公司正匆忙地将旧技术重新命名为新的人工智能产品。

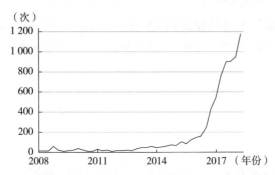

图 5.2 上市公司在季度财报和电话会议中提到"人工智能"和"机器学习"的次数 [70]

有一些公司销售的"伪人工智能"、聊天机器人和语音转录服务，实际上是人假装成机器（就像 18 世纪的"土耳其行棋傀儡"）。[71]

2019 年的一项研究发现，40% 的欧洲人工智能初创企业实际上"在其产品中未使用任何人工智能程序"。[72] 也有企业领导者明显过度兴奋而忘乎所以。2017 年，特斯拉的首席执行官埃隆·马斯克表示，他希望未来的汽车生产将是高度自动化的，以至机器人所面临的"空气摩擦"将成为一个重要的限制因素。[73] 就在几个月后，在特斯拉没有达到生产目标的压力下，他羞愧地在推特上说："是的，特斯拉过度自动化是个错误。"[74]

长时间停留在任何遗漏或夸张的事例上，就会使我们错过更大的图景：机器正在逐渐侵占越来越多的任务，在过去，这些任务需要丰富的人类能力。当然，这并不是一个完全稳定的过程。多年来，当遇到新的障碍时，"岗位蚕食"便会陷入休整期，当自动化的限制被克服时，"岗位蚕食"就会激增。将来也一定会发生这样的潮起潮落。也许新的人工智能的冬天即将到来，因为今天人们对新技术的狂热与实际局限性是相冲突的。但就像过去的限制一样，随着新的解决方案和解决方法的出现，其中许多限制将会消失。经济学家对于将任何经验规律称为"规则"或"法律"持谨慎态度，但"岗位蚕食"已经证明了一种如同任何历史现象一样的法则。除非发生重大灾难，比如核战争或大规模的环境崩坏，否则"岗位蚕食"肯定会继续下去。

牛顿写道："我之所以比别人看得远，是因为我站在巨人的肩膀上。"这同样适用于机器的能力。今天的技术建立在以前的技术之上，从过去所有的发现和突破所积累的智慧中汲取力量。除非我们收起自己的创造本能、放下创新的冲动，除非我们大喊"工作完成"，并在人工智能领域"金盆洗手"，否则未来我们制造的机器将比今天更有能力。

我相信，即使是对未来考虑得最保守的经济学家也会同意这是我们前进的方向：机器逐渐侵占越来越多的任务，并且随着时间的推移变得越来越有能力。以经济历史学家罗伯特·戈登为例，他因技术怀疑论而闻名。在过去的几年里，人们关于他的主要著作《美国增长的起落》进行了许多激烈的讨论，他在这本书中提出：最好的技术时代已经离我们而去了。或者，正如经济学家保罗·克鲁格曼所说，"未来不再是过去的模样"[75]。戈登认为，经济增长树上的低垂果实已经被摘下。然而，即使他对今天的技术主张持怀疑态度，也不相信这棵树现在已经凋零，但他在 2017 年的一篇文章中写道，"到目前为止……人工智能正在以缓慢、稳定、逐渐演变的方式取代人类的工作，而不是以一场突如其来的革命在进行"[76]。换句话说，他的分歧似乎不是关于我们的前进方向，而是关于前进的速度。即使他说得对，即美国的人均 GDP 在未来几十年每年只会增长 0.8%（而 1920—1970 年的年增长率为 2.41%），这仍然意味着在 87 年后，美国人的财富将是现在的两倍。[77] 辩论只是针对关于哪一代人将享有这些财富，而不是后代是否会更贫穷。

然而，我仍然怀疑戈登关于前进速度的保守态度是错误的。鉴于他对未来的看法已经变得如此流行，个中缘由值得一说。戈登的核心观点是，1870—1970 年美国强劲经济增长的"特殊世纪"将不会重演，因为"许多伟大的发明只能出现一次"[78]。当然，未来的经济增长不会由电力、污水管网或者过去的任何其他伟大创新所驱动。树上的同一个水果不能被摘两次，但这并不意味着我们在未来没有其他伟大的发明。这棵树无疑会在未来的岁月里结出新的果实。《美国增长的起落》是权威的，但在某种意义上说，却是自相矛盾的。它非常谨慎地认为，过去的经济增长"不是一个稳定的过程"，从而得出这样一个结论：未来，我们将面临一个稳定的经济增长过程，在经济增速稳步下降的过程中，像过去一样推动经济增长的创新风暴和技术突破将会越来越少。考虑到现今对科技行业的投资规模——许多最优秀的人才在一些最成功的机构中开展研究——在未来几年似乎不可能出现可以与之比拟的发展。

机器在不同地方的步伐不同

尽管机器的能力越来越强，但这并不意味着它可以在世界各地以同样的步伐进行应用。这里有三个关键的原因。

1. 任务不同

第一个原因是最直接的：不同的经济由不同的工作类型组成，其中一些工作涉及比其他工作更难自动化的任务。因此，不可避免的是，某些技术在一些地方十分有用，在另一些地方并非如此。这就是推动经济合作与发展组织对此进行分析的原因（见图 5.3）。

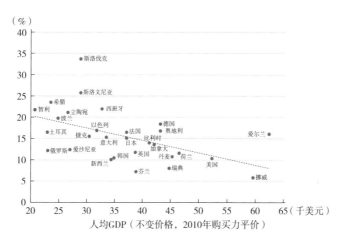

图 5.3　"自动化风险"与人均 GDP[79]

在这里，"自动化风险"是指在经济合作与发展组织看来，有超过 70% 的概率会实现自动化的经济工作百分比。正如我们在第二章中所看到的，"某工作有 y% 的自动化风险"这样的说法容易产生误导。然而，这一分析仍然是有用的，因为这表明不同国家的任务组成有很大的区别。例如，根据经济合作与发展组织对机器能力的判断，斯洛伐克的自动化风险是挪威的 6 倍，就业机会也是挪威的 6 倍。为什么？因为那些地方的工作涉及不同的任务。[80] 图 5.3 还显示，人均 GDP 较低的较贫穷国家，往往具有较高的"自动化风险"。经济合作与发展组织认为最容易被自动化的任务在较贫穷国家中所占比例过高。其他关注发展中国家的研究，也得出了同样的结论。[81]

这也不只是一个国际故事。即使是在一些国家内部，自动化风险也会因地理位置不同而发生巨大的变化。例如，在加拿大，经济合作与发展组织发现风险最高和风险最低的地区之间的风险发生概率只差 1 个百分点，但在西班牙，差距是 12 个百分点。比较各个地区可能会使国际差异看起来更加极端。例如，据说在斯洛伐克西部，有 39% 的工作岗位面临被自动化的风险，但在挪威的奥斯陆和阿克什胡斯地区，只有 4% 的工作岗位面临着被自动化的风险，相差 9 倍多。[82]

2. 成本不同

机器在不同的地方以不同的步伐进行应用的第二个原因是成本。想想看：如果你今天穿过摩洛哥露天市场，可能会看到坐在地上的工匠，用位于他们双脚之间的车床削木头。这并不完全是为了展示。因为这些劳动力很廉价，所以继续使用传统工艺而不是转向更现代化的木工技术，使用脚趾而不是使用任何自动化工具，仍然是具有经济意义的。[83] 这里的一般教训是，在判断使用机器对一项任务进行自动化是否有效时，至关重要的不仅是该机器相对于生产率来说有多大作用，还包括相对于人类替代方案来说它有多昂贵。如果某个地方的劳动力非常低廉，那么使用昂贵的机器可能没有经济意义，即使这台机器确实有非常高的生产率。

这种推理解释了为什么有些人认为像清洁、美发和餐厅接待等低收入工作的自动化风险很低。它们不仅倾向于涉及非常规任务，而且这项工作的报酬也往往较低，因此建造机器来承担这项工作的动力比其他地方要弱。这也是为什么英国领先的智库财政研究协会担心提高最低工资可能会增加自动化的风险。[84] 如果低收入工人的工资变得更高，用机器来取代他们可能会变得有经济意义。而对于那些从事相对常规工作的低收入工人来说，这一点更是如此，比如收银员和接待员。

相对成本也有助于解释看似奇怪的放弃技术的案例。以英国机器洗车的使用率下降为例。从 2000 年到 2015 年，安装在路边车库的洗车机器数量减少了一半以上（从 9 000 台减少到 4 200 台）。今天，英国绝大多数的洗车工作都是通过手工完成的。为什么洗车行业的自动化反而逆向倒退了？洗车协会指责移民等因素。2004 年，10 个东欧国家加入了欧盟，这些国家的移民来到英国，他们的工资很低，以至更有生产率，但也使更昂贵的机器洗车被迫降价。在这种情况下，更便宜的人工实际上取代了机器。[85]

也许相对成本最有趣的影响是国际间的比较。在某种程度上，各国之间的成本差异可以解释为什么过去世界各地采用的新技术如此不平衡。例如，经济史上的一个较大的谜题是为什么工业革命发生在英国，而不是法国或德国。经济历史学家罗伯特·艾伦认为，相对成本起了一定作用：当时，支付给英国工人的工资远远高于其他地方，而英国的能源价格非常低。因此，在英国安装节省劳动力并使用现成廉价燃料的新机器是有经济意义的，而在其他国家则非如此。[86]

更重要的是，相对成本也可以解释为什么世界各地未来将会不均衡地采用新技术。以日本为例，在那里护理机器人的技术进步非常迅速，这不是巧合。日本是全球老年人口占比最大的国家之一——超过 25% 的人在 65 岁以上，工作年龄人口每年萎缩 1%，他们还拥有众所周知的对在公共服务部门工作的外国移民的反感。其结果是护士和护理人员短缺（预计到 2025 年，这一缺口将达到约 38 万名工人），以及雇主将该项工作自动化的强烈动机。[87]这就是为什么像前面提到的 Paro 这种治疗性机器密封舱、Robear 这种能把瘫痪病人从浴缸里抬到床上的机器人，以及 Palro 这种可以带领舞蹈课的人形机器人在日本受到欢迎，而在其他地方则令人困惑并遭到反对。[88]事实上，这是一个普遍的情况：老龄化速度较快的国家往往会更多地投资于自动化。一项研究发现，56 岁以上的工人与 26~55 岁的工人之比每增加 10%，每千名工人中将增加 0.9 个工业机器人。2014 年，美国制造业每千名工人中只有 9.14 个工业机器人，德国每千名工人中有 16.95 个工业机器人，两者差距较大。但这项研究显示，如果美国的人口特征与德国相同，那么这一差异将缩小 25%。[89]

然而，虽然国家、地区以及特定经济部门的相对成本可能有所不同，但它们都在朝着同一个方向前进。新技术不仅在各种环境下变得更强大，而且在很多情况下也变得更便宜。考虑一下计算成

本：如图 5.4 所示，计算成本在 20 世纪下半叶骤然下降，反映出这
段时间计算能力的爆发式增强。（在这里，y 轴同样为对数标尺，每
下降一格表示成本下降 90%，每下降两格表示成本下降 180%，照
此类推。）

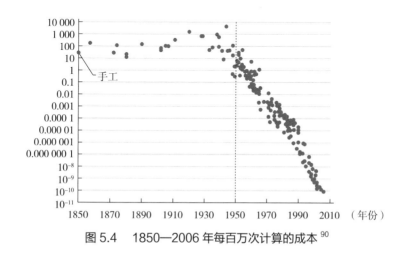

图 5.4　1850—2006 年每百万次计算的成本[90]

诺贝尔经济学奖得主迈克尔·斯宾塞估计，在 20 世纪的最后
50 年里，处理数据的成本下降了大约 100 亿倍。[91] 尽管相对成本可
能有很大差异，但这一趋势的强大和持续，最终覆盖了几乎所有的
地方和经济生活领域。

3. 监管不同、文化不同

机器在不同的地方以不同的步伐进行应用的最后一个原因与经
济无关，而与部署新技术的监管和文化环境有关。监管方面正在不
断变化，例如，在过去几年里，几乎所有的发达国家都发表了某
种形式的"人工智能战略"，阐述了它们希望如何塑造这一领域。

中国已经发布了一项计划，将在 2030 年之前成为人工智能领域的"领跑者"，要求"随时随地"进行研究。俄罗斯总统普京宣称，无论谁成为这个领域（人工智能）的领导者，都将成为世界的统治者。[92] 这样的豪言壮语意味着，开发和使用这些新技术越来越受到官方监管者的关注。

然而，与国家意图同样重要的是，个人会对这些新技术产生什么样的反应，以及这些反应所创造的文化。例如，2018 年的一项调查发现，大多数美国人认为使用算法来通知假释决定、筛选工作申请、分析面试视频或根据消费者数据做出个人财务评分是"不可接受的"。[93] 同年，约 4 000 名谷歌员工签署了一份请愿书，抗议他们的公司计划与五角大楼合作，利用其人工智能系统为无人机解读视频图像，其中一些人以辞职的方式进行抗议。在英国，2016 年深度思考公司与三家医院达成了一项协议，以获取 160 万份病人的就诊记录，这一消息引发了公众的不安和信息专员办公室的正式调查。[94] 在不同的情况下，阻力可能是由不同的关注点引起的，但其产生的影响是相同的——使新技术的应用速度变慢。虽然美国和英国的例子属于敏感领域，但同样重要的是，即使是最无害的技术也会引起保守主义者的注意。例如，1816 年发明的听诊器，在 20 年后才开始被医生接纳并进行常规使用。据说，医务人员不想有一种仪器"置于他们的治愈之手和病人之间"。[95]

4. 中国故事

中国是一个可以看到所有这些因素所起的作用的国家。在过去的几十年里，中国经济的快速增长在很大程度上是由曾经从事农业的廉价工人推动的。为了得到更高的报酬，许多人都被繁华都市工厂里的明亮灯光所吸引。有一段时间，雇用这些工人而不是机器是有经济意义的，因为他们的工资很低。然而，所有的一切正在改变。首先，中国经济似乎是由特别容易实现自动化的任务组成的：研究人员声称，在中国 77% 的工作岗位都"处于自动化风险之中"。[96] 其次，相对成本正在上升：2005—2016 年中国人的工资水平翻了两倍。[97] 这意味着用机器取代人类有了更大的经济意义。最后，监管环境和文化环境也支持这种做法。

这就解释了为什么 2016 年中国安装的机器人数量比其他任何国家都多，几乎占全球安装的机器人总量的 1/3，是位居第二的韩国的两倍多。[98] 同时，中国在人工智能研究方面也取得了长足的进步。 在 1980 年人工智能促进协会召开的首次会议（人工智能领域的一个关键会议）上，没有来自中国研究人员的论文，大多数论文是由美国研究人员撰写的。1988 年，只有一个中国人提交了论文，美国再次占据主导地位。然而，2018 年中国向会议提交的论文数量比美国多 25%，被接受的论文只比美国少三篇。[99] 今天，如果我们看看数学和计算机科学领域中被引用次数最多论文的前 1%，其产出数量最多的两所大学都在中国，领先于斯坦福大学和麻省理工学院。[100]

然而，普遍趋势同样比不同地方步伐不同更为重要。几乎在任何地方，机器都变得越来越有能力，越来越深入到曾经只有人类执行的任务领域。借用一句谚语并对其进行改写：生活中没有什么可以说是确定的，除了死亡、税收，以及这个无情的"岗位蚕食"过程。

第六章

摩擦性技术失业

大约 90 年前，当凯恩斯让"技术性失业"一词流行起来时，他预言，关于这个问题，我们"在未来的几年里会时常听到"。[1] 然而，尽管他清楚地认识到了这种威胁，也预见了随之而来的焦虑，但他并没有真正解释技术性失业将如何发生。他将其描述为"由于我们发现了节省劳动力使用的方法，其速度超过了我们找到新的劳动力用途的速度"，但并没有提供更多细节。相反，他只是指出"革命性的技术变化"正在发生，以说服读者同意他的观点。或许他们的确是同意了：凯恩斯写这篇文章的时候正值"咆哮的 20 世纪 20 年代"，那个年代见证了从飞机到抗生素再到电影院"有声电影"等一切技术的显著进步。然而，事实证明，这些创新的性质和规模并不能为未来的发展提供可靠的指引。凯恩斯对技术性失业的定义也并不能准确地说明问题。它留下了一个最重要的问题：为什么我们将来无法找到新的人工用途？

正如我们所讨论的，工作的未来取决于两种力量：有害的替代力量和有益的互补力量。许多故事中都有英雄与恶棍为争夺统治地位而相互争斗的情节，但在我们的故事中，技术同时扮演了两个角色，替代了工人，同时提高了经济的其他领域对工人工作的需求。这种相互作用有助于解释为什么过去人们对自动化的担忧是错误的，我们的祖先在这场斗争中预测了错误的赢家，低估了互补力量的强大程度，或者干脆完全忽略了这个因素。这也有助于解释为什么在传统上经济学家对技术性失业的观点不屑一顾：替代力量似乎存在严格的限制，留下了许多机器无法完成的任务，需要人工代替机器来完成。

但经济学家对技术性失业不屑一顾的设想也是错误的。实用主义革命表明，那些所谓的对机器功能的严格限制，其实并非那么严格。替代力量正在蓄积，新技术也并没有礼貌地遵循某些预测者设定的界限，即确定哪些任务可以做，哪些不可以做。当然，这不一定会是问题。经济史表明，只要互补的力量足够强大，机器能否在更多的任务上替代人类并不重要，在其他领域内仍会有对人类工作的需求。自工业革命开始以来，我们依然生活在劳动时代。

因此，我们这些同意凯恩斯观点的人面临的挑战是，在不忽视有帮助的复杂因素的情况下（像人们过去所做的那样），解释为何技术性（科技性）失业可能会发生。

工作中存在三种不同类型的摩擦

希腊神话中有一个叫坦塔罗斯的人，他犯了一项令人发指的罪行：把自己的儿子剁碎，作为祭品献给众神。这是一个非常糟糕的决定，因为众神无所不知。对他的惩罚是让他永远站在一个水池里，水没过他的下巴，周围的树都结满了果实，每当他想喝水时，水就会从他的嘴里流出，每当他伸手去采摘果实时，树枝就会摇摆。[2]

"Tantalize"（逗弄）这个词就源自坦塔罗斯的故事，它抓住了科技性失业的精髓，我们可以把这种失业称为"摩擦性技术失业"。在这种情况下，仍然有一些工作需要人类去做，问题在于并不是所有的工人动手就能完成这些工作。[3]

摩擦性技术失业并不一定意味着人类能做的工作数量会减少。在未来 10 年左右的时间里，几乎所有经济体中，取代工人的替代力量都很可能会被另一种互补力量所压倒，这种互补力量会提高其他地方对工人工作的需求。尽管最近几十年我们取得了大量的技术成就，但人类活动的更多领域还不能实现自动化，岗位蚕食的限制仍然存在。这一历史趋势（即对人类工作的巨大需求）可能仍会持续。随着时间的推移，这只会让越来越少的人感到欣慰。是的，许多任务可能仍然超出机器的能力范围，技术进步将倾向于通过提高人类的需求来做这些事情。然而，就像坦塔罗斯的故事一样，这种巨大的工作需求很可能会让很多同样有工作需求的人感到痛苦。

劳动力市场上的"摩擦"阻碍了工人找工作的自由。（如果我们把经济看作一台大机器，就好像有沙子或沙砾卡在它的轮子里，阻碍它的平稳运行。）今天，已经有一些地方出现了这种情况。以美国工作年龄的男性为例，自第二次世界大战以来，这些工人在劳动力市场中的参与度大幅下降：现在有 1/6 的人失业，是 1940 年失业率的两倍多。[4] 他们怎么了？最令人信服的答案是，这些人陷入了摩擦性技术失业。在过去，他们中的许多人会在制造业找到报酬丰厚的工作。然而，技术进步意味着该部门不再为所有人提供足够的工作机会。在 1950 年，制造业雇用了大约 1/3 的美国人，但如今它只雇用了不到 1/10 的美国人。[5] 随着美国经济的变化和增长（自 1950 年以来，美国经济增长了大约 4 倍），其他行业也创造了大量新的就业机会。关键是许多流离失所的人无法从事这些工作。由于种种原因，这些工作都超出了他们的能力范围。[6]

在未来 10 年里，这种情况可能也会发生在其他类型的工人身上。与那些被替代的制造业工人一样，他们也将被困在劳动力市场的某个特定角落，无法在其他地方找到工作。这里存在三种不同的原因，即工作中产生的三种不同类型的摩擦：技能不匹配、身份不匹配和地理区域不匹配。

技能不匹配

正如我们所看到的，近年来，许多发达经济体的劳动力市场日趋两极分化。顶层的高薪、高技能工作比过去多了，底层的低薪、低技能工作也有很多，但在这两者之间的工作（即传统上支持许多中产阶级就业的高薪工作）数量正在减少。[7]如果美国具有普遍代表性，那么证据表明目前这种空心化可能会持续下去。由此产生了预期摩擦性技术失业出现的第一个理由：跃至顶端的难度越来越大。

在过去，劳动力市场可以搭乘连续的技术进步浪潮。几百年前，当机器把人类从传统的田间劳作中赶出来时，这些人相对容易地进入了制造业。从农场到工厂的转变意味着工作发生了变化，但新技能很容易被掌握，因为它依然是一种手工作业的模式。然后，随着工业革命的加速，机器变得更加复杂，生产过程也变得更加复杂，工厂的工作则变得更加简单。对受过良好教育的蓝领工人，如工程师、机械师、电工等，以及提供专业服务和管理操作的白领工人的需求都增加了。从手动任务向认知任务的转变，对那些希望向上流动的工人来说更具挑战性。正如《经济学人》的高级编辑瑞安·埃文特所指出的那样,在19世纪早期,很少有人能做好充分的准备,"大多数人都是文盲,且不识数"[8]。然而,对许多人来说,仍然有可能学习到适合的技能。19世纪末20世纪初, ·种对大众教育的新热情开始扎根,这股热情带动了许多人的成长。

进入20世纪,世界各地的技能水平不断提高,人们都在努力寻找薪水更高的工作。经济学家谈到了工人和技术之间正在进行的一场隐形的竞赛,这意味着人们只需要学习正确的技能就能跟上时代的步伐。[9]但是今天,对于那些想要参赛的人来说,这场竞赛看起来似乎非常艰难。

一方面,许多参加比赛的人已经尽他们所能跑得最快了。在世界范围内,接受过良好教育的人口比例已经停止增长。埃文特指出,很难让90%以上的人完成中学学业,或者让50%以上的人从大学毕业。[10]经济合作与发展组织的研究发现,工人的技术水平也出现了类似的停滞期。其报告称,"世界上大多数国家都在努力提高国民的教育水平和技能。然而,过去20年来,经济合作与发展组织成员中有关成人技能的现有数据并未显示出由于过去教育水平的提高,具有较高熟练度的工人在总体比例上有明显的增加"[11]。

另一方面,人类很可能会发现与科技的竞争越来越难,因为科技发展的步伐正在加快。人们的读写和计算能力已经不足以跟上时代的步伐,正如20世纪初,员工第一次从工厂搬到办公室时一样,工作岗位对学历的要求越来越高。值得注意的是,尽管拥有大学学历员工的表现一直优于只有高中学历的员工,但拥有研究生学历的员工的工资涨幅要高得多。[12]

竞选加速解释了为什么硅谷对唐纳德·特朗普总统的移民管制

做出了如此强烈的、集体的反对。作为"美国优先"政策的一部分，特朗普承诺限制"特殊专业"H-1B签证，每年约有 8.5 万名外国人获准进入美国，通常是在高科技公司工作。硅谷对高技能工人有着巨大的需求，并依赖这些签证引进外国人才来满足这一需求。他们的想法是，美国人并不总是能胜任这项工作，只有当他们在国内找不到合适的人时，公司才会申请此类签证。[13] 我们可能会对这种说法持怀疑的态度，批评人士指出，公司实际上利用这些签证来雇用外国人，他们可以向这些人支付较低的工资。[14] 但是据估计，全球只有 2.2 万名受过博士教育的研究人员有能力从事人工智能前沿领域的工作，其中只有一半在美国（虽然这一比例很大），但考虑到该行业的重要性，其潜在工作者的数量仍相对较少。[15]

身份不匹配

对于那些无法从事高薪、高技能工作的人来说，一个不可避免的选择是撤退到低技能或低薪的工作岗位上。这显然就是美国受教育程度较低的工人的命运，用大卫·奥托的话说，他们在劳动力市场中"上行的机会越来越少"。[16]

然而，令人惊讶的是，在过去 15 年里，许多受过良好教育、想要进入劳动力市场顶层的人也错失了机会，被迫降职、从事那些所谓"大材小用"的工作。例如，20 世纪 50 年代和 60 年代，快餐行业的工作主要被认为是"夏天青少年"的工作，但在今天的美国，只有 1/3 的快餐店员工是青少年，40% 的员工年龄在 25 岁以上，近 1/3 的员工有大学学历。[17] 更广泛地说，1/3 拥有 STEM（科学、技术、工程和数学）学科学位的美国人现在所从事的工作并不需要这一资质。[18]当经济学家研究美国大学毕业生从事的所有工作，并研究构成这些工作的任务后，他们发现这些工作的"认知任务强度"从2000年起出现了显著下滑，这是"对技能需求的巨大逆转"。[19]如图6.1所示，越来越多的毕业生发现工作对自己的认知要求和技能要求都比以前低了。

图 6.1　大学毕业生从事的工作的认知任务强度

不过，并非所有人都能接受这种情况。许多人拒绝进入这种低工资或低技能岗位，而是选择失业。这也是未来摩擦性技术失业会发生的第二个原因。人们可能不仅缺乏做越来越多工作所需的技能，同时也可能不愿意做低技能的工作。

在韩国，类似的情况已经发生了。韩国是一个以学术文化浓厚而闻名的国家，大约70%的年轻人拥有大学学位，但是那里一半的失业者也是大学毕业生。[20]这在某种程度上是因为这些受过高等教育的人不愿意从事他们所能做的工作，如工资低、没有保障或社会地位低下的工作。因为从事这些工作根本不是他们所能想象的，也不能成为在接受教育后想要成为的人。[21]

工人逃避这样的工作的事实是十分重要的，因为我们没有理由认为技术进步一定会在未来创造出更有吸引力的工作。人们普遍幻想技术进步一定会使工作变得更有趣，机器将承担那些无聊、乏味的工作，人们可以做更有意义的事情。人们常说，机器将解放人类，让我们"做真正使我们成为人类的事情"。我们用谈论自动化的语言来僵化这种思想：机器人（robot）这个词来自捷克语robota，意思是苦工。但这是一种误解。我们已经可以看到，今天技术进步留给人类的许多任务是"非常规"的，这些任务集中在劳动力市场底部的低薪职位上，与许多想象中的自动化无法实现的充实活动几乎没有相似之处，并且我们没有理由认为未来会有所不同。

对于美国的成年男性来说，类似的情况正在上演，尽管出于不同的原因，有些工人似乎也使劳动力市场失去了选择的余地，成为非必然选择。新技术取代了他们在制造业中的职位，他们宁肯不工作，也不愿从事"粉领"的工作。"粉领"或者职业妇女，这个看似不恰当的词却可以用来描述一个事实：即许多目前机器无法触及的工作岗位都不成比例地由女性担任。如教学（97.7%的学前教育和幼儿教师是女性）、护理（女性占比92.2%）、美容（女性占比92.6%）、家政（女性占比88%）、社会工作（女性占比82.5%）和服务员（女性占比69.9%）。[22] 如图6.2所示，在生产中男性主导的工作岗位正在减少，女性主导的工作岗位在增多，并有望在未来几年创造更多的就业机会。[23]

为什么人们不愿意承担他们能够胜任的工作？大多数"粉领"工作的工资都远远低于全国平均水平，但这并不是重点。[24] 重点是许多男性的工作价值似乎都依附于某种工作的特征，比如它的社会地位、工作性质、从事这项工作的人的类型，以及为了保护自己的身份而保持失业状态。[25]

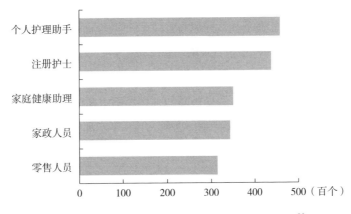

图6.2 2014—2024年美国预计新增就业机会[26]

地理区域不匹配

出现摩擦性技术失业的第三个原因是，现有的工作可能存在于不匹配的地理区域。人们可能有能力和欲望去从事这项工作，但他们不能搬迁到从事这项工作的地方。有很多原因可以解释为什么不可能搬迁。一些工人没有足够的钱来搬家。有些人不想离开对他们来说很重要的地方。无论是哪种情况，结果都是一样的：技术变革可能会激发对人类工作的需求，但不会碰巧在一个人所在的特定地区。

在互联网发展的早期，有那么一段时间，人们似乎觉得这些关于地理位置的担忧不再重要。任何人只要有一台能够联网的计算机，就可以在任何地方工作。每个人都可以在自己家中舒适的客厅里，以很低的成本或舒适的方式，沿着这条"信息高速公路"行驶。但事实证明，这种观点是错误的。正如研究这些现象的顶尖学者恩里科·莫雷蒂所言，"尽管今天有各种关于'距离的终结'和'平行的世界'的宣传，但你所生活的地方比以往任何时候都重要"[27]。

这在很多方面都是很直观的。技术进步的故事往往与地区兴衰的故事联系在一起：例如，美国的"铁锈地带"与硅谷。从2000年到2010年，美国人口减少最多的地区（除了遭受卡特里娜飓风袭击的新奥尔良外）是底特律、克利夫兰、辛辛那提、匹兹堡、托莱多和圣路易斯。这些传统上依赖制造业的"铁锈地带"城市，在制造业被推入衰退之际流失了多达25%的人口。[28]与此同时，技术进步促成了硅谷平流层式的腾飞。今天，它是世界的创新之都，孕育了更多的人才，创造了更多的高科技工作岗位，并吸引了比美国其他任何地方都多的风险资本。[29]

硅谷和其他类似的地方不可能只提供我们所期待的，与大型科技公司联系在一起的高科技工作。如果你是一名计算机科学专家或科学家，那么你的确能在硅谷找到全美收入最高的工作。在波士顿、纽约或华盛顿特区等地，你的收入可能会减少40%。即便你不是高科技人才，在硅谷这样的地方工作也很值得。例如，旧金山和圣何塞拥有美国收入最高的理发师和服务员，以及其他许多职位。[30]事实上，所有类型的人口密集城市或地区都有一个传统：那里的每个人都有更高的工资，无论他们的技术是否熟练。（不过，这种情况是否会持续尚不清楚。根据最新数据，受过良好教育的人情况依然如此，但对受教育程度较低的人来说，大城市的好处"几乎已经消失了"。[31]）

如果你看看美国的统计数据，你可能会认为地理位置不匹配的威胁被夸大了。从表面上看，美国人口流动性十分显著：大约一半的家庭每 5 年就会改变他们的住址，居住地与出生地在不同州的人口比例已经上升到 1/3。[32] 但是有两点值得我们注意，第一，并不是所有地方的人都是如此。例如，欧洲人的态度就要坚定得多。在16~29 岁的意大利男性中，88.3% 的人依然住在父母家里。[33] 第二，移居的人往往也受过良好的教育。在美国，几乎一半的大学毕业生在 30 岁时搬出了出生地，且有 17% 的高中辍学生也这么做了。[34]人们可能会从底特律这样的地方蜂拥而出，但正如莫雷蒂所说，高中辍学的人只是"涓涓细流"。除了经济上不平等之外，还有一个巨大的"流动性不平等"。

不仅仅是失业率，还要关注参与率

"技术性失业"一词导致的一个错误结果是，它使我们认为，新技术影响工作领域的唯一（至少是主要）方式是改变了失业率。失业率是指在劳动力市场中找不到工作的人所占的百分比。然而，这一数字本身并不能反映全部情况。首先，一些人由于技能、身份和地理区域的不匹配，可能会干脆放弃找工作，完全退出劳动力市场。如果真是如此，官方公布的失业率实际上会下降。由于这些人不再找工作，他们就不会被统计为失业者。

因此，重要的还是要关注所谓的"参与率"，即被雇用人数在全部工作年龄人口（不仅仅是那些活跃在劳动力市场的人）中的百分比。如今美国的失业率低得惊人，仅为 3.7%，然而同时参与率大幅下降，已经降至 1977 年以来的最低水平。越来越多处于工作年龄的美国人似乎不再工作——这应该引起人们的警惕。[35] 未来，我们应该在谨慎地关注失业率的同时，关注参与率。

然而，失业率的根本问题是，它只与就业机会的数量有关，而与就业机会的性质无关。经济史清楚地表明，新技术可能不仅会减少工作量，还会减少工作的吸引力。工业革命让我们看到了并不会出现大批流离失所的人，但其带来的很多工作都不是令人愉快的。这在未来也将成为现实。

在某种意义上，这是显而易见的。一些工人不会因为缺乏合适的技能、不喜欢现有的工作或者住在不同的区域而退出劳动力市场，而是会尽其所能地追求剩余的工作。当这一切发生的时候，人们会发现自己被困在劳动力市场某个特定的角落里，但仍然需要一份工作。最终导致人们无法找到工作的原因不是技术性失业，而是一种技术上的过度拥挤，人们被挤入了他们能做的剩余工作中。这不会直接导致失业率上升，而是会对工作性质产生三种有害的影响。

第一，随着人们涌入剩余的工作岗位，工资将面临下行压力。奇怪的是，尽管技术性失业在经济学中是一个有争议的观点，但这种下行压力却被广泛接受。[36] 经济学家往往会严格地区分无工作和低薪工作，这让人感到困惑。两者通常被视为不相关的现象：前者被认为是不可能的，后者则被认为是完全可信的。在实践中，两者之间的关系远没有那么直接。我们似乎有理由认为，随着越来越多的人争夺剩余工作，工资水平将会下降。似乎还有一种合理的观点，即在劳动力市场的任何一个角落，工资都可能降到非常低的水平，以至人们再也没有必要花时间从事这些工作。如果出现这种情况，这两种现象就会合二为一。这并非不可能，2016 年美国就有760 万人（约占美国劳动力的 5%）每年至少工作 27 周却仍然生活在贫困线以下。[37] 同样的事情也可能发生在其他区域。

第二，人们涌入剩余的工作岗位，一些工作的质量也将面临下行压力。随着越来越多的工人追求这些工作，雇主就不需要用良好的工作条件来吸引他们。马克思把工人称为"无产阶级"，采用了一个古罗马术语来指代社会最低阶层的成员。现如今，"无产阶级"一词开始流行起来，这个词反映了越来越多的工作不仅薪水低，而且不稳定、压力大。[38] 人们有时以积极的态度来面对，新技术使他们更容易灵活地工作、创业、自雇，以及拥有比他们父母或祖父母更多样化的职业。这可能是真的。但对很多人来说，这种"灵活性"更像是不稳定性。例如，在英国签订短期合同的人中，有 1/3 的人希望雇主能提供一份长期合同；在签订临时合同的人中，有近一半的人希望获得更稳定的工作或工作保障。[39]

第三，人们涌入剩余的工作岗位，会涉及工作所附加的地位。诺贝尔经济学奖得主詹姆斯·米德，在 1964 年撰写关于未来工作的文章时，就预见了这一点。在他的想象中，未来的许多工作将以不同的方式存在，包括为更富裕的人提供某些类型的支持。他认为未来将由"贫苦的无产阶级和男管家、男仆、厨房女仆和其他食客"组成，从某种意义上说，他是对的。[40] 我们的部分经济生活已经像米德想象的那样存在两极分化。图 6.2 中许多快速增长的工作，比如从零售业到餐厅服务，都涉及向富人提供低薪服务。但这些"食客"并不都像米德所预期的那样"悲惨"。在伦敦和纽约等城市的富裕角落，可能会发现奇怪的经济生态系统，里面充满了一些奇怪且高薪的职位，这些职位几乎完全依赖于社会上最富裕的人的光顾：勺子雕刻师、儿童游玩顾问、精英私人教练、明星瑜伽教练、工艺巧克力师和手工奶酪制作者。经济学家泰勒·考恩认为，

"让高收入者在生活的各个方面感觉更好，将是未来就业增长的主要来源"[41]。他说，现在出现的不仅仅是经济分化，还有富人和为他们提供服务的人之间的地位分化。

要了解摩擦性技术失业在未来可能会如何发挥作用，不妨看看美国数以百万计的司机。在无人驾驶汽车的世界里，许多这样的工作将会消失。（如果奥巴马政府的数据可信的话，将会有 220 万 ~310 万份工作消失。[42]）与此同时，其他地方可能会出现新的工作。也许对计算机科学家的需求会激增，因为他们有能力设计和维护无人驾驶汽车。或者，一个更加繁荣的经济将导致对清洁、美发和园艺等不相关的低技能服务的需求量变大。但失业的司机可能无法利用这些新的就业机会，将卡车司机培训成程序员并不容易。他们可能不喜欢这些新角色。即使他们想学习，但可能居住的地方并不适合学习。这样，技能错配、身份错配、地理区域错配可能会同时影响到失业人数。

摩擦性技术失业的概念可能不像某些与未来工作有关的概念那样引人注目。有些人可能会质疑这是不是"真正的"技术性失业，因为如果工人学会了正确的技能，改变了他们对自己的看法，或者只是搬到有工作的地方，这种摩擦性技术失业就会消失。但错误的是因为这些理由而忽视这个问题。虽然理论上这可能只是一个暂时的问题，但在实践中，这种摩擦性技术失业是很难被解决的。从工人的角度来看，存在他们无法从事的工作和没有工作之间并没有明显的区别。对他们来说，经济中其他存在就业机会的地方就像是童话故事。

第七章

结构性技术失业

几年前，脸书的创始人之一克里斯·休斯与一群有影响力的经济学家和政坛人物共进晚宴。晚会上，奥巴马政府经济顾问委员会主席杰森·福尔曼应邀向与会嘉宾做了关于"数字竞争力"的演讲。休斯对未来的工作非常感兴趣，中途打断福尔曼问道："未来人工智能越来越多，留给人类的工作机会可能会更少，为应对这样的未来，你们在做什么准备？"据休斯说，福尔曼"勉强掩饰着烦恼"回应道："300 年的历史告诉我们，这不可能是真的。"[1]

　　根据我的经验，经济学家比较容易接受上一章探讨的摩擦性技术失业，即未来有很多工作要做，但并非所有人都能胜任。但是，休斯问福尔曼的是另一个问题，他想知道政府正在采取什么措施，来为没有足够工作岗位的未来做准备，是真的没有足够的工作供人去做，而不是由于其他原因导致的失业。我们可以将这种情况视为结构性技术失业，在这种情况下，可做的工作的确很少。像福尔曼一样，大多数经济学家往往不愿接受这种可能性。[2]

　　这些经济学家的观点正确吗？历经三个世纪的剧烈的科技变革，人们仍然有足够的工作可做，这一事实能否证明人类的工作将

"永远"有足够的需求？我并不这样认为。尽管历史告诉我们，过去有足够的需求保证几乎每个人都能有工作，但不能保证在未来几十年也能做到这一点。到目前为止，科技对劳动者的替代力，弱于在其他方面创造工作需求的互补力，但在未来，这两种力量之间的天平可能发生倾斜，并永久地向替代力倾斜。

不仅增强替代力，还会减弱互补力

机器承担的任务日渐增多，随着岗位蚕食情况不断加深，毫无疑问，有害的替代力将越来越强，劳动者将在前所未有的广泛领域被取代。为什么我们不能像从前一样简单地依靠互补力克服这种影响？为什么互补力不再能够充当抵抗替代力的堡垒？这是因为岗位蚕食还有第二种有害影响：随着时间的流逝，它不仅可能会增强替代力，还会削弱互补力。

正如我们所看到的，过去互补力通过生产率效应、做大蛋糕效应和更新蛋糕效应，提高了对失业工人的需求。三种效应共同发挥作用，确保总是有足够的工作供人们去做。但在未来，随着机器继续无情地蚕食着工作岗位，这三种效应的作用可能都会被耗尽。

1. 生产率效应

生产率效应是迄今为止互补力发挥作用的首要方式。在某些工作上人工被机器取而代之，但在其他非自动化的工作上，劳动者的生产率因使用机器而被提高。劳动生产率的提高通过物美价廉的商品供应传导至消费者，进而增加了这方面的工作需求。

毫无疑问，新技术会在将来继续提高某些劳动者在特定工作上的生产率，但只有当人工比机器更能胜任这项工作时，市场对这些劳动者的需求量才会上升。否则，提高劳动生产率将无关紧要，因为机器将取而代之。[3]

以制作蜡烛或棉纺织这类传统工艺为例，此类工作曾经最适合人类来做，但今天几乎完全由机器完成。或许现在仍有一些业余爱好者对人类如何出色地执行这些任务感兴趣，例如，他们想知道在一定时间内，使用现代工具，一名牛油蜡烛制造工可以制造多少根蜡烛或是一名当代纺织工可以纺织多少捆棉线。但是从经济的角度考虑，那些人的能力根本不再重要，更有效的是用自动化方式完成这些工作。

随着岗位蚕食的继续，人员能力对越来越多的岗位来说变得无关紧要。以全球导航卫星系统为例，现在它大大降低了出租车司机在陌生道路上的行驶难度，进而提高了出租车司机的驾驶水平。目前来看，全球导航卫星系统是对人类能力的补充，但这只有在人类能比机器更胜任将车从 A 点开到 B 点的情况下才成立。未来几年，情况将发生逆转，最终，软件操控的无人驾驶将比人工驾驶更安全、更有效。届时，人的驾驶能力将不再重要：出于商业目的，这种能力将与手工蜡烛或棉线纺织的生产率一样有趣而古怪。[4]

国际象棋是诠释未来几年生产率效应将如何消失的又一例证。有一段时间，加里·卡斯帕罗夫一直在称颂一种被他称为"半人马国际象棋"的现象，即人类棋手和国际象棋计算机相互配合、携手共进。卡斯帕罗夫认为，这样的组合能够击败任何纯粹的计算机选手。[5] 这就是所谓的生产率效应：新技术赋能人类，使之能够更加胜任所做的工作。但问题是，卡斯帕罗夫的"半人马国际象棋"已然遭遇滑铁卢。2017 年，谷歌采用能进行自我训练的"阿尔法零"

程序，对其进行调整使其可以玩其他棋盘游戏，并将国际象棋规则导入该程序。这款机器没有吸收最好的国际象棋手的经验，也没有任何人工输入。然而，仅经过一天的自我训练，它就可以拥有无与伦比的性能，在比赛中击败了现有的最好的国际象棋计算机，百战无一败绩。[6] 在这场痛击之后，很难想象人类棋手在这样的机器旁有何用武之地。正如泰勒·考恩所说，"现在，人类绝对不会再为人机混合国际象棋团队增加任何投资"[7]。

这个故事有一个更深层次的教训：卡斯帕罗夫在国际象棋方面的经验使他宣称，"人与机器"的合作不仅是国际象棋的制胜法宝，也是整个经济领域的成功秘诀。[8] 这也是许多人的观点，但"阿尔法零"的胜利表明这种观点是错误的。只有当人和机器各有所长，人类能做出机器无法做出的贡献时，二者合作才能产生一加一大于二的结果。但是随着机器变得越来越强大，人类做出的贡献不断减少，这样的伙伴关系终将消失，"人与机器"中的"人"将变得多余。

2. 做大蛋糕效应

做大蛋糕效应是互补力帮助人类的第二种方式。如果我们把一国经济看成一个蛋糕，世界各地的技术进步实际上使所有蛋糕都变大了，而且变大了很多。这意味着那些从某一经济领域失业的劳动者可以在另一经济领域找到工作，因为不断增长的收入带来了对另一领域劳动需求的增加。

未来，经济的蛋糕无疑将继续变大，收入将比以往任何时候都高，对商品的需求也将飙升。然而，我们不能像过去那样依赖这一点来保证对人类劳动的需求。为什么呢？正如生产率效应，只有当人而不是机器更能胜任生产这些产品所需要完成的工作时，做大蛋糕效应才会发挥作用。

现今，这样的预期还算合理。我们生活在劳动时代，如果有一项新的工作需要完成，人类很可能更有能力胜任。但是，随着岗位蚕食的继续，机器可能最终比人类更能胜任新工作。当这一切发生时，对商品需求的增长将不再意味着对人类工作需求的增加，而是对机器工作需求的增加。

这种现象已经初现端倪。以英国的农业部门为例，过去一个半世纪，英国经济蛋糕中的农业部门占比显著增长，但这并没有为人们提供更多的工作岗位。如今，英国农业产量是 1861 年的 5 倍多，但农业部门雇用的劳动力人数在英国就业人口中的占比已从 26.9% 降至 1.2%，该部门的实际劳工数量几乎缩减了 90%，从 320 万人缩减到 38 万人。人们用于购买农产品的钱比以往任何时候都多，但是随着新技术的普及，该产业对劳动力的需求反而萎缩了（见图 7.1）。

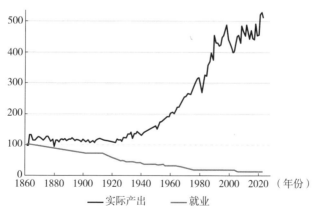

图 7.1　1861—2020 年英国的农业变化情况（指数：1861 = 100)[9]

或者，以图 7.2 所示的 1948 年以来的英国制造业为例。英国的制造业自 20 世纪下半叶以来不断发展。尽管最初就业岗位有所增加，但在 20 世纪 70 年代末开始出现下降。如今，该部门的产量比 1948 年的产量增加了约 150%，但所需工人数量却减少了 60%。同样地，人们用于制造业产出上的钱比以往任何时候都要多，但是随着新技术的普及，该产业对劳动力的需求已经减少。

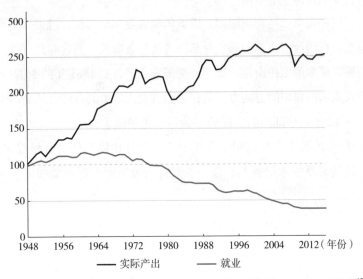

图 7.2　1948—2012 年英国的制造业变化情况（指数：1948 = 100）[10]

上述现象并非英国独有，美国的制造业也经历了类似的发展过程。过去几十年，美国的制造业蓬勃发展，却没有带来就业岗位的增加。如今，美国的制造业产出比 1986 年增加了 70%，但岗位却减少了 30%。仅在 21 世纪第一个 10 年，美国就有 570 万制造业岗位消失。[11]

目前，这样的故事仅在特定经济领域拉开了序幕，还不是普遍现象。但它们依然抓住了做大蛋糕效应的实质：收入提高能带来需求增长，但未必能带来对人类劳动需求的增长。对商品的需求与对人类劳动的需求在英、美两国的农业部门和制造业部门已然分道扬镳。令人不安的是，随着岗位蚕食的继续，这种状况也可能出现在其他经济领域。

3. 更新蛋糕效应

（1）消费者角度

在过去，更新蛋糕效应是互补力发挥作用帮助人类的最后一种方式，技术进步不仅使经济蛋糕变得更大，而且给它添加了全新的成分。这是怎么发生的呢？一种途径是，消费者不仅像以前一样拥有更多可用于消费的收入，而且也改变了消费方式。随着时间的流逝，从旧工作中失业的工人可以在新领域找到工作，从事新需求商品和服务——包括以前从未存在过的商品和服务——的生产工作。

在经济学家思考未来时，更新蛋糕效应是特别常见的乐观主义根源。例如，经济史学家乔尔·莫基尔写道："未来肯定会生产出目前鲜为人知的新产品，但 2050 年或 2080 年的公民会将其视为必需品。"[12] 经济学家大卫·多恩同样认为，技术进步将"产生可提高国民收入并增加劳动力总需求的新产品和新服务"[13]。大卫·奥托更是令人信服地指出，很难想象"20 世纪初的农民能够预见 100 年后，医疗保健、金融、信息技术、消费电子、酒店、休闲和娱乐业的雇员会比农业工人多得多"[14]。

的确，未来的人们可能会有与我们不一样的欲望和需求，甚至可能需要我们今天无法想象的东西。用史蒂夫·乔布斯的话来说，"直到我们展示出来后，消费者才知道他们想要什么"[15]。然而，这不一定会带来更多的对人类劳动的需求。同样，只有当人类能比机器更好地生产这些产品时，情况才会如此。但是，随着岗位蚕食的继续，对商品需求的变化将更不可能促进对人类工作需求的增长，而是促进对机器工作需求的增长。

纵观经济生活的新领域，我们可能会担心这样的情况已经开始显现。1964 年，美国最有价值的公司是美国电话电报公司，当时拥有 758 611 名员工；但是 2018 年最有价值的公司则是只有 132 000 名员工的苹果公司；2019 年，苹果被只有 131 000 名员工的微软超越，而这两家公司在 20 世纪 60 年代都还没成立。[16] 再或者以社交媒体类的新兴行业为例，这些行业的公司虽然价值不菲，但雇用的人数相对较少。美国的视频网站 YouTube（优兔）在 2006 年被谷歌以 16.5 亿美元的价格收购时，只有 65 名员工。照片墙在 2012 年被脸书以 10 亿美元的价格收购时只有 13 名员工。2014 年，即时通信软件瓦次普被脸书以 190 亿美元的价格收购时，只有 55 名员工。[17] 研究表明，21 世纪以来诞生的新产业创造的就业岗位数量，在 2010 年时仅占美国总就业岗位数量的 0.5%。[18]

这样的例子可能是短期的实证发现。亚马逊是今天全球价值最高的公司之一，其雇员人数是苹果或微软的 4.5 倍，仍比美国电话电报公司高峰时的人数少。这些公司的情况表明，在一种经济中，对商品的需求可以发生天翻地覆的变化，为了满足这些需求，出现了全新的行业，即便如此，它们对人类工作的需求可能仍然不会增加。令人不安的是，随着岗位蚕食的继续，这种现象将越来越普遍。

（2）生产者角度

过去，更新蛋糕效应起作用的另一种方式是：除了消费者购买不同的商品和服务之外，生产者也改变了他们提供这些商品和服务的方式。 随着技术进步彻底改变了旧有的生产方式，人们失去了他们所熟悉的工作岗位，但是需要有人去做新的工作，这些失业的工人便在新的工作领域寻找就业机会。

　　对于达隆·阿齐默鲁和帕斯夸尔·雷斯特雷波这两位著名的经济学家而言，更新蛋糕效应是对华西里·列昂惕夫的有力回应，后者对工作的未来持悲观看法。[19] 不要忘记他的主张：发生在马身上的事情也会在人类身上发生，就像拖拉机和汽车将马淘汰了一样（见图 7.3），新技术也将使人类失去工作。[20]

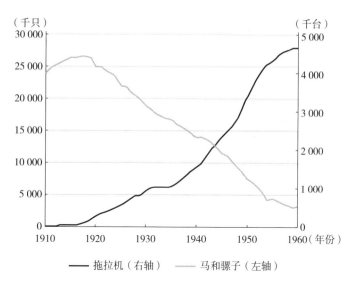

图 7.3　1910—1960 年美国农场的马 / 骡子和拖拉机的数量[21]

　　阿齐默鲁和雷斯特雷波认为，人与马之间存在重要区别，这种区别解释了为什么今天列昂惕夫的观点被证明是错误的。他们认为，技术进步改变了产品的生产方式，这就产生了对"新的、更复杂的任务"的需求。人类非常适合从事这种工作，但是马却不能。

这就是为什么他们认为列昂惕夫将人和马相提并论是错误的。随着经济的变化，失业工人可以换工作，从事复杂的新工作。相比之下，被取而代之的马只适合拉车和搬运重物，在经济领域别无他用。[22]

目前，我们还可以假设人类最有能力执行经济中出现的新任务。但是，放眼未来，远非如此。技术进步的确可能会改变事物的生产方式，产生新的工作任务，但是为什么要假设人类始终最有能力做这些新任务呢？随着岗位蚕食的继续，将更多复杂的新任务分配给机器是否明智呢？

阿齐默鲁和雷斯特雷波给出了一种有趣的回应。[23] 他们认为，当人被机器取代时，劳动力变得更廉价了：找工作的人越来越多，进而压低了工资。这反过来又激励公司创造人类可以胜任的新任务，以对廉价劳动力加以利用。这就是为什么人类实际上最有能力执行新任务，因为这些新任务可能就是专门为他们创造的。[24] 这个想法非常巧妙，但是，如果这是对的，那就引出了一个新难题：为什么这种机制没有能够帮到马呢？当年马被拖拉机和汽车取代的时候也变得更廉价，那么，为什么更适合马而非机器的新任务没有涌现？为什么所有这些廉价的马匹仍然被取代了？

答案是马的能力已被用尽，人们不能再为其创造新任务。无论马变得多么廉价，无论企业家利用廉价马匹的动机多么强烈，但几乎已经没有一项马能做得比机器更高效的工作了，因而马在经济上变得毫无用处。这就指出了所有依赖技术进步无限期地为人类创造新工作的论断的问题。目前，与机器相比，人类的能力令人印象深刻，以至我们总是可以找到新颖的方法对人的能力加以利用。但是随着机器变得越来越强大，未来在许多经济活动领域，人之于机器就像当今的马之于机器一样处于弱势地位。机器将代替人类执行更多新任务，更新蛋糕效应带来的互补力帮助的将是机器而不是我们人类。

人类优越性假设

上述所有论证背后都有一条暗线贯穿始终，多数时候，当我们考虑工作的未来时，我们总是认为人类是与众不同的。我们意识到，随着经济的增长和变化，岗位需求也会增加和变化。但是，我们总是想当然地认为，人类仍将是执行大多数任务的最佳选择。

我称之为"优越性假设"。当人们诉诸历史上强大的互补力，将互补力发挥作用的方方面面作为对未来保持乐观的理由时，你会发现优越性假设无处不在。我们认为，当人类在某项任务上的生产率提高时，可以比机器更好地完成任务；当经济蛋糕变大时，人类将更有能力执行新增任务；当经济蛋糕更新时，依然是人类更能胜任新的任务。

到目前为止，优越性假设一直是一个安全假设。如果对某些任务的需求量增加了，那一定是人类比机器更能胜任。因而这也意味着对人类劳动需求的增加。但是随着岗位蚕食的继续，机器逐渐从人类手中夺走更多的任务，这种假设似乎越来越可疑，最终将是大谬不然。

19 世纪哲学家约翰·穆勒的著作中有一句话是："对商品的需求并非对劳动力的需求。"[25] 穆勒在写这篇文章时想的不是工作的未来，但他也许已经考虑到了这一问题，因为他的看法是对的：对"商品"——包括消费品和服务——的需求并不总是对人类工作的需求，事实上，只是对生产这些商品必须完成的任务的需求。如果优越性假设成立，那么这些任务确实将由人类完成，否则就不会如此。

这意味着生产率效应可能会增加对从事特定工作的工人的需求，一旦他们被功能更强大的机器所取代，生产率效应就会消失。做大蛋糕效应可能会增加对从事特定工作的工人的需求，一旦工人被取代，这种效应也将消失。同样，更新蛋糕效应可能会增加对从事特定工作的工人的需求，这种效应也会随着机器取代人类而消失。

人类还能做什么

肯定有人会反对说，即使机器的能力再超凡还是会有一些工作是机器永远无法从事的。难道人类不能都从事这类工作吗？即使世界上只剩下一些残余的工作供人类做，这些残余的工作岗位难道不能保证每个人都有工作吗？

的确，有些工作将被留给我们人类去做，这是完全合理的。有些工作不可能实现自动化；有些虽然能实现自动化但无利可图；还有一些工作既能实现自动化又有利可图，但由于社会制定了监管措施或文化障碍，因此只能由人类来完成；可能还有一些工作是机器无法企及的，仅仅因为我们看中的就是这项工作是由人而非机器完成这一事实。最后一个原因可以解释为什么在 2018 年，成千上万的人上网观看世界象棋冠军芒努斯·卡尔森为捍卫自己的冠军头衔与法比亚诺·卡鲁阿纳的对弈。机器可以轻而易举击败他俩中的任何一个，但观众不仅看重棋子的走法，还看重棋子是由人类操控的事实。[26] 最后一个原因也解释了为什么在高档餐厅用餐的人如果发现他们的咖啡是由胶囊咖啡机而不是训练有素的咖啡师制作的，就会感觉不尽如人意，尽管胶囊咖啡在盲测中通常更受欢迎。可见人们不仅重视口感，而且珍视有人为其冲制咖啡的事实。[27]

在生命的旅途中，我们总能找到某些工作，诸如手工定做家具、定制西装、做饭、在年迈或是生病时相互照顾，对于这些工作，我们在意其完成过程，尤其是这个过程是由人来完成的，而不是仅仅在意其结果。

然而，尽管上述这类残余工作可能始终会被留给人类去做，但不能因此认为对此类任务的需求旺盛到能使每个人都有一份工作。为了描述该想法存在的问题，请想象一个装满球的大坑。每个球代表经济生活中特定类型的任务，每个任务都对应着球坑中的一个球。如果某项任务最适合由人类执行，则球为蓝色；如果更适合由机器去做，则球为红色。几百年前，球坑中几乎所有的球都是蓝色的，但随着时间的流逝，越来越多的球变成了红色，这就是岗位蚕食在发挥作用。

现在假设每个球的大小和颜色都不相同。有些球巨大无比而有些微乎其微，球的大小反映了经济生活中对特定任务的需求。原则上，即使球坑中只有几个球是蓝色的，也就是说最适合由人类完成的任务种类非常少，假如这几个蓝色的球足够大，即适合由人类完成的任务存在足够的需求，则仍有可能使每个人都能找到工作。例如，如果这些任务之一是手工制作家具，假如定制椅子和定制橱柜的市场需求巨大，那么每个人都有可能从事木匠的工作。尽管这样的世界奇怪而单调，但仍然有足够的工作供人类去做。

但是，像这样完全由手工业者组成的经济社会听起来很荒谬。即使从长远来看，当机器的功能强大到今天难以想象时，由于上述原因的存在，依然不难理解人类将仍有一些工作可做。换句话说，一些蓝色的球将始终留在球坑中。但是如果这些蓝色的球大到足以支持每个人都有一份工作，则会让人非常吃惊。这样的事情有发生的可能性，但是概率非常低，随着时间的流逝和岗位蚕食的推进，人类能够坚守的岗位种类越来越少，这件事也就变得越来越不可能。在红球席卷球坑时，消退的蓝球不仅只是数量适中，而且体积庞大到足以为每一个人提供就业机会，这样的事情简直无法想象，而且越来越不可思议。

再次回到英国农业的例子。从某种意义上说，农业劳动力已经对上述情况有过切身体会。尽管在过去的 100 多年里，农业领域的技术得到了长足发展，但今天仍有一些农业工作是由人类去完成的，只是完成这些工作所需的农业劳动力仅相当于 1861 年的 1/10。再想想英国的制造业工人，尽管在 20 世纪下半叶，生产过程越来越自动化，但仍有一些制造业的工作需要人类去做。只是，现在对这些工作的需求仅能够维持相当于 1948 年 40% 的工人的就业岗位。

同样，我们有充足的理由可以想象，在当今的许多其他工作——以及那些目前还不存在的工作——所涉及的岗位中，仍有一些岗位是将来的人类比机器更能胜任的。但是随着这些岗位数量的减少，我们没有理由认为将有足够的需求使每个人都能以此为业。

对"劳动总额谬论"的质疑

上述论点也对所谓的"劳动总额谬论"提出了质疑。"劳动总额谬论"是人们在忘记科技进步的益处，忘记机器对人的互补力效应时经常会提出的一种谬论。[28] 这是一个很古老的概念，最早由英国经济学家大卫·施劳斯于 1892 年提出。[29]施劳斯遇到一位工人，这个工人开始使用机器生产垫圈，就是那种拧螺丝时用的小的金属圆圈。该工人因劳动生产率提高而充满负罪感，这让施劳斯大为震惊。当施劳斯问他为什么会有这种感觉时，工人回答说："我知道我做错了，我把其他人的工作挤掉了。"

施劳斯将这种观念视为当时工人的典型态度。他写道，这是"工人阶级坚守的一种信念……对一个工人来说，尽力而为、努力工作与其对工作动机的忠诚是矛盾的"。施劳斯称该理论为"劳动总额论"。该理论认为："工作总量是固定的，从工人的利益出发，最好是每个人都应该留意不去做过多的工作，这样才能使每个工人都能从工作总额的大锅中分得一杯羹。"[30]

施劳斯称这种观念为"显著的谬论"。他指出，该理念的错误之处在于，"工作总额"实际上是不固定。随着工人劳动生产率的提高和垫圈价格的下跌，垫圈需求量将会增加。工人能分享的工作总量增加了，实际上其同行将有更多工作可做。

今天，有关工作的各种讨论都引用了该谬论。笼统地讲，它被用来证明经济中供人与机器分配的工作量是不固定的，相反，科技进步提高了对经济中每个人工作的需求。换句话说，这是经济学家对技术进步两大根本力量所做的解释：机器可以代替工人，降低原本"工作总额"中人类的份额，但同时也可以补充需求，增加经济中"工作总额"的整体规模。

但是，正如本章所阐述的，这种论点存在一个致命问题：随着时间的流逝，它本身很可能也会成为谬论。我们可以称其为对"劳动总额谬论"的质疑，或简称为"LOLFF"。技术进步的确可以增加对工作的整体需求，但是认为人类必将更适合执行满足这一需求的工作则是错误的。"劳动总额谬论"错误地认为劳动总额是固定的，而 LOLFF 则错误地认为工作量的增长必将创造出人类而不是机器最能胜任的工作。

劳动时代是如何终结的

随着时间的流逝，机器的生产能力越来越强，承担着曾经属于人类的工作。有害的替代力以一种熟悉的方式取代了工人。在某段时间内，有益的互补力将继续增加对在其他领域失业工人的需求，但是随着岗位蚕食现象的不断扩大，越来越多的工作被交给机器，这种有益效应也被削弱了。人类会发现自己在范围不断收缩的工作中逐渐被取代。但我们没有理由认为对这些特定工作的需求足够大，足以使每个人都有工作。劳动世界的终结不是突然发生的，而是一个慢慢萎缩的过程，由于替代力逐渐超过了互补力，人类工作的需求正在萎缩，两者之间的天平已不再偏向人类。

但是，我们没有理由认为对人类工作的需求将会以稳定的速度走向枯竭。任何一种效应都可能突然激增：可能这里的工人一下子大批失业，那里对工人的需求激增。在经济的各个领域，对人类工作的需求也不会以相同的速度消退。某些行业可能更容易受其中一种效应的影响；某些地区可能会比其他地区面临更大的破坏力。同样重要的是，我们须知对人类工作的任何需求下降，最初都不会影响工作总量，而是会改变工作的性质，包括工资报酬、工作质量、工作状态，最终才是工作总量的改变。正如列昂惕夫所说，降低工人的工资可能会推迟用机器代替工人的进程，这背后的原因与减少马匹的燕麦配给量可能会推迟用拖拉机代替马匹一样，但这种做法只是扬汤止沸，仅能暂时放慢替代过程。[31]

随着机器的能力不断提高，许多人终将在工作中被淘汰。事实上，一些经济学家已经从数据中发现了这种情况。当达隆·阿齐默鲁和帕斯夸尔·雷斯特雷波研究 1990—2007 年工业机器人在美国的使用情况时，发现了替代力超过互补力的案例，这致使整个经济体对工人的需求减少了。在谈到新技术时，我们习惯于讲述自动取款机之类的故事，来证明机器使一些人流离失所并失去工作，但同时这也增加了其他领域的工作需求，这使得整体就业人数保持不变甚至有所增加。工业机器人的出现改变了这一状况，平均而言，每千名工人中多增加一个机器人，就意味着整个经济中减少了约 5.6 个工作岗位，而且整个经济中的工资也下降了约 0.5%。所有这些都是在 2007 年发生的，前面描述的大多数技术进步在当时还都没有发生。[32]

批评者可能会指出，这一结果仅适用于工业机器人这一特定的技术进步，并不适用于所有技术进步，但他们没有看到更深层次的含义：传统上，许多经济学家认为，对于任何技术进步来说，上述结果都是不可能的。劳动时代孕育的假象是，任何技术进步最终都会使工人整体受益。但是在这一案例中，即使考虑到工业机器人通过互补力为某些人提供了帮助，工人的整体情况仍然变得更糟了。

工作岗位稀缺的世界何时到来

很难对"一个工作岗位稀缺的世界何时到来？"这一问题进行确切回答。我不是在逃避，而是真的不知道答案。我们的行进速度取决于个人和机构的累积举措，这些参与者在经济舞台上扮演着不同的角色，数量多到难以想象，举几个例子：创造新技术的投资者、使用新技术的公司、决定如何与技术互动的职员以及决定如何响应新技术的政府部门。我们唯一有把握的就是，明天的机器将比今天的机器在功能方面更强大，将承担越来越多的原本由人类执行的任务。诸如"$x\%$的人y年后将失业"这样的说法可能非常明确，但无论背后的推理过程多么复杂，此类简单的预测都是一种误导，不可能对工作的未来提供正确指引。

尽管如此，对于工作岗位稀缺世界的到来时机还是存在一些普遍看法的。硅谷风云人物罗伊·阿马拉曾说过："我们往往会高估技术的短期影响，却又低估了它的长期影响。"[33]这句话能很好地帮助我们思考未来。当前人们对人类工作需求即将崩溃的担忧过于夸张。短期内，我们的挑战将是如何避免摩擦性技术失业：人类很有可能在未来一段时间内有足够的工作可做，而主要的风险是有些人可能无法胜任这些工作。但是从长远来看，根据阿马拉定律，我们必须认真对待结构性技术失业带来的挑战，因为从长期来看人类劳动将面临需求不足的情况。

但是，这种挑战离我们有多远？如果像凯恩斯打趣的那样，"从长远来看我们都死了"，为什么还要担心呢？当我在写技术的长期进步时，我想到的是几十年后而不是几个世纪后。从这个角度来看，我比凯恩斯更加乐观：我希望我的读者和我能在有生之年看到技术的长期发展。即使我们看不到，我们的孩子也一定能看到。为了他们，我们也至少需要非常认真地对待未来工作岗位稀缺的问题。如今摩擦性技术失业的现象已显而易见，在当今经济生活的某些领域，我们也可以窥见结构性技术失业可能的发生方式。鉴于目前技术发展的趋势，我们很难想象随着时间的流逝，这些挑战不会变得越来越严峻。例如，令人警醒的是，如果未来80年，科技以与过去 80 年同样的速度进步，那么到 2100 年，我们的系统和机器将比它们当今的功能强大一万亿倍，而今天它们所取得的成就已然令很多人吃惊不已。当然，可以肯定的是，没有任何趋势可以持久，而且计算力也不是全部。但是，我相信，稍微类似的进步都将使技术性（科技性）失业成为 21 世纪的一个关键挑战。

而且，我们可以在科技性失业成为问题之前，而不必等待大批人类被机器取代后再采取行动。当前有关工作未来的大部分讨论都是假设，只有当大多数人失去工作时才需要担心。但是，即使在占比只有 15% 或 20% 的少数人失去工作时，我们也应该开始担心不作为可能带来的不稳定因素。请记住，在 1932 年，德国失业率上升到 24%，这促成了希特勒的上台。[34] 当然，失业率高并不是他获得成功的唯一原因，存在类似劳动力市场状况的其他国家并没有转向法西斯主义。但是德国的经历应该促使我们正襟危坐，保持警醒。

我们将何去何从

列昂惕夫曾警告人类将面临与马一样的命运，今天，有些人可能会嘲笑他，但我想，几十年后，他将在"天上的经济学家学院"里嘲笑我们。像凯恩斯及其对技术性失业的预测一样，列昂惕夫可能误判了时机，但是他很有远见，看透了人类最终的归宿。就像今天，我们谈论"马力"一样，我们的子孙后代可能会使用"人力"这个词。"马力"能追溯到驮马拉力是很重要的衡量标准的时代，而未来，"人力"一词作为一种时代遗物，将让我们的子孙后代想起，曾经有一段时间，人类认为自己在经济上如此重要，以至给自己冠之以测量单位。

在将人的能力与机器的能力进行比较时，我谈到了人类的优越性假设。但是最终，"劣势性假设"将成为考虑技术和工作问题的一个更好的起点，机器而非人类将成为执行大多数任务的默认选择。经济学家建立了令人印象深刻的"弹药库"，备足了论据用以解释为什么总是会对人类劳动有足够的需求。但是，正如我们已经看到的那样，所有这些论证都建立在一个基础上，即人类最能胜任经济增长和变化时产生的任务需求。一旦这个假设不再成立，机器取代了我们的位置，则经济学家储备的所有"子弹"将掉转枪口直指我们，其论证解释的将是为什么对机器劳动，而不是对人类劳动，总是会有足够的需求。

本章阐述的结构性技术失业挑战听起来可能是一种非同寻常的、与今天的生活完全无关的现象。但是，正如我们稍后将看到的那样，这种理解是不正确的。正确的看法是，最好将这种挑战视为不平等加剧的极端情况，而不平等加剧问题已经影响到我们今天的日常生活了。

第八章

科技与不平等

经济不平等现象与文明本身一样古老。在我们的社会里，尽管人们共享着繁荣，但分配不均，人类一直在努力就这个问题达成共识。

人们倾向于假设事实并非如此。例如，18世纪的哲学家让－雅克·卢梭相信，如果你走得足够远，就会发现人类过着"简单而孤独的生活"，彼此之间没有任何"依赖链"。在有关"不平等的起源"的著作中，他想象自己回到了这种"自然状态"，不受任何人要求的限制。卢梭说，如果一个同伴试图给他分配工作，他就会"走二十步，走到森林里；打断依赖链，这个人一生都将再也见不到他"[1]。在很久以前，人们只要扭头撤退到人迹罕至之处就可以躲避不平等的问题。

但是，这种哲学描述具有误导性。实际上，从对一些生活年代较早的祖先的了解中我们知道，即使对于数十万年前游荡在非洲大草原的狩猎者来说，上文提到的撤退都是不可能发生的。[2]确实，狩猎者并非生活在像我们这样的大型、稳定的社会中，而且即便当时真的存在"经济"，他们的整个经济蛋糕也非常小。当时人与人之间的物质不平等程度更小，主要不平等差距是在大约 1.2 万年前的最后一个冰河时代之后才出现的，那时气候变得更加稳定，农牧业开始有了发展，有些人能够积累其他人没有的资源。[3] 即便如此，狩猎者仍未像卢梭想象的那样过着独居的生活。相反，他们一起生活在部落中，部落有时会有数百人，相互分享着劳动果实，是真的字面意义上的"果实"（还有肉食），其中一些人不可避免地在觅食方面比其他人更为成功。[4] 现在没有森林可以让人类撤退到完美的独居生活中并自给自足，史上也从来没出现过这种情况。所有的人类社会，无论是大是小，是简单还是复杂，是贫穷还是富足，都必须弄清楚如何更好地与他人分享分配不均的繁荣。

过去的几个世纪，随着技术的进步，我们比以往任何时候都更加富有，经济发展突飞猛进，社会变得繁荣昌盛。几乎所有社会都决定采用市场机制分享这些财富，以各种各样的形式回馈人们所做的工作和所拥有的财产。但是，不平等现象的加剧使得市场机制开始承受压力，而技术往往是不平等加剧的驱动力。如今，一些人得到丰厚的市场回报，而另外一些人得到的回报则很少。现在，科技性失业发生在我们最为依赖的劳动力市场上，可能会使上述现象变得更加激进。随着劳动力市场开始崩溃，越来越多的人将面临根本无法分享社会繁荣的风险。

传统资本与人力资本

对当前的经济体系感到失望的人有时会说："资本主义的问题在于，并不是每个人都拥有资本。"换句话说，现在，收入只会稳定地流向拥有股票、房地产和专利之类"东西"的人。我们暂时不考虑该说法是否正确，但其中存在一个重要且显而易见的错误：它认为对某种财产的所有权是这个世界上唯一的资本类型。经济学家将其称之为传统资本。

用经济学家托马斯·皮凯蒂的话说，传统资本是"给定国家的居民和政府在既定的时间点所拥有的一切，只要能够在某些市场上进行交易即可"。这是广义的定义，涵盖了有形的、无形的、金融的、非金融的东西，包括土地、建筑物、机械、商品、知识产权、银行账户、股票和债券、软件和数据等。[5] 上述抱怨所指出的并非所有人都拥有这种传统资本是正确的，但以此断定他们根本不具备任何资本则是错误的。

世界上的每一个人都拥有另外一种资本，即他们自己。经济学家将这种资本称为人力资本，这一术语旨在将人们一生中积累的并在工作中使用的全部技能和才能都囊括进去。庇古在 20 世纪 20 年代将这一说法引入经济学，成为第一位使用该词的经济学家。几十年后，加里·贝克尔因其在这一领域的研究获得了诺贝尔经济学奖。[6]

"人力资本"一词源于它与传统资本的相似性：人们可以通过教育做人力资本投资，像专业技能这样的人力资本比其他人力资本更有价值，并且所有者在使用人力资本时，能以工资的形式得到回报。但是，与传统资本不同的是，人力资本内化在我们身上，与我们不可分割，除非与所有者在一起，否则它不能在市场上进行交易。

在某些人看来，人力资本的概念过于机械化，是一种与现实生活相去甚远的经济学上的抽象概念。贝克尔在其诺贝尔奖获奖感言中提到，当他开始从事这个领域的研究时自己内心的想法："人力资本"这一概念被认为是带有贬低性的，因为它把人当作机器看待，将教育当作一种投资而不是一种文化体验的看法也是冷酷而狭隘的。[7]但是，人力资本的概念使人失去了神秘感，不再赋予人类不同于经济中其他事物的"魔力"，这样的方式有助于我们考虑清楚人类即将面临的挑战。

科技性失业的挑战

从这个角度看，当一些人发现自己的人力资本在劳动力市场上没有价值时，即没有人愿意花钱使用他们的技能和才华时，科技性失业就会发生。并不是说他们没有任何人力资本，几乎可以肯定的是，他们会花很多时间接受教育或培训，也许会付出很大的努力并为此支付高昂的费用。问题在于，在一个工作岗位稀缺的世界，这种人力资本可能变得毫无价值。在摩擦性技术失业的情况下，人力资本的类型可能与现有工作不符；在结构性技术失业的情况下，社会可能根本没有足够的人力资本需求。

而且，正如我们所知道的，资本有两种类型：积累的人力资本和传统资本。人们既可以通过人力资本获得回报，也可以通过所拥有的传统资本获得回报。在一个工作岗位稀缺的世界，许多人从工作中获得的收入可能会慢慢枯竭，但流向最新系统和机器的拥有者的回报则可能相当可观，而起初正是因为这种新的传统资本的出现才导致人们失业。

如果现在每个人都碰巧拥有这些传统资本的投资组合，那么我们可能不必担心工作岗位稀缺的世界的前景。毕竟，这就是过去几个世纪在英国贵族阶级身上发生的事情。正如乔治·奥威尔热情洋溢地描述的那样，他们是"一个完全无用的阶级，靠不知道投资在哪里的钱生活着……像寄生虫一样，对社会的贡献还比不上狗身上的跳蚤"[8]。从经济意义上来说，他们是一群相对无用的人，但是由于他们拥有大量传统资本，仍然能够获得可观的收入。

但是，将来那些失业的人不太可能像上述贵族一样。对于大多数人来说，在工作岗位稀缺世界的生活并不是像有产阶级贵族那样的繁荣生活，而是收入微薄甚至完全没有收入的生活。因而，一个工作岗位稀缺的世界将是一个高度分化的世界：一些人将拥有大量价值不菲的传统资本，而另一些人将会发现自己几乎没有任何资本。

这样的世界并非仅在科幻小说中存在，实际上，它更像是我们今天生活的世界的极端版本：不同人群的收入差异极大，金钱大量涌入了一些人的腰包，而流向其他人的则寥寥无几。这种相似性并非巧合，不平等现象与科技性失业现象密切相关。大多数社会已经决定利用市场机制分配其经济蛋糕，用市场办法奖励人们拥有的一切资本，无论是人力资本还是传统资本。当某些人的资本价值远低于其他人时，就会出现不平等现象。而当某些人根本没能拥有在市场上值钱的资本时，就会发生科技性失业，这时，他们可能既没有值钱的人力资本，又没有传统资本。

因此，探究现有的不平等现象有助于我们理解一个工作岗位稀缺的世界如何诞生于我们今天的所见所闻。从某种意义上说，今天的不平等现象正是明天科技性失业诞生的产前阵痛。

收入不平等

我们应该如何理解当前的不平等趋势？一种方法是研究总收入

的不平等，尤其是基尼系数。基尼系数是一个反映收入分配方式的数字：如果在一个特定的社会中每个人都有相同的收入，则该社会的基尼系数为 0；如果只有一个人获得所有收入，那么基尼系数为 1。[9] 在大多数发达国家，过去几十年该系数都呈显著上升的趋势。[10] 而欠发达国家背后的状况有点模糊不清：它们的基尼系数通常一开始很高，但一直保持在相对稳定的状态，并没有显著上升。换言之，全球最大的几个经济蛋糕——它们通常属于最繁荣的国家——收入的分配比过去更不平均了（见图 8.1）。

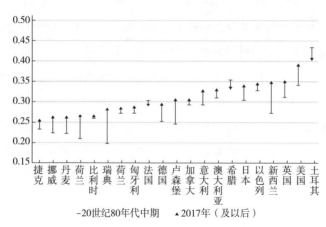

-20世纪80年代中期　▲2017年（及以后）

图 8.1　20 世纪 80 年代中期到 2017 年（及以后）各国的基尼系数 [11]

但是，关于基尼系数的实用性存在一些分歧。将所有内容简化为一个数字确实很有吸引力，但简化过程中不可避免地会丢失一些重要的细节。[12] 另一种方法是查看特定经济体中所有收入的整体分布。将所有人按收入分组，从低到高排列，并关注每组收入随时间变化的情况，通过这种方法，可以感知总体分布的变化情况。例如，以这种方法评估一下美国，结果会令人十分震惊。

　　图 8.2 显示，在 1980 年之前的 34 年中，美国人均收入的增长相当稳定。然而，在 1980 年以后的 34 年中，最低收入人群的收入增长乏力，而 1% 最高收入人群的收入却急速增长。对于具有广泛影响力的 20 世纪政治哲学家约翰·罗尔斯的追随者而言，这种情况尤其令人反感。罗尔斯在其巨著《正义论》中指出，不平等应"有利于境遇最差的人的最大利益"[13]。在 1980 年之前，该原则在这一经济领域得到了极大的体现：最贫穷的人的收入与其他人的收入增长得一样多，甚至更多。然而如今，如图 8.2 所示，情况正好相反：最富有的人而不是最贫穷的人的收入在增加。

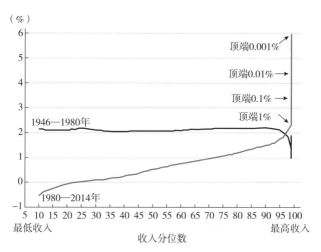

图 8.2　美国年平均收入增速 [14]

　　将注意力集中于社会最富裕的阶层，可以为我们提供思考该问题的第三种视角，即"顶端收入不平等"或"顶端不平等"。这一衡量指标在过去 10 年激发了抗议者和公共评论家的想象力，其中"1% 的人"成为众所周知的标签，"我们是 99% 的人"成为"占领

华尔街"运动的口号。他们的挫败感并非没有理由：总收入中流向
1%收入最高人群的比例已大大提高，这种现象在发达国家尤为突
出。过去几十年，在美国和英国，这一份额几乎翻了一倍。[15] 图 8.3
显示，在其他国家同样的情况也在逐渐显露。

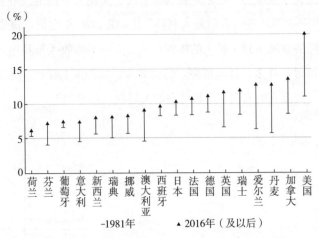

（%）

图 8.3　1981—2016 年（及以后）1% 收入最高人群的收入份额 [16]

　　即使在芬兰、挪威和瑞典这样的经常因其平等程度而受到称赞的
北欧国家，1%收入最高的人群的收入份额也有所增长。而且，如果
我们进一步缩小关注范围，仅关注收入最高的 0.1% 和 0.01% 的人群，
情况通常会更加极端。以美国为例，1981—2017 年，0.1%收入最高的
人群的收入份额已经增长了 3.5 倍，而其起点本就处于不成比例的高
水平，0.01%收入最高的人群的收入份额更是增长了超过 5 倍。[17]
　　当然，收入不平等的三项指标有时确实会出现分歧，在某些特
定情况下可能有的指标会偏离上升趋势。例如，英国的基尼系数 25
年来并没有真正上升。[18] 但是，三项指标均未显示不平等加剧的国

家则很少见。如图 8.3 所示，在英国，1% 收入最高人群的收入份额激增。当我们用这三个指标去衡量许多国家，并整理研究结果，就可以清晰地看到：在世界上最繁荣的地区，我们看到社会正朝着收入分配不均更严重的方向迈进。

为什么收入不平等情况会加剧？简短的答案是，有价值的资本的分配方式越来越不平等，导致流向资本所有者的收入也越来越不平等。更具体地说，人力资本和传统资本日益不平等的回报是造成收入不平等的根源。我们将依次探讨这两类资本。

1. 劳动收入不平等

许多人一生中除了获得了各种技能累积的人力资本外几乎一无所有，因此，工资成为他们的主要收入来源。的确，在许多国家，工资约占居民总收入的 3/4。[19] 因此，毫不奇怪的是，以前收入不平等现象的普遍增长大部分是由劳动收入不平等现象的加剧引起的。换句话说，劳动者的劳动报酬越来越不平等导致不平等情况不断加剧。[20]

一种探究劳动收入不平等加剧情况的方法是比较不同的收入分位数。不平等领域的执牛耳者安东尼·阿特金森发现，过去数十年，10% 收入最高的劳动者的工资相对于 10% 收入最低的劳动者的工资有所上升，这种情况几乎在世界各地都有发生，"鲜有例外"。[21] 另一种探究劳动收入不平等的方法是关注劳动收入分布的顶端，研究方法与研究整体收入分布类似。另一位不平等领域的专家伊曼纽尔·塞斯指出，过去几十年 1% 收入最高的人群的收入大幅增长主要是由于"最高工资的爆炸性增长"，特别是在加拿大、澳大利亚、英国和美国这样的英语系国家。[22] 美国的情况又一次格外引人注目：

如图 8.4 所示，自 1970 年以来，收入排名在前 1％ 的美国人的收入份额翻了近一倍，收入排名在前 0.1％ 的美国人的收入份额增加了近两倍，而最顶端 0.01％ 的美国人的收入份额增加了两倍多。[23]

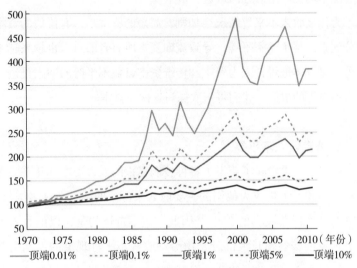

图 8.4　美国收入最高人群收入份额增长情况
（指数计算 1970 年份额 =100）[24]

值得注意的是，科技进步是收入不平等情况加剧的主要原因。正如第二章所述，自 20 世纪下半叶起，新技术是技能溢价增加——受高等教育者与其他普通工人收入差距拉大——的罪魁祸首。

然而，技术进步在造成收入金字塔顶端劳动者收入不平等上的作用并不那么明显。一些经济学家认为，新技术是导致前 1％ 和 0.1％ 的收入最高的工薪阶层工资上升的直接原因。例如，新系统帮助 CEO（首席执行官）经营更大、更有价值的公司，从而推高了他们的薪酬。复杂的定价软件和算法交易平台等金融创新增加了对银行家工作的需求，因而与 CEO 并肩站在薪酬阶梯顶端的银行家可能也感受到了技术进步提高了他们的收入水平。[25]

但是，最顶端不平等情况的加剧与生产率关系不大，最令人信服的解释是不平等情况加剧主要与权力有关：正如托马斯·皮凯蒂所说的，这些"超级经理"获得的工资越来越高，主要是因为他们现在拥有巨大的机构影响力，能够为自己发放越来越高的薪酬。鉴于此，技术进步确实在做大经济蛋糕方面发挥了作用，但这些超级经理的权力也在日益增长，使得他们分得的份额越来越大。40 年前，美国最大公司的 CEO 收入是普通职工收入的 28 倍，到 2000 年，这一比例达到了惊人的 376 倍。[26] 此时，顶级 CEO 一天的报酬比普通职工一年的收入还高。

上述工资不平等的情况令人震惊，但也有对这种趋势的乐观解读：它表明劳动收入不均并非不可避免。如果有权势的人能利用权势影响自己的薪酬，那么我们便可不必将经济失衡视为超出人类可控范围的事。在目前的情况下，权力被用来加剧不平等情况，但我们也可以利用权力的反向操作来减少收入不平等的情况。我们将在本章末尾探讨这一观点。

2. 劳资分配不平等

经济中以工资和薪金形式流向劳动者的劳动收入份额的分配越来越不平等：一些人的人力资本回报要比其他人多得多。但是，劳动收入份额与资本收入份额相比的情况又如何呢？拥有传统资本的人的收入情况如何？

在 20 世纪的大部分时间里，劳动收入份额和资本收入份额之比保持相对稳定，劳动收入份额约占 2/3，而传统资本的收入份额则占剩余的 1/3。[27] 凯恩斯称此为"在所有经济统计数据中最令人惊讶但最成立的事实之一"，认为它如同"奇迹"一般。早期经济增长研究学者尼古拉斯·卡尔多，将这种现象列为六个"典型事实"之一。他认为，就像数学家根据毋庸置疑的公理来建立证明一样，经济学家也应该围绕这六个不变事实构建他们的模型，而他们也确实这么做了。经济学中最流行的探讨投入产出关系的生产函数——柯布－道格拉斯生产函数，正是建立在固定的资本劳动比这一事实之上的（见图 8.5）。[28]

图 8.5　发达经济体劳动收入份额降低[29]

直到最近，凯恩斯所称的"奇迹"仍然成立。但是在过去的几十年中，全球流向劳动者的那部分收入（经济学家称之为"劳动收入份额"）已经开始减少，而流向传统资本所有者的收入（资本收入份额）则开始增加。[30] 发达国家的这种趋势自 20 世纪 80 年代以来一直在延续，而这种趋势在发展中国家则始于 20 世纪 90 年代。[31]

为什么劳动收入份额下降了呢？随着全球生产率的提高和经济总量的增长，收入增长通过工资增长流向劳动者的部分一直在缩减。24 个国家自 1995 年以来的数据显示，生产率平均提高了 30%，但工资仅提高了 16%。[32] 多余的收入不再流向劳动者，而是越来越多地流向了传统资本所有者。如图 8.6 所示，在美国，这种生产率和工资"脱钩"的现象尤为明显。直到 20 世纪 70 年代早期，美国的生产率和工资几乎都是如影随形，增速相似，但是自那之后，前者继续上升，后者则停滞不前，从而导致二者的走势分道扬镳。

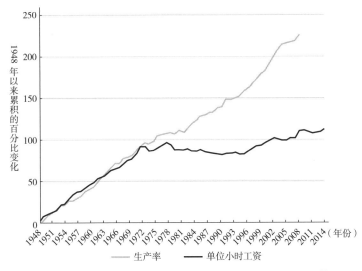

图 8.6 1948—2014 年美国生产率和工资的变化情况 [33]

大部分的劳动收入份额下降可再次归因于技术进步。引用经济合作与发展组织的话说，1990—2007 年，技术直接造成了 80% 的劳动收入份额下降，促使企业转向使用更多传统资本替代劳动力。[34] 国际货币基金组织的估计更为保守，认为在稍长的时期内发达经济体的这一比例仅为50%，这一结果与其他经济学家的研究结果相吻合。[35] 但是，一旦探究国际货币基金组织对剩余50%下滑的解释，就会发现技术进步其实也发挥了作用。例如，劳动收入份额下降的部分原因是全球化，是因为商品、服务和资本的全球流动日益自由。国际货币基金组织认为，全球化可以解释另外25%劳动收入份额的下降情况。[36] 但是，真正造成这种全球化的原因是什么？技术进步在其中起到了关键作用。毕竟，是运输和通信成本的下降使全球化成为可能。

劳动力份额下降的另一种解释是"超级巨星"公司的崛起：少数高利润公司的生产效率高于竞争对手，在相应市场上攫取了很大的市场份额。这些"超级巨星"公司进行单位产出需要的劳动投入往往比被挤垮的竞争对手要少，因此，随着它们主导地位的增强，劳动收入在整个经济中所占份额下降了。例如，美国私营部门的大多数行业销售集中度都上升了，对于上升幅度最大的行业来说，其劳动收入份额的降幅也最大。[37] 当再次审视这些公司占据主导地位的原因时，通常会发现又与技术进步有关，以全球化等形式呈现的技术进步使得"超级巨星"公司得以占据主导地位。[38] 同时还会发现，技术进步越快的行业，公司集中度的增长速度似乎也越快。[39] 2018年，全球十大最具价值的公司中有7个属于科技领域。[40]

3. 资本收入不平等

随着劳动收入份额的下降，流向传统资本所有者的收入也相应提高。如果我们担心不平等情况发生，那么这将导致问题更加严重，因为传统资本利得分配比劳动收入分配更加不均衡。托马斯·皮凯蒂指出，在有史可循的所有国家/地区的所有历史阶段，这一现象"无一例外"。[41]

　　来自传统资本的收入分配之所以如此不平等，是因为资本所有权本身的分配非常不平等，而且其不平等程度在不断加深。2017年，慈善机构乐施会断言，全球最富有的8个人的财富总量相当于全球最贫穷的一半人的财富总量。[42]可能计算的细节有待确认，但根据其他统计方式也得出了类似的结论。[43]例如，财富的基尼系数通常比我们之前计算的收入基尼系数高一倍。[44]皮凯蒂指出，在大多数国家，最富有的10%的人通常拥有社会全部财富的一半甚至更多，而最贫穷的一半人实际上"一无所有"（见图8.7）。[45]

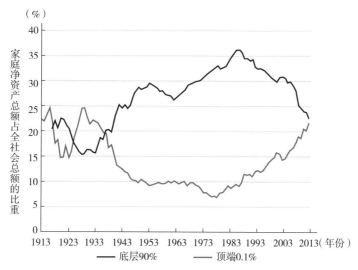

图 8.7　顶端 0.1% 和底层 90% 家庭财富份额变化情况[46]

　　美国再次给我们呈现了一个典型案例。最贫穷的50%的美国人仅拥有该国2%的财富，[47]但最富有的1%的美国人拥有该国

40%的财富，而这一比例在20世纪70年代末小于25%。[48] 只有大约16万的最富有的0.1%的美国人，拥有全美财富总额的22%，1986—2012年积累的全美财富的一半流入了这些人的腰包。[49] 如图8.7所示，美国现在的状况是，最富有的0.1%的人所拥有的财富相当于最贫穷的90%的人所拥有的财富总量。美国又回到了20世纪30年代的老式社会资源配置状态：资本阶层生活富足，大多数人却生活贫乏，二者形成了鲜明对比。[50]

不平等现象背后的三个趋势

如前所示，世界范围内日益加剧的不平等现象的背后，隐藏着三个清晰的趋势。首先，人力资本的分配越来越不平等，拥有不同技能的人得到的回报差异越来越大，经济中以工资形式分配给劳动者的收入越来越不均衡。其次，相对于传统资本，人力资本的价值越来越低，因而相对于流向传统资本所有者的资本收入份额，以工资形式流向劳动者的劳动收入份额在不断收缩。最后，传统资本本身的分配极其不均，这种趋势在最近几十年越来越明显。

这些趋势并非在所有地方都存在，呈现形式也并非完全一致。例如，目前尚不清楚英国的劳动收入份额是否真的下降了；而中欧和日本不同于美国，其20世纪1%收入最高的人群的收入份额实际上呈下降趋势。除此之外，也有其他例外情况值得注意，但这并没有改变整体趋势：在大多数情况下，虽然全球经济社会日益繁荣，但也日益呈现不平等。而技术进步正是导致这种状况出现的首要原因。

尽管并非所有不平等都是由技术导致的，但技术通常是这些不平等趋势的主要驱动力，既是直接驱动力，也是间接驱动力。技术进步通过提升高技能劳动者的工资或者激励公司使用传统资本替代劳动力直接加剧了不平等，也通过全球化和其他经济转变间接加剧了不平等。值得一提的是，技术进步还是起初经济增长的主要原因。换句话说，在很大程度上，技术是收入不平等概念中"收入"和"不平等"二者的起因。

探究今天的不平等现象颇有益处，有助于打消对隐约可见的未来科技性失业威胁的怀疑。目前，大多数社会以市场化方式分享繁荣，市场会对拥有资本的人们给予回报，不管他们拥有的是人力资本还是传统资本。如今，日益严重的不平等现象表明这种方法已经日薄西山：少数人拥有巨额宝贵资本，但大多数人所享甚少。如前所述，科技性失业只不过是同一情况的更激进的版本，到那时，市场机制完全失效，普罗大众一无所有，没有任何资本。约翰·肯尼迪总统有一句名言："涨潮抬高所有的船。"他的意思是经济增长将使社会中每个人都受益。不过，他没有指出的是，如果浪潮足够大，那些没有船的人，即那些在市场中根本没有任何有价值资本的人，将被淹死。

探究今天的不平等现象还有第二个，也是更为乐观的理由：它向我们表明，未来我们对科技性失业依然有计可施。如上所述，尽管每个国家都面临相同的技术变革，但不平等加剧的三个趋势并没有在所有国家呈现相同模式。这一现象并没有给研究造成困扰，但也不应被置之不理，这是一个发人深省的发现，它表明一国为应对技术变革所采取的行动非常重要。正如不平等领域的泰斗所言，"近几十年来，世界各地的不平等程度几乎都加剧了，但不平等加剧的速度却不相同。即便有些国家的发展水平相似，但它们之间的不平等程度差距依然非常大，这一事实凸显了国家政策和制度在不平等发展过程中的重要作用”[51]。

收入不平等并非不可避免。唯一不可避免的是，有些人出生时就被命运女神青睐，拥有独特的才能或能力，而有些人则没有；有些人含着金汤匙出生在富贵人家，有些人则出身平凡。此类初始禀赋的不平衡难以避免，但后续的不平衡则并非如此。没有任何理由只有那些运气好的人才能积累宝贵的资本，也没有任何理由父辈运气好子女就应享有完全不成比例的优势。照此类推，同样没有任何理由让资本分配的不平等转化为最终收入分配的巨大不平等。

屹立于不可避免的初始禀赋不平衡与最终收入不平等之间的，是我们作为一个社会决定建立起来的一整套社会制度，包括学校和大学、税收和福利制度、工会和最低工资法等。这些不仅改变了资本的分配方式，而且改变了资本的最终回报，决定着经济繁荣如何在整个社会范围内进行分配。

因此，不平等不是不可避免的，科技性失业造成的经济失衡也是如此。如果我们愿意，我们就有能力塑造和约束经济分配方式。

科技进步将加重分配问题

在凯恩斯首次写到技术性失业时，他所处的经济环境非常糟糕。那是 1930 年，大萧条已经爆发，经济持续低迷，经济萧条在所有工业化国家蔓延。尽管眼下情况惨淡，但他还是告诉读者不要惊慌，让读者尝试摆脱短浅的目光，与他一起展望未来。他认为，随着时间的流逝，我们终将解决经济问题，不再挣扎着为生存而奋斗，也根本不必担心技术性失业，因为届时，经济已经发展到一定程度，能够很好地养活每一个人。他估算，如果技术不断稳定进步，那么在 100 年内，即到 2030 年，我们将实现这一目标。[52]

凯恩斯的这一预测从某种意义上来说是正确的，而且实现的时间比他设定的最后期限提前了 10 年。如今，全球每年的人均 GDP 达到近 1.1 万美元，几乎多到能使地球上每一个人都不必再为维持生计而苦苦挣扎。预见这种繁荣之后，凯恩斯笔锋忽转，转而深思当我们迈向这种"经济上的极乐境地"时，我们应该如何快乐地消磨时光。[53] 他认为贫困这一传统的经济问题将被另一个完全与经济无关的问题所替代，即人们将如何利用技术进步为自己赢得闲暇时间，每一个人如何才能"生活得更加明智而惬意"。[54] 因此，他一点都不担心技术性失业的前景。

但从另一个角度来讲，凯恩斯的测算犯了一个严重的错误。在他轻松的思考中，把某些重要的事情当成了理所当然，认为世界的繁荣将自动为每一个人所享有。正如我们在本章所论述的那样，事实相去甚远。正如诺贝尔经济学奖得主约瑟夫·斯蒂格利茨所说，"凯恩斯一再未给予足够重视的关键问题是分配问题"[55]。总体来讲，全球经济形势看似乐观，但只有少数有特权的幸运儿的经济问题得到了解决。[56] 对于大多数人来说，他们能分得的经济蛋糕仍是薄如纸片，而对于许多人来说，他们分得的份额只是些残羹冷炙。[57]

分配问题并不是一个新问题，不平等一直伴随着我们，只是人们对于应对措施没有达成一致。现在，问题的严重性在于未来技术进步将加重分配问题的严重性并提高问题解决的难度。如今，许多人缺乏传统资本，但仍然劳有所获，能从所做的工作中获得收入，拿到人力资本的回报。但科技性失业威胁到了人力资本回报，可能使工资收入陷入枯竭，届时那些没有传统资本的人将一无所有。

本书剩余部分讨论的重点将是我们应如何应对这一问题。

第九章

教育及其局限性

面对科技性失业的威胁，评论员、经济学家、政客和决策者这些思考工作的未来的人，最普遍的回应就是我们需要更多的教育。从这个角度来看，我们面临的问题只是一项技能挑战，如果人们得到合适的教育和培训，那么这一问题将迎刃而解。如果大多数人的收入是靠人力资本回报，那么我们就必须阻止人力资本回报的枯竭。美国前任总统奥巴马的经济顾问委员会主席杰森·福尔曼抓住了这种观念的精髓，他在推文中写道："工作创造未来，而无论未来在哪里，教育在通往未来之路上都会有所帮助。"[1]

　　目前，这确实是最佳的应对方法，对我们而言，现在最紧迫的任务是弄清楚"更多教育"的实际含义。这就是本章第一部分试图解释的内容。但是，随着时间的流逝，机器变得越来越强大，教育的帮助将越来越小。人们普遍认为教育可以无限期地解决技术进步带来的就业问题，而且这一观点几乎没有遭到过反对。然而，正如我们将在本章第二部分看到的那样，这一观点也是大错特错的。

人力资本的世纪

我们总认为教育能帮助劳动者适应技术进步，对教育的力量的信心主要来自过去的经验。正如我们所见，20世纪的技术进步一般都是技能偏好型技术进步，此类技术进步使受过良好教育的劳动者的努力比其他人的努力更有价值。在那期间，掌握正确技能的人和技艺精湛的人越来越受欢迎。即便如今，教育仍然是年轻人最好的投资之一。在美国，上大学的平均费用约为10.2万美元（学费和四年求学期间放弃工作的机会成本），但作为大学毕业生，其一生预计能赚到超过100万美元，这比只有高中文凭的人的收入高一倍。[2]换句话说，美国大学学位的平均年回报率超过15%，远远高出股票（约7%）、债券、黄金和房地产（低于3%）。[3]

教育不仅有助于个人发展，还在推动经济整体进步中发挥着重要作用。20世纪尤其如此，以至经济学家称其为"人力资本的世纪"。在18世纪和19世纪，一个国家的繁荣与否取决于传统资本投资情况以及工厂和工业机器的投资情况。但这一现象在20世纪发生了改变，一国的繁荣开始越来越多地依赖人力资本的投资意愿，依赖劳动者的技能和能力。为什么会出现这种转变？这是因为新技术对专业技能的需求日益增加，劳动力受教育程度更高的国家才能更好地利用这些技术。这一领域的两位学术带头人克劳迪娅·戈尔丁和劳伦斯·卡茨写道，"简单的识字和识数"对于经济上的成功"不再够用"，[4]劳动者需要受到更多的教育。

然而，"更多的教育"的实际含义在20世纪发生了变化。最初，它意味着更多的人接受教育，其目标是大众教育，即每个人，无论背景或能力如何，均应受到适当的教育。大众教育的实现过程非常漫长。20 世纪 30 年代，戈尔丁和卡茨报道说，美国"几乎是唯一"提供免费中学教育的国家。[5] 但随着时间的推移，其他国家也在教育领域奋起直追，纷纷仿效美国的这一举措。如今，免费的中学教育已司空见惯。到 20 世纪末，"更多的教育"的含义已发生改变，当所有人都有学可上，更多的教育就不再意味着更多的人接受教育，而是意味着以大学为重点的更高级的教育。这种教育重点的变化在世纪之交政治家的声明中清晰可见。1996 年，美国总统克林顿提出全面税收改革，他希望税改使"第 13 年和第 14 年的教育能像现在前 12 年的教育一样，普及所有美国人"[6]。几年后，英国首相托尼·布莱尔宣布："我最大的愿望就是在英国能有越来越多的人享受到大学教育带来的益处，这些人所占比例能稳步提升。"[7] 2010 年，美国总统奥巴马宣布："在未来几十年，高中文凭将不再够用。人们需要大学学位，需要接受劳动力培训，需要接受高等教育。"[8]

现在看来，这很可能是正确的，"更多的教育"仍然是目前我们面对科技性失业威胁的最佳应对措施。但是面对功能越来越强大的机器，我们又该如何解释"更多的教育"呢？我们目前的举措有三个方面需要做出改变：教授什么、如何教授以及何时教授。

教授什么：机器只能起到补充作用

过去几年，一系列应对自动化威胁的政策建议鱼贯而出。贯穿这些政策的一个基本原则是：我们必须教给人们各种技能，这些技能能使人们在机器不擅长的领域发挥特长，而不是教授人们机器所擅长的技能。换句话说，人们应该学习使用机器能提供补充辅助功能的技能，而不是那些机器能起替代作用的技能。

该建议的一个重要隐含之意是我们必须停止教人们做"程序化的"工作。正如我们所见，机器已经能够熟练掌握那种比较容易描述完成过程的"程序化任务"，可以代替人类去执行，在这类任务中，机器的替代作用已然显现。与其让人类从事这类工作，不如让他们做好从事护理和照料之类工作的准备，这类工作涉及的工作内容需要的技能是机器所不具备的，连目前最为强大的机器也无法实现。或者，我们可以教人们制造机器，从事机械设计、机械操控，让机器能够正常运转。这是机器目前尚无法做到的另一类工作。目前，专注于此类工作，才能为劳动者争取到在人机竞争中胜出的最佳机会。

有些人可能不满于"竞争"一词的使用，宁愿使用暗示机器有助于人类的其他词语，诸如"增强""提高""赋能""协助""合作"等。但是，尽管这样的词语会让人感到舒服，但用其描述正在发生的变化却有失准确。如今，新技术的确可以在某些工作岗位上为人类提供有力的补充，从而提高工作需求，使更多人从事此类工作。但是，正如我们已经看到的那样，这种状况能够持续的前提是，人类比机器更适合从事这些工作。一旦这一前提发生改变，对我们有益的互补力就会消失。互补力只是短暂的帮助，竞争——在任何工作上保持相对于机器的优势的永无止息的斗争，才是亘古不变的现象。

不要再让人们为我们已知的机器比人做得更好的工作做准备，这样的简单建议可能会惹人耻笑。但是实际上，这一基本原理在实践中仍然在很大程度上被人们忽略。今天，我们继续花费大量时间教人们做"程序化的例行"工作，现在的机器已经比人类更擅长处理这些工作，更不用说是未来能力更强的机器了。

以数学教授和数学测试方式为例，即便大学的数学问题还不能得到解决，但中学生数学作业中的许多问题已经可以通过照片数学和苏格拉底之类的应用程序进行解答：只需用智能手机给打印出的或手写的问题拍摄照片，这些应用程序就能对照片内容进行扫描、解读，即时给出答案。这些免费的应用程序目前都已经能轻松处理数学问题了，而我们仍以常规方式教授数学、做数学测试，这真的不是一个好兆头。这其实并不是一个新问题：几十年前，基本计算器的出现将数学教学的重点从蛮力计算转变成了数学推理和问题解决。想一想英国学生必考的"计算器试卷"，这类考试必须使用计算器，而且试卷内容也是以使用计算器为前提设计的。面对新技术，我们也需要做出类似的转变。同样的原则适用于所有学科：无论我们教什么，都要利用机器无法企及的人类才能去教授知识。

另外，我们也没能让人们做好从事机器还没有能力胜任的工作的准备。以计算机科学为例，这份按薪资水平排在美国前 1/4 的职业，提供的几乎一半的职位已要求人们具备编程技能。[9] 几乎可以肯定的是，将来编程将变得更加重要。但是，以英格兰为例，编程仍然是全国课程大纲中一门乏味且毫无启发性的附加课程，完全脱离了该领域研究前沿令人兴奋的进展。最近的一项调查结果显示，英国的计算机科学教师通常没有该领域的相关背景，并且对教授计算机科学缺乏信心。[10] 造成这种现象的部分原因是，现在负责计算机科学教学的人往往跟之前教授老式 ICT（信息通信技术）课程（现已停课）或者是讲授微软办公软件等新式信息通信技术课程的是同一拨人。政策制定者或许认为计算机科学与信息通信技术这两门课都与计算机有关，因此并不需要迫切地雇用新教师。鉴于这样的教学质量，英国只有 1/10 的学生在 16 岁时参加计算机科学的普通中等教育证书考试也就不足为奇了。[11]更广泛地讲，在经济合作与发展组织成员国中，有 1/4 的成年人"有很少或没有计算机经验"，并且大多数人使用技术解决问题的熟练度也"处于或低于最低水平"。[12]

让劳动者做好从事机器能起补充作用而非替代作用的工作的准备，这一看起来简单的指南实际上是非常有用的，还因为它能敦促我们去思考，在劳动力市场中，机器能够对人类构成辅助而非替代的工作到底有哪些。今天，人们普遍假设此类任务往往能在最复杂、报酬最高的工作中被找到。因而，许多政策的目标是鼓励人们"提高技能"，提升自己在劳动力市场中所处的层次，努力在劳动力市场的最高层找到属于自己的位置。这就是克林顿、布莱尔和奥巴马就大学学位普及化所做报告的主旨。但是这种策略开始显得过时了。正如我们所见，用从事一项工作所需的教育水平（换句话说，是否需要高技能的工人）来衡量这项工作的可自动化水平越来越不合适了。实际上，许多目前尚不能实现自动化的工作并非高薪工作，而是诸如社会工作者、医护人员和学校教师这样的工作。我们将需要通过不同的举措，让人们为从事此类职业做好准备，这与推动越来越多的学生接受日益高级的正规教育的传统举措截然不同。

但是，在更遥远的将来，躲开"程序化的"任务这一简单规则将不再够用。我们知道，机器不会永远局限于"程序化的"任务：它们已经开始执行需要创造力、判断力和同理心等能力的任务。在某些方面，机器也开始进行自我构建。（以"阿尔法零"为例，它自己摸索出了成为不败国际象棋棋手的方法。）这不禁让人怀疑，人类最终能否保住机械制造师这一工作。

　　然而，试图为那个更遥远的时代提供详细建议是不可行的，困难之处在于确定届时究竟哪些任务仍将是机器无法完成的，这一问题被一层无法穿透的迷雾笼罩着。我们唯一可以确信的是，将来的机器能比今天做更多的事情。不幸的是，这对于确定人们应该学习什么知识并不是特别有用。但是这种不确定性是不可避免的。因此，目前我们别无他法，只能遵循一条简单的规则：不要让人们为我们已知的机器可以做得更好的任务做准备，也不要让人们为我们能合理预测到的机器很快能做得更好的工作做准备。

如何教授：大规模开放式在线课程

　　除了改变我们的教授内容，还要改变我们的教授方式。正如许多人所指出的那样，如果我们能够穿越回几个世纪之前，走进当时的一间教室，就会发现教室的布置非常熟悉：一小群学生聚集在一个物理空间，一位老师现场进行课程讲授，授课内容依据一个僵化的课程纲要，每节课的时长和节奏大体保持一致。[13] 只要能同时具备才华横溢的老师、严肃认真的学生、储备丰富的教学材料，这种传统教学就能有效运行。但实际上，这些条件往往不能得到满足，因而传统教学方式正在退去往日的荣光。

　　当今的技术提供了替代方案。以传统教学方法的一个特征举例，传统课堂教学不可避免的是"一体通用"，教师无法根据每个学生的具体需求调整教学材料，因而事实上所提供的教育往往是"一个都不适用"，这是特别令人沮丧的。众所周知，因材施教的教育非常有效：成绩中等的学生在得到一对一辅导后往往能超过传统课堂中98%的普通学生。在教育研究中，该现象被称为"二西格玛问题"，之所以叫"二西格玛"，是因为该中等学生在成绩上几乎比普通学生高出两个标准差（数学符号是 2σ），而之所以称之为"问题"，是因为像这样的高强度辅导系统，虽然能取得令人印象深刻的成绩，但费用却高得令人望而却步。"自适应"或"个性化"的学习系统有望解决这个问题，它能为每个学生量身定制教学内容，但成本远远低于真人一对一辅导。[14]

或者以传统课堂方法的另一个特征举例，传统教室或授课礼堂只能容纳数量有限的人，过多人挤在一起就会影响舒适度。相比之下，线上教学对学生数量没有限制，即没有经济学家所说的"拥堵效应"。例如，由著名的斯坦福大学计算机科学家塞巴斯蒂安·特伦教授的计算机科学课程，学生数量超过 31.4 万。[15] 在线教育的规模效应也很显著：无论是 100 人还是 10 万人观看，在线授课的成本几乎相同，随着使用线上教学的学生数量的增加，分摊到每名学生的成本随之降低，这种财务状况令人满意。[16]

这些"大规模开放式在线课程"，或称作 MOOC，在大约 10 年前首次出现时，就受到了热烈欢迎。自那时以来，人们清楚地认识到，尽管这类课程会有很多人报名，但真正完成课程的人很少，完成率通常低到只有个位数。[17] 然而我们不应该这么快就否定这一教学方式，因为尽管完成率可能很低，但入学人数很多，一个异常庞大的数字乘以一个很小的百分比，通常也能得到一个庞大的数字：例如，尽管许多学生半途而废（每年约有 1 200 名美国人入学，约 60% 的人能完成学业），但佐治亚理工学院计算机科学在线硕士课程依然仅凭一己之力，使美国拥有该学位的人数每年增加了约 7%。[18] 此外，尽管一些选修 MOOC 的学生无法将自己最初的热情保持到最后，但这些学生的存在表明，目前存在巨大的教育需求，这些需求是我们的传统教育机构所不能满足的。这种需求也可能来自非常有才华的人。塞巴斯蒂安·特伦在给 200 名斯坦福大学的学生讲授了计算机科学课程后，又给 16 万非斯坦福大学的学生在线讲授了这门课程，在全部学生的排名中斯坦福大学最好的学生成绩排名只在第 413 位。"我的天哪！"特伦在看到这一结果时惊呼，"每有一个出色的斯坦福大学学生，世界上其他地方就有 412 个同样出色，甚至更好的学生。"[19]

何时教授：一生中持续学习

为适应能力越来越强的机器，我们必须要做的第三个改变是教育的频率。如今，许多人视接受教育为人生之初就要做的事：人们花时间积累人力资本，然后随着年龄的增长，再将人力资本转化为生产率。按照这种观点，教育是人们为"现实生活"做准备的方式，是在认真开始真正的生活之前要做的准备。

我也一直被灌输这种观念。在唐宁街 10 号工作一段时间后，我回到学术界继续深造。一般在饭桌上被问到做什么工作时，我会回答："我正在攻读经济学博士学位。"这时，谈话者总会面露尴尬，后悔将对话引入死胡同，挤出一个苦涩的微笑说："啊，一个终身学生。"这种回应体现了一种传统观念：在一定年龄之后，继续接受教育不再被认为是生产率的标志，而是懒惰和轻率的标志。

未来几年，这种态度需要被改变。人们将不得不适应在一生中持续接受教育。之所以如此，一方面是因为技术进步将迫使我们承担新角色，我们将需要为此进行培训；另一方面，还因为现在几乎不可能准确预测出我们要承担的角色是什么。从这种意义上讲，终身学习是一种自我保护，确保我们能应对未来的世界对我们提出的未知要求。

在某些地方，这种想法已经根深蒂固。在丹麦、芬兰和挪威这些北欧国家中，这种想法非常普遍。新加坡还向所有 25 岁以上的公民提供价值约 370 美元的一次性信贷，用于再培训，并定期提高额度以保持收支平衡。考虑到挑战的严峻性，这是一个相对保守的数额，但显然总比没有好。[20]

对教育价值的怀疑

如果我们能够对教学内容、教学方式和教学时间做出相应调整，教育将是当前对抗科技性失业的最强堡垒。然而，过去几年，教育价值怀疑论不断涌现，尤其是对目前高等教育教学内容相关性的怀疑。仅有 16% 的美国人认为四年的大学教育能让学生为高薪工作做好"充分"准备，[21] 在某种程度上，这可能是由当今许多最成功的企业家从高等教育机构辍学引起的。高等教育肄业人员名单惊人：谢尔盖·布林和拉里·佩奇从斯坦福大学退学；埃隆·马斯克的做法类似；比尔·盖茨和马克·扎克伯格从哈佛大学退学；史蒂夫·乔布斯从里德学院退学；迈克尔·戴尔自得克萨斯大学退学；特拉维斯·卡兰尼克自加利福尼亚大学洛杉矶分校退学；伊万·威廉姆斯和杰克·多西分别从内布拉斯加大学和纽约大学退学；拉里·埃里森从伊利诺伊大学和芝加哥大学退学；多宝箱的联合创始人阿拉什·费尔多西从麻省理工学院退学；声田的联合创始人丹尼尔·埃克从皇家理工学院退学。[22]

此列表还有很长。尽管这些企业家退学的原因各不相同，但后来却都有着相同的发展轨迹：退出学校、迈入劳动力大军的高层。这让人忍不住将他们视作例外情况。当然，并非所有退学的人都成立了成功的大型科技公司，而且教育的重点也不一定是将每一个人都培养成大型科技公司的创始人。但是在那些成功创办科技公司的人中，辍学者并不罕见，这种态势值得我们好好反思一下。

除了这份充满传奇色彩的名单的冲击之外，还有更多深层次的争论，争论为什么对"更多的教育"的信仰可能变得不合时宜了。企业家彼得·蒂尔的观点最具挑衅性，他声称高等教育是一个"泡沫"，认为高等教育"价格过高"，上大学的收获"不值这个钱"，人们上大学"仅仅是因为每个人都在这样做"。蒂尔并不否认我们之前提到的观点：受过良好教育的人往往平均收入更高。但他之所以表示怀疑，是因为我们从未看到反事实：假如这些学生没有接受过他们所受到的教育，结果会怎样，这些学生会如何做。他的直觉是，大部分人的收入会同样多，而大学"只是善于发现人才，并没有给人才增加价值"。蒂尔现在向那些选择"不上大学或从大学退学"创办公司的年轻学生提供 10 万美元的赠款。[23] 管理赠款的蒂尔基金会指出，其接受者已经建立了 60 家公司，总价值超过 11 亿美元。不过，基金会没有提及、我们也从来没有看到过他们的反事实：如果没有基金的资助，那些企业家会怎么样。

蒂尔抱怨说："大学是否仅仅挑选了一些无论如何都做得很好的有才能的人，这一问题并没有得到认真研究。"[24] 然而，实际上，许多经济学家一生花了很多时间专门思考这个问题。该问题热门到有一个专门的名字，叫作"能力偏差"，是计量经济学中"遗漏变量偏差"的一种特殊情况。（在这种情况下，被遗漏的变量是一个人的先天能力：如果能力较高的人本来就比其他人更有可能上大学，那么将他们在经济方面的成功仅仅归功于教育，就会遗漏掉很多其他方面的因素。）针对这种遗漏偏差，经济学家已经开发出专门的技术工具箱，与蒂尔的观点相反，他们的看法是，即使考虑到能力偏差，大学似乎仍然会产生积极的影响。有才能的人在任何情况下都可能比其他人赚得更多，但是接受教育可以使他们赚得比不受教育的人更多。

不过，高等教育如何帮助人们赚更多钱呢？包括几位诺贝尔经济学奖获得者在内的有影响力的经济学家认为，大学教育让人们赚得更多其实与教授了学生新技能或使其变成更多产的工人的关系不大，相反，这些经济学家认为，大部分教育都是一种被称为"信号传递"的浪费现象。根据这种观点，教育之所以能大大提高人们的收入，不是因为教育增强了人们的能力，而仅仅是因为教育的完成难度——只有那些在入学之前已经具备强大能力的人才能毕业。因此，就像孔雀通过华美的尾巴羽毛向潜在配偶展示自己的勃勃生机一样，学生可以通过所拥有的高级学历向潜在的雇主传达他的能力。许多人认为，教育的经济报酬中高达 80% 的部分实际上来自这种筛选能力。[25] 按照这种观点，教育真的几乎与教授新技能没有任何关系。

因此，蒂尔的怀疑很重要，即便他的某些抱怨有些夸张。更具重大意义的是，他敢于批判我们的教育体系。我们倾向于将我们的学校、大学、学院和培训中心神圣化，一旦对它们的经济实用性提出质疑就会引起强烈的反应，有的人会皱眉表示反感，也有很多人会表示强烈愤慨。拉里·萨默斯曾毫不留情地将蒂尔向不上大学的年轻学生提供的 10 万美元赠款描述为 "10 年来慈善事业中最误导人的一笔"[26]。然而，在思考未来时，任何机构，不管它们多么受人崇敬和尊重，都不应逃避严格的审查，我们的教育机构也是如此。

教育的局限性

除了当前对高等教育的价值和实用性产生怀疑之外，我们将"更多的教育"作为科技性失业的缓兵之计，可能还会面临另外两个问题。当然，教育的目的不仅仅是让人们能找到高薪的工作，教育还有其他目的，我们将在后面的章节讨论这些非经济问题。不过，在这里，我只想专注于教育的一个作用，即作为自动化带来的经济威胁的应对之策，并关注其在这方面的局限性。

1. 不可企及的技能

如今，当人们提议以"更多的教育"来应对自动化的威胁时，并没有充分考虑实现这一目标有多么困难。新技能被当作来自天堂的甘露，源源不断地从天上掉下来，供应充足，需要这些技能的人不费吹灰之力就可以掌握。但是教育不是这样的，教育是很难的。[27] 当工人因机器的使用而失业，而又出现了需要不同技能的新工作时，如果失业工人可以迅速习得新技能，则一切都会正常运转。但这也只是说说而已，实际上根本不是这样。再培训的困难正是导致摩擦性技术失业的原因之一：即使有工作需要人去做，但是如果没有掌握所需技能的人，这些工作也只能是可望而不可即的。这是教育的第一个局限性：对于许多人来说，某些技能可能根本无法企及。

原因之一是自然差异。人类天生具有不同的才能和能力。有些人心灵手巧，有些人才思敏捷，有些人则善解人意。这些差异意味着某些人不可避免地会比另一些人更容易学习新事物。随着机器能力的日渐提高，人们可以做的事情越来越少，我们不能想当然地觉得每个人都一定能够学会做剩余的工作。

技能可能无法被习得的另一个原因是，学习新事物会耗费时间和精力。我们一生的大部分时间都花在努力完善我们所拥有的才能和能力上，就像油轮一样，放慢速度、改变航向并不容易。例如，每当我在伦敦乘出租车时，都会对司机感到敬畏：他们每个人都花了数年的时间来记住伦敦的每条街道——全部的 2.5 万条街道。这些出租车司机，打造了街头智慧传奇，被称为"活知识"。我担心他们在无人驾驶汽车时代的前景，不禁去想，如果他们将非凡的记忆力用在记症状、疾病，或是法规、法庭案件，而不是记目的地和路线；如果他们成了医生或律师，不知道他们还会不会有此担心？不过，对于年长的司机而言，像这样的 U 形转型很可能只是个幻想。而且，即使有可能成真，对他们来说也没有经济意义。在年轻时花钱接受培训与老了之后再培训不同，年轻时，尚有数十年的潜在收入可以补偿当年的培训花费，但是如果培训负担仅由劳动者承担，年纪大的人剩余的工作年限短暂，可能根本不够用来弥补培训花费。

认为人类有无限可塑性，完全有能力学习我们所需掌握的一切，是一种很美好的想法。你可能会争辩说，教育的困难并不是逃避它的理由，毕竟，肯尼迪总统不是说过我们做重要的事情"不是因为它们容易做，而正是因为它们做起来很难"吗？[28] 肯尼迪这一评论的主旨可能是对的，但是，我们必须既要仰望星空又要脚踏实地，做到让现实主义与理想主义并济。如果事实证明"很难"意味着完全不可能，那么关于再教育和再培训的鼓舞人心的振臂高呼就无济于事。

作为国际成人能力评估项目（PIAAC）的一部分，经济合作与发展组织最近对全球成年人的读写能力、算术能力和问题解决能力进行了调查，结果让人十分震惊。调查报告指出："在 PIAAC 的三个技能领域，没有任何一个教育系统可以使绝大多数成年人表现得比计算机再现的水平更高……尽管某些教育系统比其他教育系统做得更好，但这些差距还不足以帮助大多数人在 PIAAC 的技能领域超过计算机。"[29] 因此，即使是现今最好的教育系统，也无法为多数劳动者提供与现在的机器竞争所需的读写能力、算术能力和问题解决能力，更不用说是与将来能力更强大的机器竞争了。调查结果显示，目前，在每天使用这些技能的劳动者中，只有 13% 的人的熟练程度明显高于计算机。[30]

这样的言论似乎显得冷酷无情，强调人与人之间的能力差异，令人感觉是在制造分裂，而认为教育不一定适合所有人的想法似乎具有蔑视意味。而且，这两者似乎都带有令人不悦的潜台词，即把人进行了分等，认为某些人比其他人"好"或者"差"。历史学家尤瓦尔·赫拉利在他的《未来简史》一书中指出，技术进步趋势将促使一类"经济上无用的人"崛起。当他在与赫赫有名的心理学家丹·艾瑞里进行的一次访谈中提出这一观点时，后者恼怒地脱口而出："不要称他们为无用的！"[31]

然而，赫拉利的观点与艾瑞里的同情本能并不矛盾。赫拉利公正地争辩道，有些人可能不再具有经济价值：其人力资本无法再被用于生产性活动，也无法通过再教育获得其他有用的技能，他并非声称这些人作为人类最终将毫无价值。我们经常将经济价值和作为人的价值混为一谈，这表明我们所做的工作（或在他人眼里我们在做的工作）有多么重要。我将在本书的最后对这种价值的混杂做进一步探讨，届时我们将思考在一个工作岗位稀缺的世界如何寻求生命的意义。

2. 需求不足

除了对所有人进行再培训非常困难之外，以"更多的教育"作为科技性失业的解决方案还面临第二个困难，该方案充其量只能解决一小部分问题，即人们缺乏从事空缺职位所需的技能。但是，正如我们所看到的，我们面临的威胁是多方面的，远不止于此。摩擦性技术失业不仅是由劳动者的技能不匹配造成的，还可能是身份错配和地理区域错配的产物。（如果失业工人因为空缺职位不符合他们想要打造的人设，或者他们无法搬去有新工作的地方，而不愿接受这份工作，那么教育根本无济于事。）更重要的是，只利用教育去解决结构性技术失业问题也是不够的。如果人们经过培训去做的工作本身需求就不足，那么即便是世界一流的教育也用处不大。

这并不是说教育对解决结构性技术失业问题毫无帮助。正如新技术可以通过提高人们的工作效率增加对人类工作的需求一样，教育也可以。例如，如果医生或律师由于接受了更好的培训而变得更加高效，那么他们就可以通过降价或提供更优质的服务，吸引更大的客户群。因此，一种希望是，如果结构性技术失业问题是由对人类工作的需求不足引起的，那么教育可以提高人们从事尚需人类去做的工作的技能，进而提振这一需求。

但是，随着时间的流逝，以这种方式起作用的教育的负担将越来越重。随着技术进步导致劳动力需求的萎缩，教育将不得不持续创造越来越多的需求以弥补这一缺口。但这种情况不太可能无限期持续，如前所述，我们已经接近劳动者技能水平的平台期，教育对提高人类生产率的有效性已达上限。

而且，在未来，机器的效率不存在与人类类似的极限。如我们所见，机器的运转方式与人类不同，没有理由认为我们的能力必须代表机器能力的巅峰。今天，对工作的未来感兴趣的人花了大量时间思索机器的能力范围，推测工程技术的极限。但是，我们很少用同样的批判性思维看待自己，很少询问我们自己的能力极限以及教育的局限性。我的感觉是，人类的极限可能比我们想象的要近得多。

我们需要一个新机构取代劳动力市场

当我开始着手关于未来的研究和写作时，我关注的重点是"工作"。我想知道技术进步对目前的工薪阶层意味着什么，想知道技术进步如何影响从会计师到瓦工、从老师到遛狗师、从律师到园丁的每一个人。在他们身上到底会发生什么？目前为止书中所写的，是我得出的一个很不情愿看到的结论，我们正在迈向一个需要人类去做的工作越来越少的世界，这是一个逃不掉的结局。科技性失业的威胁是真实的。更令人不安的是，随着时间的推移，传统的"更多的教育"这一应对之策可能越来越无效。当我得出这一结论时，我们面临的挑战似乎更明晰了，即要提出不同的应对措施——一项即使在工作岗位稀缺的世界也能有效的措施。

然而，当我开始设想这样的举措是什么时，我意识到只关注工作的未来太过狭隘。我发现自己在另一问题上苦苦挣扎，即上一章中提出的那个更基本的问题：我们应该如何分享经济繁荣？

正如我们所看到的，今天，大部分人是通过工作分享经济繁荣。几乎每一个人都有一套才能和技术，带着他们的人力资本，进入工作的世界谋职。这些工作以工资的形式为劳动者提供经济蛋糕的一份作为回报。这就是如今我们认为工作如此重要，以及获得足够的教育以确保有工作可做的想法如此诱人的原因。但这也是工作岗位稀缺的世界令人惶恐的原因：它将使传统的经济蛋糕分配机制不再可行，大大降低了"更多的教育"这一人们熟悉的应对措施的有效性。

因此，正确应对科技性失业意味着要找到新的答案，一种完全不依靠工作或劳动力市场的新答案，以解决我们如何分享经济繁荣的问题。为了解决将来的分配问题，我们需要一个新机构取代劳动力市场，我称该机构为"大政府"。

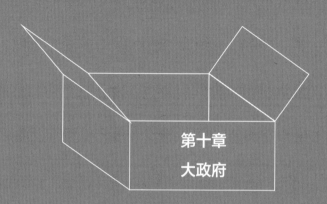

第十章

大政府

20 世纪最大的经济争论是，经济活动中的多少应该由国家主导，多少应该留给个人主导，让个人自由地在市场上进行交易。这是一个深刻的思想冲突，一场激烈的意识形态交锋，一边是中央计划，一边是自由市场，两种经济生活组织方式差异显著。弗里德里希·哈耶克——也许是最著名的市场拥护者——认为，计划是"通往奴役之路"，这条路不仅引向经济灾难，也通往集权主义和暴民政治。然而也有一些人的想法截然不同，诸如哈耶克的学生阿巴·勒纳，他背弃了哈耶克的思想，写了《计划经济学》一书，该书被其传记作者称为"中央计划者的用户手册"[1]。

　　分歧导致了世界分裂。美国及其盟国认为自由市场是必经之路，苏联及其盟国强烈反对这一观点。有时，中央计划会占据上风。1960 年，美国政府对 10 个国家进行了调查，发现其中 9 个国家的大多数人认为，10 年后苏联人将在科学和军事领域取得领先。随着时间的推进，苏联的统计数字描绘了令人震惊的经济表现。接着是 1961 年的美国"大羞辱"，当年苏联宇航员尤里·加加林成为第一个进入太空的地球人，在太空中俯瞰地球宣示着他的成功，似乎在嘲笑下方的西方世界。但是随着时间继续推移，中央计划和自由市场之间的差距逐渐拉大，一开始是裂缝，后来演变成深渊。现在我们知道，苏联的统计数据与其说是经过调整的，不如说是随意捏造出的讨人喜欢的数字。20 世纪 80 年代后期，一位名叫格里戈里·哈宁的苏联经济学家重新计算了本国的经济增长统计数据，并在本国公开发表反对意见。尽管苏联宣称 1985 年的经济产出是 1928 年的 84 倍以上，但哈宁发现实际仅为 7 倍左右，[2] 几年之后，苏联便解体了。

鉴于这段历史背景，呼吁大政府解决未来的分配问题似乎很奇怪。这种做法看来不仅是力挺自由市场和中央计划之间的古老竞争，而且是在支持中央计划这一当年竞争中的失败者。难道 20 世纪发生的事情不能证明中央计划是错误的吗？确实如此。在做大经济蛋糕一事上，一群聪明人坐在政府办公室里，企图按照蓝图来协调所有公民的经济活动，这样的运转方式根本无法与自由市场的生产方式竞争，20 世纪已经给出了十分令人信服的证据。但是，在呼吁大政府时——我的意思并不是 20 世纪出现的大政府，我所说的大政府并不负责做大蛋糕——计划者已经尝试过这样的努力了，也失败了，现在我们要确保每一个人都能分得一块经济蛋糕，也就是说，大政府扮演的角色不是在生产领域，而是在分配领域。

在工作岗位稀缺的世界，如果只靠自由市场自身的力量，尤其是在劳动力市场这一领域，市场将无法继续发挥分配作用。[3] 正如我们所看到的，通往工作岗位稀缺世界的旅程，其特征就是不平等程度巨大且愈演愈烈。在处理这类重大经济失衡问题上，我们之前的经历不尽如人意。过去，此类巨大的不平等现象仅在极少数情况下才得以减少，而且都是通过世界末日一样的大灾难减少的。例如，在欧洲，最近两次由不平等导致的大幅下降，一次是由 14 世纪的黑死病（鼠疫）大流行引起的，另一次则是由 20 世纪两次世界大战的杀戮和破坏造成的。这两个事件都让人感到不适。[4]

因此，这就是政府必须要做大的理由。如果我们想找到一种比过去灾难性更小的路径来缩小不平等差距，那么，显然像政府之前尝试采取的那些修修补补的举措是不够的。解决即将出现的不平等问题的唯一方法是主动出击，与其正面交锋。

福利型政府

今天，在世界上大多数发达地区，除了劳动力市场之外，还有一些机构旨在为没有可靠收入或没有足够收入的人提供支持。当然，此类机构的机制设计、成熟度、慷慨度在不同国家之间有所不同，但是它们运作的理念是一致的，都借鉴了社会有义务帮助不幸人群这一历经百年的观点。有一种说法是，这种观点始于一位叫胡安·比维斯的年轻西班牙人和他在 1526 年出版的《论对穷人的支持》一书。

当时，这个想法极具争议，比维斯甚至不愿意在给朋友的信中写下这个标题，因为他担心信"会落入错误的人手中"。[5] 在一段时间内，穷苦大众只能仰赖富人的慈善施舍和志愿者在空闲时间的照拂。但是，地方当局逐渐开始做出回应，向乞丐和流浪汉提供帮助或工作机会。

进入 20 世纪，这些福利机构的慷慨程度和复杂程度都提高了。各国开始提供失业保险、工伤保险、医疗保险和养老金，不管出于什么原因，人们只要失业就没有了收入，上述各种保险都是为了抵消失业后的收入缺失。[6]特别是在英国，1942 年时形势发生了重大改变，改变源于经济学家威廉·贝弗里奇撰写的一份名为《社会保险和联合服务》的政府报告。尽管标题枯燥，但这份以"贝弗里奇报告"为名而广为人知的报告书依然颇具影响力且广受好评。民意调查结果显示，当时所有社会阶层的大多数人都支持贝弗里奇关于国家应提供更多援助的呼吁。该报告的副本在军队中传阅并落入敌人后方，在希特勒的最后一个藏身之处还找到了由其仔细批注过的报告。[7]

自"贝弗里奇报告"发表以来，人们还提出了许多其他建议，以确保社会中的每一个人都有足够的收入。有些建议还停留在理论层面，另一些则已成为实际政策。大多数情况下，这些计划往往依附于劳动力市场，试图通过给低薪劳工提供工资补贴或一开始就让更多的人去工作以增加人们的收入。[8]例如，"工作税收抵免"或"收入所得税抵免"就是为了向那些虽有工作，但收入低于一定数额的人提供税收抵消（因此这些抵免是通过工作"赚"到的）。过去几年，经济合作与发展组织中的大多数成员国都推出了类似的计划。解决收入不足问题的另一个方法是直接的工资补贴：政府不再在税收抵免上做文章，而是为低薪劳工提供直接补贴以增加其收入。这些政策以各种方式试图做到"劳有所获"或者试图让"找工作者有所得"，后者是针对失业救济的情况，领取失业救济金一般都要求领取人正在找工作。

既然在世界范围内，此类提高收入的机构已在运转，干预措施也已经实施，为什么我们不能只关注于这类机构和措施的改善和扩大？为什么不能简单地增加部分资金，做出些调整？为什么我们还需要一个大政府？这是因为，几乎所有此类制度的设计，都建立在一个前提之上，即就业是常态，而失业只是一个临时的例外。然而，当工作岗位稀缺的世界来临，就业将不再是常态，失业也将不再是临时的例外。

再次以"贝弗里奇报告"为例，劳动力市场是贝弗里奇改善英国社会计划的核心。有工作的人向集体资金池缴纳保费，以支持无法工作的人（可能是病人或老年人），以及那些能够工作但暂时找不到工作的人。

失业人员可以从资金池中领取救济金，但前提是他们在领取救助期间，必须做好接受新工作培训的准备。今天，像这样的系统通常被称为社会保险网络，但其实它们的作用却更像蹦床，帮助人们在跌倒后弹起，重返工作岗位。然而，如果出现科技性失业，这种体系将分崩离析，因为如果工作岗位减少将很难实现反弹，那时，人们一旦失业将很难再找到工作。"蹦床"将在所有希望得到支持的人的重压下越绷越紧，吱吱作响。[9]

"贝弗里奇报告"谈到要消除社会的五大"恶魔"——匮乏、疾病、无知、潦倒和失业，这使它读起来并不像是普通的政府政策文件。该报告言辞激烈、斗志昂扬，号召读者拿起武器（和救济）走向前线，"世界历史上的革命时刻是革命的时代，不是修修补补的时代"[10]。今天，我们也在迈向一个相似的时刻。事实上，我们面临的挑战可能更大。贝弗里奇所处的年代，尽管问题严重，但还只限于社会的某些阶层，特别是穷苦阶层。但是，正如我们所见，科技性失业问题不太可能像那时一样被区别对待，它将深入劳动力市场的多个角落。我们的直觉是不应再修补和调整我们所继承的体系，相反，应该像贝弗里奇所做的那样，必须解放思想，摆脱旧观念的束缚，而且要比贝弗里奇的做法更为大胆。

本着这种精神，大政府必须扮演两个主要角色：一是将来必须对成功保留了珍贵资本和高额收入的人课以重税，二是必须想出与没有资本和收入的人分享征税所得的最有效方法。

税收将成为解决分配问题的关键机制

如今，税收话题并不引人兴奋，人们谈论税收的热情几乎和缴纳税收的热情一样低。但在一个工作岗位稀缺的世界，税收将成为解决分配问题的关键机制。大政府将不得不对收入征税，并将其与其他社会成员分享。

那么，第一个问题便是对谁征税或对什么征税。简单地回答，就是收入在哪，就在哪征税。先前关于经济不平等趋势的讨论已经为资金的来源指明了方向：与传统资本所有者相比，劳动者分得的经济蛋糕越来越少。而且，正如我们所见，劳动者和传统资本内部的分配不平等现象也越来越严重，其中传统资本分配不平等问题尤为严重。

随着工作岗位稀缺世界的临近，这些趋势在不同地区的演变速度可能不同。大政府在分辨收入在哪里聚集和积累时，需保持思维敏捷。鉴于目前的趋势，需要密切关注三个地方。

1. 对劳工征税

首先，大政府未来需要向人力资本价值随技术进步而增加的劳工征税。如我们所见，不会有一个与"大爆炸"一样的时刻，导致所有人在一瞬间都没有工作可做。科技性失业的影响很可能时断时续且很不均衡。同样重要的是，有些人能躲开岗位蚕食的有害影响，即使其他人失去工作，这些人的工作仍会持续多年蒸蒸日上。新技术将继续发挥互补力，与这些劳工的付出相辅相成，而不是替代他们。拿未来的软件开发人员举例，他们的生产效率将大大提高，因为有越来越强大的系统供他们使用，与此同时，他们将成为劳动力市场上的香饽饽，因为市场对其技能有旺盛的需求。还有一些人的收入也可能会提高，例如我们之前讲到的"超级经理"。这两类成功的劳工都将缴纳比现在更多的税。经济理论表明，即使在今天，针对成功劳工的最佳税率也应该高达 70%，这与目前的真实税率相去甚远。[11]

2. 对资本征税

其次，大政府将需向传统资本所有者征税。鉴于前文讲到的新技术将提高传统资本所有者的经济份额，向资本征税似乎是理所当然的。但政策制定者仍然可能会面临重重困难，而政治并非唯一原因。挑战之一来自理论界：根据当今最流行的经济学模型，最佳资本税率应该为零。不同的模型对零税率的解释略有不同，一种说法认为，资本税会造成扭曲，且扭曲会随时间的推移出现爆炸式增长，因此应避免向资本征税。另一种观点实质上讲的是，既然对劳工征税总是有效的，何必还要对资本征税呢？[12] 尽管经济学家知道这些模型有局限性，但是"如果要对传统资本征税就应该从接近零税率起征"的想法，还是成功地在经济学界蔓延开来。托马斯·皮凯蒂和伊曼纽尔·塞斯精妙地讲道："资本税率应为零的结论仍然是经济学教学和政策讨论时的重要参考。"[13] 这种偏见必须予以纠正。

一个更实际的困难是，对传统资本征税的想法非常含混不清，远不及对劳工征税清晰。最近，公众的讨论转向了所谓的机器人税。比尔·盖茨对此负有部分责任，他对此事的看法引起了轰动。在最近的一次采访中，他讲道："现在，在一家工厂里劳工可能完成了价值 5 万美元的工作，这部分收入已经被征税。如果说机器人来了，做了同样价值的工作，我们应向机器人征收类似水平的税。"[14]

在盖茨之前，其他人也提出过机器人税。例如，早在 20 世纪 80 年代初期，在上一轮自动化焦虑高涨期间，《华盛顿邮报》的一名记者"在一个灰蒙蒙的星期天下午"，深入"汽车制造国生病的心脏"，来到了汽车工人工会大厅。工会主席站出来宣布，"高科技和机器人会淘汰掉这个房间里的每一个人，一个也不剩"。随着各种专家站起来解释"机器人如何将他们变成过时的蓝领工人，汽车工人刚开始还很困惑，随后就气愤起来"[15]。作为回应，机械师工会起草了《工人技术权利法案》，在其中提出诸多要求，其中一条就是呼吁征收机器人税。他们写道：失业将"降低地方政府、州政府和联邦政府的收入"，需要机器人税这一"替代税收"弥补收入缺口。[16]

可以肯定的是，对机器人征税的想法有很多问题。其中之一是，按机器人收税的想法过于简单，言下之意是我们可以像按人头征税一样数一下有多少机器人。即便是在盖茨讲到的简单工厂的情景下，也很难搞明白如何对机器人进行普查，到底应该对什么进行征税。另一个难点是，如我们所知，机器不仅可以代替人工，而且还可以补充人工。由于很难分辨这些影响，我们如何能够确保对机器人征税仅惩罚了有害的机器人，而没有波及有用的机器人？也许最重要的是，我们必须铭记，技术进步（机器人正是其中一部分）是经济增长的源泉，是做大经济蛋糕的初始动力。这也就是为何拉里·萨默斯称机器人税为"反对进步的保护主义"[17]。机器人税可能意味着更少的机器人，更多的工人，但也可能意味着更小的经济蛋糕。

上述每一个批判都有分量，不过，将所有批判放在一起也只涉及"机器人税"含义中很狭隘的一部分。传统资本所有者拥有的有价资本越来越多,征收机器人税的观点只是代表人们意识到了需要对传统资本所有者的收入征税,如果我们以这种更广阔的视角看待"机器人税",那这种观点就是正确的。关于细节和范围的争论不会影响基本观点:在工作岗位稀缺的世界解决分配问题需要大政府紧盯收入来源,无论收入来自何处。[18] 在劳动年代,大多数人的收入以工资形式获得,因而人力资本一直是最重要的收入来源。但是,在一个工作岗位稀缺的世界,传统资本的重要性将被大大提高。

对传统资本征税的关键是要弄清资本的所在地和实际持有人。目前,人们通常不清楚资本的所在地。自 20 世纪 70 年代以来,家庭持有的离岸财富——通常在避税天堂——数量激增。如今,离岸财富约占全球 GDP 的 10%,而且,如图 10.1 所示,各个国家和地区之间存在很大差异。[19] 追踪传统资本的所有者也不容易。除瑞士之外,没有其他大型金融中心会公布银行所持有的境外财富的详细统计数据。多数掌握这些资本的人并不愿意将其为人所知。[20]

遗产税也越来越重要。在所有税种中,这种外号为"死亡税"的税种最不受欢迎。父母强烈认为他们愿意留给孩子什么就留给孩子什么,孩子则强烈认为他们有不受约束地从父母那里继承遗产的权利。[21] 因此,多数地方实际上正在降低遗产税的税率:在经济合作与发展组织成员国中,遗产税在政府收入中的占比自 20 世纪 60 年代以来下降了 3/5,从超过 1% 下降到 0.5% 以下。有些国家甚至完全废除了遗产税。[22] 尽管事实证明继承财富是不平等的重要驱动力,也是有些人会富甲一方的重要原因。过去 15 年,在北美的亿万富翁中,财富是由继承而来的人数增长了 50%,在欧洲,这一数字更是翻了一倍。[23]

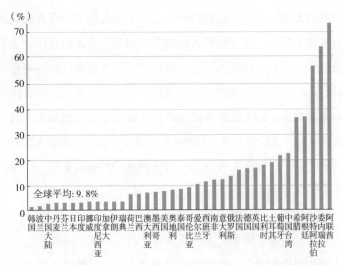

图 10.1　2007 年各个国家和地区离岸财富占 GDP 的百分比 [24]

在劳动年代，我们甘于对继承的人力资本征税：当我们对工资和津贴征税时，其实是间接地对与生俱来的才能征税，同时也对后天获得的才能征税。随着我们逐渐迈向一个工作岗位稀缺的世界，我们也要适应对继承来的传统资本征税。

3. 对大公司征税

最后，与此相关的是，大政府还须向大公司征税。在探讨不平等趋势时，我们发现越来越多的行业正由越来越少的公司主导。这一点很重要，因为这些超级巨星公司对劳动收入份额的下降负有部分责任。而且，这种主导性不仅导致了用工数量的减少，还带来了利润的增加。[25] 当我们朝着工作岗位稀缺的世界迈进时，我们也需要确保对它们的利润适当征税。

实践证明，向大公司征税困难重重。过去几年，许多大型公司，尤其是科技公司，都成功地将税收降到了最低。巨大的经济实力似乎常常伴随着巨大的责任缺失。例如，2014 年，苹果公司在欧洲几乎没有交税。通过各种各样的税收筹划，苹果得以实现只有 0.005% 的实际有效税率，即每赚取 100 万美元，缴纳的税额只有可怜的 50 美元。这是什么概念呢？对比一下，在爱尔兰（苹果公司税收缴纳地），收入最低的公民缴纳的税率都是该税率的 4 000 倍。[26] 过去几十年，美国公司向政府缴纳的有效税率持续降低，尽管名义税率（法律规定的利率）自 20 世纪 90 年代以来一直保持稳定。研究这一趋势的重要学者加布里埃尔·祖克曼估计，1998—2013 年，企业向美国政府支付的有效税率下降了 10%，其中约 2/3 的下降是由于避税政策的增加（见图 10.2）。避税天堂再次在这一状况的形成中发挥了重要作用：自 1984 年以来，在荷兰、卢森堡、爱尔兰、百慕大、新加坡和瑞士等地报告的美国公司利润份额增长了超过 8 倍。[27]

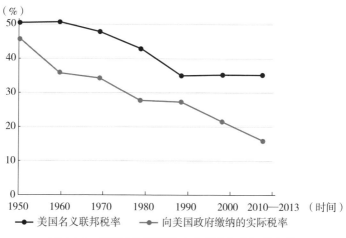

图 10.2　美国公司利润的名义税率和实际税率 [28]

大型公司避税通常不会违反有关公司税的法律条文，但是常常会违背法律精神。（有时两者都违反：欧盟委员会认定苹果公司在爱尔兰的减税违反了国际法规，并向苹果公司开出了131亿欧元的罚单。[29]）换句话说，公司避税行为激起公愤不是因为它是非法的，而是因为这种行为不道德。[30]高利润企业依靠法律漏洞和技术手段避免缴纳合理的税率，被视为背叛了人们对这些公司的信任。

这并不意味着人们应该为纳税感到高兴，并非每个人都必须有美国伟大的法学家奥利弗·温德尔·霍姆斯那样的热情，他曾经说过："我喜欢纳税。我通过缴税购买了文明。"[31]但是，这意味着有必要使公司税的法律条文与法律精神相契合。换句话说，我们需要更严格的立法，迫使大公司缴纳其应缴的税额。

下一个挑战将是确保此类新法规被执行。一方面，这需要比我们如今看到的更大的政治意愿和勇气。举例说明，过去25年，美国国税局提起的针对潜在税务作弊的刑事案件数量与人口规模之比下降了75%。[32]另一方面，这还要求有更高素质的官员和监管者，或者说，至少要有与被监管公司一样有能力的官员和监管者。多数大公司一般会让其税务专家设计机智的新举措，寻找新漏洞，规避对其施加的一切管理规定。另外还有一个问题，即使监管机构确实追赶上了税务顾问的速度，这个国家得以执行更高的有效税率，但是公司可以简单地溜走，搬迁到税率较低的地方。许多企业都采取这种搬迁措施，而不是费心逃避更严格的税法。（当然，不仅大型公司如此，所有珍贵资本的拥有者都是如此。）因此，需要进行更好的国际合作，防止出现此类逃税性质的搬迁。

更大的政治意愿、更好的官员和监管者以及对税务机关之间的更多协调并不是新想法。迄今为止，它们也不是非常成功的想法。

那我们还能做什么呢？一个尚未被充分发掘的办法是，尝试重塑负责帮助公司处理税务事务的会计人员的行为。如今，会计师常常认为自己的职责是，通过一切必要的法律手段帮助客户减少税收。这是当前的职业文化，如果引入一项强制性的行为准则，要求会计师遵循税法精神，而不仅仅是税法条款，则这一职业文化也许可以朝着更好的方向发展。如今，类似准则已被应用于律师、医生和其他专业领域，并且相对地取得了成功，在准则中嵌入制裁措施，用于制裁忽视准则的专业人士。

会计师可能会表示反对，因为法律精神难以确定。的确如此，但是法律条文同样也可以模棱两可到令人难以置信。毕竟，会计师就是靠帮助人们操纵和利用税收体系中的不确定性来赚钱的。根据这一新的行为准则，他们的工作将转变为根据法律精神解决歧义，这将朝着结束如今蓬勃发展的避税行业迈进一步。

收入分享型政府

在大政府筹集了必要的税收后，接下来的问题将是如何分享才能使每个人都有足够的收入。在 20 世纪，如我们所知，这一问题的答案往往依赖于劳动力市场。税收用于提高收入最低的劳工的工资，用来为失业劳工提供支持，鼓励他们重返劳动力市场。但是，在一个工作岗位稀缺的世界，这些方法的有效性将大大低于过去。

这就是为什么那些为工作的未来担忧的人，对 UBI（全民基本收入）感到非常兴奋。该机制完全绕开了劳动力市场：政府向每个人——不管他们是否有工作——定期发放全民基本收入。支持 UBI 的不只是对自动化感到焦虑的人：这是一个罕见的让各政治派别都欣然接受的建议，持不同政见的各派在这方面的意见高度统一。保守派之所以喜欢 UBI，是因为它很简单，有望消除现有福利体系效率低下的复杂性；而自由主义者喜欢它，是因为它慷慨大方，有望彻底消除贫困。对我们而言，它最有意思的地方是对工作领域产生的影响。

尽管对 UBI 的热情出现得相对较晚，但这种想法本身并非如此。它最初是由美国的革命之父托马斯·潘恩提出的，他在 1796 年出版了有关 UBI 的小册子。潘恩在开篇中描述了当他听到主教说"上帝造人有富有穷"时异常恼怒，认为这是完全错误的。潘恩争论道，上帝并没有造成不平等，而是让所有人共享土地资源。然而，当潘恩环顾四周，发现实际上只有小部分地主享受到了这份资源。为了解决这个问题，他建议每年给每个人一定量的现金，以弥补他们的损失，这其实是一种 UBI。[33] 从那时起，这个想法就陆续以"领土红利""普遍利益""公民收入""公民工资""国家津贴""人口补助"等各种各样的形式出现（现在的首选名称"基本收入"出现在 20 世纪）。在此过程中，这个概念吸引了从伯特兰·罗素到马丁·路德·金等著名支持者。

对 UBI 的广泛支持掩盖了它的关键细节存在不确定性和分歧的事实。例如，应该以何种形式支付？ UBI 的支持者经常争辩说，现金支付是提议的"基本"部分，但实际上，还有其他合理的方法可以使人们更加富裕。[34] 例如，一种方法是免费向社会提供重要物资：政府实际上是替公民采购，而不是提供现金。在美国，已经有大约 4 000 万人在使用补充营养援助计划（或称"食品券"），每年免费获得价值约为 1 500 美元的基本营养物资。[35] 在英国，医疗保健和初等教育以及中学教育对每个需要的人都是免费的，价值约为每人每年数千英镑。[36] 这些举措加起来，就会形成某种形式的 UBI，而国家已经在为人们支付此类 UBI 了。

而且，如果收入的确以现金支付，应该有多少额度？UBI 的意思是保证"基本"，但是，"基本"是什么意思？一些经济学家认为，"基本"意味着最低额度，并不是很高。例如，约翰·肯尼思·加尔布雷思说，引入"实现体面和舒适必不可少的最低收入"是正确的做法。[37] 弗里德里希·哈耶克同样谈到"给每个人一定数额的最低收入"[38]。现在著名的 UBI 倡导者普遍同意这种观点。《贫穷的终结》的作者安妮·罗瑞针对这一问题提出，发的钱应"刚好够生存，不能多给"。《公平机会》的作者克里斯·休斯主张每月支付500 美元。[39] 但是，也有些人持不同观点。如今，UBI 的领衔学者菲利普·范·帕里斯希望利用 UBI 建立一个"真正自由"的社会，让人们不再受到收入的束缚。这个目标比加尔布雷思和哈耶克所设想的目标高得多，而且也昂贵得多。或者我们再来看托马斯·潘恩，他是最早提出这个想法的人。对他而言，UBI 无关加尔布雷思所说的减轻贫困，也无关哈耶克所说的提供保障，更无关范·帕里斯所说的实现自由，而是关于损失耕地的补偿。潘恩希望 UBI 足够给每个人"买一头牛和耕种几英亩土地所需的工具"，据说价值约为当时农场工人年收入的一半。[40] 那样的话，加起来又是相当大的一笔钱。

那么，基本收入到底有多"基本"，这在很大程度上取决于付款的目的。对于加尔布雷思和哈耶克来说，重点在于"最低"，因为他们对 UBI 的抱负相对较小。加尔布雷思设想的 UBI 是一个最低生活水平，任何人都不应低于该生活水平。哈耶克则建议，UBI 应确保人人有基本水平的经济保障，拥有"食物、住所和衣服"，这样才能保持身体健康，能够工作，还能做一点其他事。但是，如果我们在工作岗位稀缺的世界的假定下考虑基本收入，目标则很可能更接近范·帕里斯和潘恩的雄心勃勃的追求。在那样的世界，对于许多人来说，UBI 提供的收入不应只有像哈耶克或加尔布雷思想象的那种基本收入，还可以通过工作加以补充，应该假定他们的全部收入都将被终止。

关于基本收入的概念还有最后一个问题。领取基本收入需要满足哪些条件？大多数 UBI 的支持者都会回答，根据定义，应该不需要任何条件。但我认为，在一个工作岗位稀缺的世界，抛开这一假设至关重要。为应对科技性失业，我们将需要另一个概念，我称之为"有条件的基本收入"（简称 CBI）。

有条件的基本收入

那些认为 UBI 应该是"普世"的人往往会想到两件事：一是收入人人皆有，只要想要就可领取，二是发放收入不应对收款人有任何要求。我提议的 CBI 在这两个方面都与 UBI 不同，只有部分人有资格领取，而且领取时有明确的约束。

1. 准入政策

虽然 UBI 倡导者们提出基本收入应该人人可得，但他们中的大多数并不认为应该无条件地适用于所有人。对普世性的字面解释意味着，任何游客到一个有 UBI 的国家，都可以领取到 UBI，带着一个鼓起来的钱包直接回家。为了避免这种情况出现，大多数拥护者认为，UBI 应只能发放给本国公民。（这就是有时其被称为"公民收入"的原因。）通常来说，人们会将这种调整视为问题的终结，但实际上，这仅仅是个开始。一个基本问题仍未得到解答：谁能称自己为公民？谁生活在这个社会之中，谁又生活在这个社会之外？一个现实的问题是，在 UBI 的框架下，缺少准入政策。[41]

过去几十年，美洲原住民部落已经证明，团体准入政策的制定争议性有多强。在美洲原住民保留地的边界内，部落拥有一定程度的"部落主权"，这意味着他们可以管理自己的事务。[42] 保留地的经济生活一直非常艰苦：美洲原住民的贫困率在所有种族中最高（贫困率高达 26.2%，而全美平均水平为 14%），年轻人的自杀率是全国平均水平的 1.5 倍。[43] 为此，有些保留地利用自己的自主权开始经营赌博产业，建造赌场吸引外来者进入保留地赌博以促进当地经济的发展。如今，几乎一半的部落都在经营赌场，有些规模很小，有些则大到足以与拉斯韦加斯的壮观景象相媲美。这是一项年收入超过 300 亿美元的大生意。[44]

一些收入丰厚的成功部落制订了"收入分配计划"，在成员之间分享这笔收入。这些计划看起来很像 UBI：所有部落成员，通常无须付出努力，就能获得部分收入。收入数额可能非常庞大，每人每年多达数十万美元。但这就带来了问题：这笔丰厚的收入给接受者带来的巨大的经济诱惑，促使他们将其他成员赶出群体，以确保自己获得更多的收入。而这是美洲原住民身上正在发生的事情，一些长期生活在部落里的成员，被腐败的部落首领驱逐出了部落。

当我们进入一个工作岗位较稀缺的世界时，关于谁才算是社区成员的争论将会加剧。美洲原住民的经历表明，处理公民身份问题可能很麻烦。许多部落的本能反应是拉起吊桥——这种反应我们也在其他场合中看到过。以 2008 年的金融危机及其余波为例，随着经济生活变得艰难，许多国家对移民的态度也逐渐强硬：移民被认为"抢了我们的工作""削弱了我们的公共服务"。大家都有一种收窄群体界限的冲动，限制成员资格，收紧"我们"的含义。同样，对所谓的福利沙文主义——给更少的人更慷慨的福利——的支持也在增加。例如，在欧洲，一项调查发现，支持给"当地居民"再分配收入的人数增加了，同时强烈反对移民和新来者自动获得福利的人数也增加了。[45]

在劳动年代，尚有一个有说服力的经济效应驳斥这种排斥他人的本能：移民能通过劳动做大一国的经济蛋糕，因而，让更多的人进来不一定会挤压现有公民的份额，相反，人均能分到的收入反而增加了。但是，在工作岗位稀缺的世界，这种驳斥将不再具有说服力。新移民通过工作做贡献的机会将变得更少，而他们依靠他人的努力获得收入的可能性将变得更大。在这种环境下，新成员的加入实际上更有可能导致现有成员经济蛋糕份额的减少。到那时，将更难用过去的经济推理回应对外界的敌意。

简言之，在工作岗位稀缺的世界，我们绕不开谁属于这个社会、谁不属于这个社会的问题。CBI 将迫使我们直面问题，而不是试图通过 UBI 逃避问题。

2. 成员的资格要求

当 UBI 倡导者谈到支付具有"普适性"时，其第二层含义是对收款人没有任何要求。例如，不管有没有工作，不管有没有收入，都没有关系。没有"收入测试"或"工作测试"，也没有任何附加条件。换句话说，一旦一个人满足了准入政策，就不需要其他条件来维持其成员的资格。

这有时会使人产生困惑，因为它似乎暗示着 UBI 不仅适用于收入很低、确实需要 UBI 的人，而且适用于收入很高、根本不需要 UBI 的人。这种做法针对性很差，是对金钱的浪费。UBI 倡导者倾向于回答说：实际上保证每个人都收到拨款非常重要。他们认为，首先，这样做不是浪费：如果税收是 UBI 的来源，尽管富人可能会收到拨款，但他们还将通过缴纳更多的税支持给其他人的拨款，而且缴税数额会高于他们收到的钱款。其次，这种做法容易操作：给全民拨款易于管理，能够降低收款人的困惑，消除有关资格的任何不确定性。最后，也是最重要的，UBI 的拥护者认为，全民拨款避免了有人因索取援助而遭到诽谤。如果每个人都收到了付款，那么社会上就不会有任何人被标记为"乞讨者"，也不会有任何人为自己的索取感到羞耻。正如范·帕里斯所说，没有人会对因公民身份而得到的福利感到羞耻。[46]

付款不基于任何条件的想法与今天的情况完全相反。国家对所提供的大多数援助款的确有严格要求，常常要求接受者正在工作（尽管工作的报酬可能不高）或正在积极找工作。这样做的部分原因是经济学家担心，如果没有如此严格的要求，国家拨款将严重削弱居民的工作积极性，激励有工作的人少工作，削弱无业者找工作的热情。假如有人在犹豫要不要进入劳动力市场，不确定要不要去找工作时，如果无论他们做出什么选择，都能获得一份稳定的拨款，那么他们很可能就会不再观望，而是直接选择退出劳动力市场。不过，还没有明确的证据表明不设拨款领取要求会阻碍人们的工作积极性。[47]尽管如此，一些经济学家还是怀疑，没有任何附加条件的 UBI 会削弱收款人的工作意愿。

在如今的劳动时代，抑制效应为领取基本收入必须满足某些条件的观念提供了合理理由：我们想要确保领取基本收入的人仍然想工作。但是，当我们迈向一个工作岗位稀缺的世界时，这种观点将变得越来越缺乏吸引力。鼓励人们工作只有在每个人都有工作可做的情况下才有意义，而在工作岗位稀缺的世界，情况将不再如此。

还有另外一个原因，支持在工作岗位稀缺的世界领取基本收入应该附加条件，为什么应该支持 CBI 而不是 UBI。这一原因虽然对劳动力市场并没有帮助，但有助于社会和谐。

工作岗位稀缺的世界将是一个被深深分裂的世界。社会中许多成员做不了多少经济贡献，不得不依靠他人的生产劳动获得收入。让这样一个分裂的社会保持凝聚力将是一项严峻的挑战。如何能够确保大家认为不劳而获的接受者收到的拨款是应得的？如何避免令任何一方感到羞耻和不满？毕竟，这些不是前所未有的反应。这些反应在当今的福利社会已经存在，而且，在某种程度上是一个不好的预兆，如今的福利拨款比未来需要的政府福利拨款少得多，即便如此，这些反应还是出现了。

UBI 没有顾及这些反应，它解决了分配问题，为均分物质繁荣提供了一条途径，但是忽略了贡献问题，忽略了对确保每个人都认为自己的同胞正在某种程度上回馈社会的需要。正如政治理论家乔恩·埃尔斯特所说，UBI "违背了广泛接受的正义概念：身体健全的人以别人的劳动为生是不公平的。大多数劳工会认为这种提议是懒惰者剥削勤劳者的良方，在我看来这种观点是正确的" [48]。

不同于 UBI，今天的劳动力市场同时解决了分配和贡献两个问题。通过支付工作报酬，劳动力市场至少在某种程度上解决了分配问题。促使人们通过所做的工作和所缴纳的税款为集体资金池筹集资金，劳动力市场也解决了贡献问题。当前社会团结的部分原因是每个人都在经济生活中尽心尽力，如果有人没有这样做，就会招致不友善的言论——想想那些将依赖他人的人称为"寄生虫"和"搭便车者"的说法。

在一个工作岗位稀缺的世界，它将不再可能依靠劳动力市场解决分配问题，贡献问题也同样无法得到解决。那么，我们如何重建团结呢？大部分解决方案必将涉及基本收入附加成员的资格要求。如果有些人不能通过工作为社会做贡献，那么他们就需要通过其他事情为社会做贡献；如果不能做出经济贡献，那就需要做出非经济贡献。我们可以推测可能出现什么任务，也许是某些类型的智力劳动或者文化劳动；也许是照顾同胞，为同胞提供支持；也许是培养孩子，让孩子茁壮成长、蓬勃发展。具体将采取什么形式做出贡献由各个社会自己决定，我们将在最后一章讨论这个问题。

3. 多样性问题

解决社会团结问题可能涉及增强 CBI 准入政策的排他性。尽管存在争议，但大量研究表明，社会多样性与政府福利的慷慨度呈负相关。例如，经济学家发现，美国城市种族越多元化，在诸如教育、公路、下水道清理以及垃圾收集等公共事务上的开支往往越低。[49]

有一种观点认为，美国之所以没有欧洲国家那样慷慨的福利制度，是由于种族原因。少数族裔在美国贫困人口中占比过高，而由于种族关系不佳，有些族裔美国人可能不愿意支持慷慨的福利制度，因为这种福利制度会极大地帮助少数族裔。[50]政治学家罗伯特·帕特南的一项研究引起了争议，该研究表明，多元化社会的居民更不太可能信任任何人。他说："一旦有多元化，我们就会封闭起来。不仅仅是不信任跟我们不像的人，在多元化社会，我们也不信任跟我们相像的人。"[51]

显然，这样的发现不值得庆祝。如果这些发现是正确的，那么改善美国福利现状的方法应该是优化种族关系，而不是推动人口结构单一化。当其他学者"扭曲"帕特南的研究结果，称其是"为降低多元化辩护"时，他对此表示非常愤怒。[52] 他说，他的整体结论是包容性而非排他性的：我们应该建立更大的"我们"的意识，用以对抗不和谐和不信任。

但是，这些结果应引起人们更广泛的质疑，因为多样性不仅与种族有关。比起地球另一端的陌生人，我们大多数人的确对自己家人的责任感更强，在这两个极端之间，是我们的社会，生活在这个社会中的人脚踩同一片土地，有着共同的利益，做着相似的工作，属于相同的国度。社会在精神层面的意义是什么？珍视社会、保护社会就一定是狭隘和排外的吗？正如政治哲学家迈克尔·桑德尔所提出的那样，在高喊"美国工作属于美国劳工"的人的沮丧情绪中，难道没有埋藏着对"合情合理的委屈"吗？[53] 又或者，如果发放基本收入，类似于"美国收入属于美国公民"的口号会不会也是如此？即使你认为社会没有精神层面的意义，但它有没有实用意义呢？如果通过收紧成员标准加强社会团结是阻止经济鸿沟严重的社区走向瓦解的唯一途径，那又该怎么办？

在未来，关于分配的正义性、如何分配社会资源等问题将变得更加紧迫。但是，关于贡献的正义性和如何确保每个人都觉得自己的同胞正在回馈社会的问题，也将变得更加紧迫。UBI 回答了第一类问题，但没回答第二类问题。CBI 则通过直面领取拨款的资格和条件，对这两类问题都做出了回答。[54]

资本共享型政府

大政府的首要任务将是分配税收和收入，或许还有社会团结。社会团结的建立，需要一系列新的非经济类条件的支持。不过，大政府还可以为应对工作岗位稀缺的世界做些其他事情，其中之一便是分配作为收入来源的有价资本。UBI 或 CBI 提供的是基本收入，资本分配则有关基础禀赋，给人们提供的不是定期现金流，而是他们可以依赖的传统资本。[55]

资本分配之所以有吸引力，原因有二。一是它能降低对大政府收入分配的需求。如果更多人拥有有价资本，收入分配将变得更加公平。二是它有助于缩小社会中的经济差距。如果基本的资本分配保持不变，而国家只是分配收入，那么严重的经济失衡情况将依然存在。如果不加以解决，这种差距可能会演变成非经济冲突：阶级和权力的破裂，地位和尊严的差异。[56]政府可以通过分配有价资本，直击经济失衡，阻止这种情况的发生。

从某种意义上讲，政府已经在做这些事情了：自 20 世纪初以来，国家设法在更大范围内分配人力资本，这就是大众教育的意义。通过大众教育让好的中学和大学向所有人开放，这种尝试使得有价值的技能不仅仅掌握在特权阶层和受过良好教育的少数人手中。如今，当我们离开劳动时代，大政府也必须设法分配传统资本。

传统资本的分配没有政府介入也可以实现，但是可能性很小。一家名为朱诺的公司提供了一则具有警示性的故事。与优步一样，朱诺是一家打车公司，但二者之间有一个重要区别：优步由其创始人持有，而朱诺最初包含一些司机股东。当司机加入朱诺时，他们有机会获得公司股票，如果该公司取得财务上的成功，这些股票将会成为其收入来源的一部分。当初公司对他们的承诺是这样的，却从未兑现。公司成立一年后，朱诺被另一家出租车公司盖特收购，盖特的所有者立即废止了司机持股计划。新的所有者抑制不住要控制有价资本，将收入归为己有 [57]。朱诺最初的计划受到如此广泛的赞誉，而类似计划又如此少见，恰恰说明仅凭自由市场本身不可能分享传统资本。

理论上，在股票市场购买股票同样可以为人们提供获得许多公司所有权的机会。当然，问题在于，股票市场就像人们所说的法律制度一样，"是对所有人开放的丽兹酒店" [58]。实际上，大多数人既没有以这种方式投资获益所需的资金，也没有专业知识。以美国为例，收入最高的 10% 的人几乎都持有股票，但在收入最低的 50% 的人中，大约只有 1/3 的人持有股票，[59] 这就反映出了本书前面所讲的不平等现象。那么，一种可行的方法是，资本共享型政府以没有股权的人的名义持股，代表其公民将投资集中到一个公民财富基金中。

这种方法已有先例。如今的主权财富基金发挥着类似的作用，这些主权基金将大量国有财富投向各类组合投资。全球最大的此类基金由挪威所有，市值超过 1 万亿美元。在挪威开始开发石油储备之后，政府没有将所有利润都花掉，而是"代表挪威人民"设立了一个基金。[60] 该国人口约为 520 万，因此每个公民实际上都有价值约 19 万美元的股权。每年都会有部分基金被用于发展挪威经济。

此外还有阿拉斯加永久基金，其规模仅为 600 亿美元。自 1976 年以来，阿拉斯加州每年从石油和天然气开采获得的特许权使用费中，拿出约 1/4 存入该基金。而且该州政府每年会从该基金中抽取一部分，花在所有阿拉斯加人身上，以直接拨款的形式把钱发放给该州的每位居民，每个成人和儿童每年大约能拿到 1 400 美元。[61]

不过，目前这类基金还属于个例。如图 10.3 所示，在许多国家，相对于国民经济规模来说，公共持有的传统资本比例正在下降，而私人持有的传统资本比例却在上升。

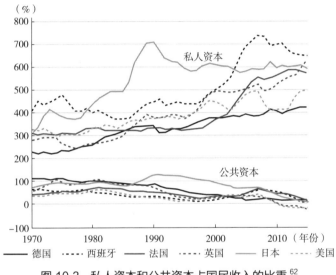

图 10.3　私人资本和公共资本占国民收入的比重 [62]

诺贝尔经济学奖获得者詹姆斯·米德曾在 20 世纪 60 年代就预测到了大政府的资本分配作用。他担心未来的自动化，并提出了一个可行之策，即由国家代表所有人享有资本。他称之为"社会主义政府"，但这个名称并不完全准确，它忽略了政府拥有公司部分所有权和全部控制权的区别，前者正是我所提倡的，后者则是传统社会主义者所倾向的。至于这一解决之策的名字，我认为"资本共享型政府"更为合适。

劳工支持型政府

到目前为止，我理所当然地认为经济列车正在朝着工作岗位稀缺的世界的方向行驶。考虑到这一点并顺应该趋势，我为大政府设定的角色是，如果劳动力市场这一传统的经济繁荣分享机制无法运转，政府应介入并重新分配新技术所创造的经济繁荣。但是，还有另一种选择，即阻止经济列车的这一行进方向。这种选择仍需要一个大政府，但是需要政府朝着相反的方向努力，不能被动地追随当前的技术进步，而是要积极地捍卫工作世界免受逐渐显露的变化的影响。

我对这个想法既同意又不同意。作为经济学家，我认为，我们没有什么理由捍卫劳动力市场，试图让所有人都保住传统的工作。毕竟，从无情的经济学角度来看，工作只有两个目的：做大经济蛋糕，以及确保每个人都能分到一块经济蛋糕。但是，工作并不是实现这些目标的唯一途径。最初造成人类失业的新技术将继续做大经济蛋糕。而且，即使在工作机会越来越少的世界，也有诸如 CBI 之类的方法来分配经济蛋糕。那么，为什么我们要改变行进方向呢？一个明显的答案是，工作带有非经济的目的，这将是本书最后一章讨论的重点。但是，以纯粹的经济理由捍卫劳动世界并不是特别令人信服的。

然而，我还是有一种把经济列车朝反向推进的冲动，情不自禁地对上述想法表示同意。一个工作岗位稀缺的世界不会马上出现，也并不会有一个分水岭般的时刻。相反，对人类工作需求的降低时断时续，一开始出现在劳动力市场的小角落，随着时间的推移逐步扩散。在这种情况发生时，劳动世界发生的变化不仅是工作岗位的多少，还包括工资待遇以及工作质量。随着对人类需求的逐渐减少，劳工的经济实力逐渐降低，经济影响力减弱，与逐利型雇主对抗的集体筹码减少，雇主则倾向于付给职工尽可能少的工资。如今的劳工地位并不强势：在发达国家，过去几十年以来，有组织的劳工数量大量减少，工会会员人数急剧下降。[63]

这意味着大政府在试图改变我们的行进方向与被潮流推搡着前进之间有着中间立场。该中间立场可能是劳工支持型政府：政府积极介入，在过渡期内支持劳工，确保不管剩下什么工作，这些工作会提供高薪水，并且是高质量的工作。这样做的目的不是改变目的地，而是确保劳工的旅途尽可能顺利。只要还有工作要做，政府就有职责确保它是"好"工作，尤其是当劳工的实力减弱，单靠自己的力量无法争取到利益时。约翰·肯尼思·加尔布雷思创造了"抗衡力"一词，用以描述可能抑制经济势力集中的不同力量。[64] 在21世纪，随着劳工掌握的抗衡力逐渐消失，政府应当介入，代表劳工举起抗衡大旗。

我们必须实事求是地看待劳工支持型政府的工作方式。有一种流行的观点是，我们应该要求企业开发补充而不是替代人类的新技术，从而可以帮助劳工而不是伤害他们。微软首席执行官萨提亚·纳德拉曾称此为"巨大挑战"。[65] 但是，如果这不符合公司的财务利益，仅仅要求公司这样做，就类似于要求它们做慈善，对于大规模的机构改革来说，这样的要求是理想主义的、不切实际的。据《纽约时报》报道，在2019年的世界经济论坛上，商界领袖在公开场合畅谈了如何抑制"人工智能和自动化可能给劳工带来的负面影响"，但私下里，这些高管却讲着不同的故事："他们正在努力使自己企业的劳动自动化，以保持自己在竞争中的领先地位。"[66]

在试图塑造机构的行为方式时，我们必须顺应人性，以人们的真实行为方式为基础。我们必须假定他们正如在经济生活中表现出来的那样，是自私的和不公正的，而不是如我们所期望的仁慈和公正的。因此，国家劳工支持工作的重点应该放在改变雇主面临的实际激励上，让他们的利益与其所在的社会利益契合得更加紧密。

通过税收制度可以调和雇主与社会利益之间的冲突。例如，在美国，现行的税收制度其实在不经意地鼓励自动化，给予用机器替代人工的公司"数项大的税收优势"，例如不必为雇员的工资缴纳工资税。[67]问题是，这套税收制度不是为工作岗位稀缺的世界的运作而设计的，而是在劳动时代创立，旨在通过向雇主和雇员征税来增加收入。去除上述税收优势将消除自动化激励。

另一种方法是运用法律。例如，优步司机的法律地位一直存在争议。他们是如优步所言的自雇人士，靠经营驾驶业务谋生吗？还是优步的职工，有权享受带薪休假、退休金、最低工资以及该身份自带的所有其他权利？在解决这个问题上，劳工支持型政府可以发挥作用，更新法律保护优步司机的权益，让他们能受到与劳动力市场上从事其他工作的人类似的法律保护。可以设置其他立法干预政策，比如，可以在既定最低工资规定的基础上设置新的底线，使工资水平不得低于该底线。

这里有创新的空间。传统上，决策者在考虑最低工资时要考虑生活水平，力图确保享有最低工资的劳工仍然有足够的生活费用。但是除此之外，还有其他标准可以使用。例如，护士和教师等许多难以自动化的角色有一个显著特征，其经济价值和社会价值之间存在巨大差距：这些工作的报酬往往很低，却被广泛认为是非常重要的。英国的一项民意调查发现，68％的人认为护士的薪资水平过低；在美国，66％的人认为公立学校教师的工资太低。[68] 当劳工支持型政府的干预对工资产生影响时，就可以缩小这一差距。

类似地，传统的政策制定者在制定工作时长的规定时，是以小时为单位的。在欧洲，法律规定雇主不得强迫劳工每周工作超过48小时，而其他国家想要将工作时长限定在40小时。德国最大的工会，甚至在2018年为其成员争取到每周28小时的工作时长（同时争取到了4.3％的加薪）。[69] 不过，未来对每周工作天数加以限定，而不仅是针对小时数，可能更有意义。例如，在2018年的英国职工大会上，英国的48个工会及其550万会员集体呼吁每周工作4天，以应对自动化。[70] 我们应该加强对此类建议的重视程度。

劳工支持型政府的最后一个作用更为直接：鼓励出现新形式的劳工组织。21世纪，工会不仅需要帮助工人应对技术变革，而且必须使用新技术改变他们的工作方式。目前，工会招募会员、筹集资金、表达不满以及行使权力的方式，与数百年来使用的过时方式仍然非常相似。很少有工会有供会员使用的定制电子调解平台或争议解决系统，尽管这些系统在其他领域已经取得了成功。社交网络和数字工具仍然处于外围，老式工作方式依然是核心；运用技术进行协调与合作的"联络运动"的兴起，主要发生在传统的工会之外。[71] 这在一定程度上解释了，为什么年轻会员人数急剧下降，因为他们根本不认为今天的工会能应对当前出现的问题。在英国，年龄在16~24岁的劳工占工会会员的比例只有不到8％（40％的工会会员年龄在50岁及以上）。[72] 英国工会联合会秘书长弗朗西斯·奥格雷迪意识到了这一挑战，她承认道："工会也必须改变，不改变即灭亡。"[73]

正如科技性失业不会在一夜之间发生，大政府也没有必要在未来几周内筹备完成。但是随着时间的流逝，对大政府的需求将只增不减。最终将需要打出组合拳，配合使用大政府的收入分享、资本共享、劳工支持三大作用，才能阻止日益分裂的社会走向瓦解。本章并不打算对大政府在这三个方面扮演的角色涉及哪些举措进行过多说明。并不存在一个明确的、所有国家必须采取的干涉措施清单。大政府可以通过多种不同方式处理科技性失业问题，方式的选择必须立足于本国公民独特的道德品质和政治偏好，以确保二者都能实现最佳平衡。

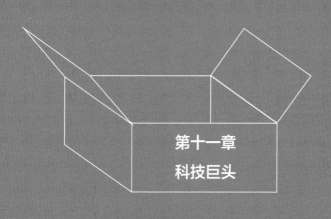

第十一章

科技巨头

工作岗位稀缺的世界日益临近，我们的经济生活将越来越多地由大型科技公司主导。随着经济实力的增长，这些公司也将获得强大的政治权力。它们不仅会影响我们在市场中的互动方式，即我们买卖的东西的方式，而且会影响我们在更广泛的社会中共同生活的方式，以及我们作为政治生物的生存方式。了解科技巨头的崛起及其日益强大的政治权力的本质，与理解工作机会的减少同样重要，因为在一个工作岗位稀缺的世界，我们需要投入越来越多的精力约束这些公司。挑战在于，我们目前毫无有效的应对措施。

为什么是高科技公司

如今，当我们想到科技公司时，就会想到"五巨头"：亚马逊、苹果、谷歌、脸书和微软，它们的经营数据令人震惊。谷歌独占美国 62.6% 的搜索引擎流量，搜索广告市场占有率高达 88%。[1] 脸书用户数占全球近 1/3 的人口，加上旗下的包括照片墙和瓦次普之类的各类平台，脸书实际掌握了 77% 的移动社交流量。亚马逊则是

43%的线上零售业务和74%的电子书市场的掌门人。[2] 苹果和谷歌加起来总共控制着99%的智能手机操作系统。苹果和微软两大公司则掌握着95%的计算机操作系统。[3] 2018年，这五家公司共同跻身全球十大最有价值公司之列。[4]

尽管有这些亮眼的数字，但是我们不应执迷于这几个品牌的名字。是的，这几家公司可能会在一段时间内保持领先地位。但是，重塑我们生活的新技术，也可能来自五大公司以外的人员和机构。从现代生活中随便挑一个领域，都可以非常确定，在某个地方，有某个人，正在"车库"里埋头工作，试图开发出一个新系统或者新机器来改变该领域。风险资本家马克·安德森在2011年写道："软件正在吞噬整个世界。"[5] 自那以后，我们看到软件的"胃口"确实贪婪，其触角几乎伸到了所有行业，很少有行业（如果有的话）的新技术不能被软件部分"消化"。我们生活的各个角落都日益数字化；在我们的物理世界之上，正在建立一个由0和1组成的平行世界。未来，很难看到我们的经济能摆脱几乎完全由各种技术公司操控的情况。

当然，其中一些主导力量可能就是我们已经知道的技术公司。当IBM开发"深蓝"，谷歌收购深度思考时，并不是因为想在棋盘游戏中获胜。它们各自斥巨资只为追求更远大的理想，有时，这一理想简直宏伟到令人震惊。微信的故事对他们有所启发。微信最初在中国只是一个简单的即时通信应用程序，是一种令人愉快的相互发送信息的方式，而如今它已深入10亿用户生活的方方面面。正如安德森的合作伙伴所指出的，用户可以使用微信打车、叫外卖、买电影票、玩休闲游戏、办理登机手续、给朋友转账、访问健康追踪数据、挂号、获取银行对账单、缴水费、根据地理位置查找优惠券、识别音乐、搜索当地图书馆藏书、认识陌生人、关注名人新闻、阅读杂志文章，甚至可以进行慈善捐款。[6]

但再次值得提醒的是，我们应该谨记，未来的技术公司可能不是我们今天最熟悉的那些。今天占据着主导地位并不意味着未来几年仍会占据主导地位。例如，回到 1995 年，人们难以想象有一天微软的技术规则将会终结，但是现在，微软已成为人们口中的"失败者"。[7] 今天的惊人成就并非意味着未来将一直有成功相伴。IBM 的"沃森"，那个赢得了著名的智力问答节目《危险边缘》的计算机系统，便提供了一则具有警世性的故事。过去几年，其巨大的潜力让人异常兴奋，沃森团队与 MD 安德森癌症中心的合作备受瞩目，尽管它们做出了巨大努力，但这一合作仍以失败告终：这项系统耗资6 000 万美元，致力于帮助治疗癌症，却被认为"尚未做好进行人类科研或临床应用的准备"[8]。

确实，可能尚未出现具备改变我们生活的医疗技术公司，其他经济领域也是如此。毕竟，许多当今最出名的科技公司，例如爱彼迎、色拉布、声田、初创众筹平台 Kickstarter、拼趣、Square 移动支付公司、安卓、优步、瓦次普等在十几年前根本就不存在。[9] 许多将在未来家喻户晓的技术极有可能尚未被发明。

为什么是大公司

如同今天的科技巨头一样，将来占据主导地位的科技公司也可能体量巨大。在某种程度上，这仅仅是因为许多新技术的开发成本高昂。最好的机器将需要三样昂贵的东西：海量的数据、世界领先的软件和功能强大的硬件。只有大公司才能同时负担得起这些费用。

它们要做的第一件事是收集大量的数据。这样的例子已经出现，"阿尔法围棋"是谷歌第一个版本的围棋系统，它的部分经验是基于人类顶级棋手的 3 000 万盘对弈数据；斯坦福大学的皮肤癌检测系统使用了将近 13 万张病灶图像，比人类医生一辈子能看到的还多。[10] 但是，有时很难获得必要的数据，须以昂贵的方式收集或生成。以训练和评估汽车驾驶系统为例，优步为此专门在宾夕法尼亚州一家废旧钢铁厂建造了一个完整的模拟城镇，塑料做的行人偶尔会在车流中穿梭，优步在这样的仿真环境中收集汽车驾驶数据。与此同时，特斯拉也在收集由车主驾驶的非自动驾驶汽车数据，每小时就能收集大约 100 万英里的驾驶数据。谷歌解决问题的方法与特斯拉不同，谷歌打造了多个完全虚拟的世界，让汽车在这些模拟情景中行驶以收集数据。[11]

第二件事是软件问题。所有这些新技术的底层，是使其运作的代码。例如，谷歌的各种互联网服务需要 20 亿行代码：如果将这些代码打印在纸上然后堆起来，纸塔的高度将达到 2.2 英里。[12] 要编写好的代码，就需要才华横溢的软件工程师，这样的工程师当然也是价值不菲的。例如，旧金山软件开发工程师的平均年薪约为 12 万美元，而最优秀的工程师则被视为超级巨星，获得与其能力相符的薪酬。[13] 今天，当我们回顾经济史时，诸如珍妮机的发明者詹姆斯·哈格里夫斯一样的人物，都留下了浓墨重彩的一笔。将来，当人们讲述我们的这段历史时，将包含着像深度思考的戴密斯·哈萨比斯以及其他软件工程师的名字，有些名字目前我们还不得而知。

第三件事是处理能力。许多新系统都需要异常强大的硬件才能有效运行。我们通常理所当然地对最基本的数字操作提出很高的要求，例如，一次谷歌搜索所需的处理能力，就相当于将尼尔·阿姆斯特朗和其他 11 位宇航员送上月球的整个阿波罗太空计划所需的处理能力，而且不仅是飞行本身用到的处理能力，还包括 11 年间计划和执行的 17 次着陆所使用的所有处理能力。[14] 而当今的尖端技术所使用的处理能力则更是强得多。

可以肯定的是，我们可以在这三个需求之间进行权衡。例如，更好的软件可以帮助弥补数据或处理能力的不足。"阿尔法零"不需要数据，也不需要老版本"阿尔法围棋"的处理能力，就可以在一系列围棋游戏中以 100 : 0 的绝对优势获胜，[15] 它是怎么做到的呢？是通过使用更先进的软件，并利用强化学习这一算法设计领域的进步实现的。[16] 然而，未来最强大的机器，可能终将是最能充分利用数据、软件和硬件这三大要素的机器。尽管小机构有可能得到三者之一，也许会有才华横溢写就优秀软件的工程师，也许会有独特的、价值不菲的数据，但不太可能同时具备这三种要素，只有科技巨头才能同时集齐这三大要素。

除了要素资源昂贵的问题之外，占主导地位的科技公司能成为"大公司"还有其他原因：许多新技术都受益于强大的"网络效应"。这意味着使用给定系统的人越多，对用户来说系统的价值就越大。网络效应的经典解释，可以追溯到人们在家中安装电话的年代：在电话网络中增加一个新人不仅对他自己有用，而且对已经联网的每个人都很有价值，现在他们也可以给他打电话了。随之而来的是，随着网络的发展，每增加一个人，新用户对网络的价值都比上一个用户更高。从数学角度讲，这种想法有时被称为梅特卡夫定律：具有 n 个用户的网络价值与 n^2 成正比。

当然，今天我们已经从电话线迈向了互联网，当我们讨论网络时，最明显的出发点就是社交媒体平台。以脸书和推特为例，如果没有其他人在线阅读共享的内容，对用户来讲它们的娱乐性将大大降低（对所有者而言，利润将大大降低）。许多其他系统也是如此。爱彼迎和优步这样的平台将随着用户数量的增多而变得更有价值：可供出租的公寓越来越多，寻找住宿点的旅行者就会越来越多；可出租的汽车越来越多，想要乘车的乘客也越来越多。而且，它们还建立了评价系统，帮助用户避开不好的服务，同样地，反馈越多，此类系统就越可靠。想一想，当你随便在哪个出租车网站上看到一条热情洋溢的五星评价时，你可能会疑心重重，而在优步这样的平台上，当你看到数千条对驾驶员的评价时，则会感到比较信服。

用户数量庞大的网络还能帮助公司收集数据，用于改善产品。诸如位智导航和谷歌地图这样的导航系统，可以通过用户手机的移动速度了解道路交通情况。亚马逊和声田根据从网络用户处收集的数据信息，向用户推送量身定制的购买推荐和音乐推荐。还有基本的"乐队花车效应"，即一旦某个特定的网络流行起来，那么加入该网络比加入一个刚起步的竞争对手的网络更明智。我有一个朋友叫法伊兹，他曾经想要建一个新的社交网络，但一个人若放着拥有20亿用户的脸书不用，而是选择只有几个用户的"Faizbook"，那这个人得有多奇怪。网络效应并不能使社交平台坚不可摧，曾经广受欢迎的朋友网、聚友网、黑莓通信，如今都成了无人问津的"技术坟墓"，但它们无疑都是小型的初创公司，难以获得吸引力。

所有这些都解释了，为什么大型科技公司要收购这么多其他科技公司和初创公司。截至 2017 年 7 月的 10 年间，五大巨头进行了 436 笔收购，总价值约 1 310 亿美元。[17]这些公司试图通过收购，将宝贵的资源据为己有，特别是当其他公司表现出其具备有用的数据、软件工程才能以及网络流行性这些资源时，巨头们便试图通过收购取得资源的所有权。

反对科技巨头的经济理由

出于上述所有原因，未来我们的经济可能会由大型科技公司主导。传统上，政府并不喜欢经济主导公司的崛起，因而制定了竞争政策，广泛地讲，这些政策都是基于"垄断是有害的，竞争是有益的"这一观点。[18] 今天的头部科技公司已经与政府发生冲突，管理机构想把竞争政策付诸行动，而那些还未获得垄断地位的科技公司，无一例外都在渴望获得垄断力量。

这种野心并不是科技领域独有的。翻阅一下管理和战略类文献，就会发现许多包装在商务写作的糖衣炮弹中、披着善良外衣的点子，都旨在实现经济上的至高权力。以迈克尔·波特为例，过去几十年，他是无可争议的商业战略大师，他在 20 世纪 80 年代出版的《竞争战略》和《竞争优势》是所有独具慧眼的企业领导者的必读书目。这些书毫无例外地引导读者走向以经济为主导：第一，找到成熟的市场进行垄断（或创造新市场）；第二，在选定的市场中成为主导并将竞争者排斥在外。今天，同样的建议甚至更加直截了当。"竞争是给失败者的，"企业家彼得·蒂尔在《华尔街日报》上写道，"如果您想创造并获得持久价值，那就寻求建立垄断地位。"[19]

那么，缺乏竞争会产生什么问题呢？竞争管理机构提出的经济学观点是，在给定市场下，垄断意味着当下和未来都面临更低的福利。当下的福利降低是因为在没有竞争对手的情况下，垄断公司可以通过收取更高的价格，或向客户提供质量更低的产品和服务以增加利润。将来的福利降低是因为在缺乏竞争压力时，这些处在垄断地位的公司未来可能不愿意投资和创新。这些论点是支撑对微软、脸书、苹果和谷歌的反竞争行为，并成功采取法律行动的依据，而且人们猜测亚马逊也将面临法律纠纷。[20]

但是，这种支持竞争的经济学观点在实践中很难得到应用。首先，"福利"一词的含义尚不完全清晰，是否只是指消费者感到高兴或是满意？如果是这样，我们该如何衡量？教科书告诉我们应该关注价格，并假设随着竞争的加剧，价格可能会降低多少，但是许多大型科技公司已经在免费提供产品了。其次，我们通常并不清楚实际上谈论的是什么市场。

以谷歌为例：如果我们认为它属于搜索引擎行业，那么它控制着 62.6% 的搜索流量和 88% 的搜索广告的事实可能会引起人们的警惕。但这真的是谷歌的主要市场吗？鉴于谷歌的大部分收入来自广告，将它归在广告业可能更为准确。这样一来，竞争形势看起来就不那么严峻了。美国搜索引擎广告市场每年的价值约为 170 亿美元，而每年美国广告市场总量的价值则高达 1 500 亿美元。即使谷歌最终拿下美国全部的搜索引擎广告市场，在美国广告业务中的占比仍不足 12%。彼得·蒂尔写道："从这个角度来看，谷歌看起来像是在竞争激烈市场中的一个小小的参与者。"[21]

简言之，即使是最基本的竞争政策问题，也很难找到答案。而且还有一个最大的麻烦，就是垄断可能是一件非常好的事。这听起来简直就像是对经济学的亵渎，但是 20 世纪初的经济学家约瑟夫·熊彼特就早已为垄断进行过辩护，并提出过著名的论断。

熊彼特认为，经济最重要的就是创新，他称其为"资本主义社会经济史中最为亮眼的事实"。他为垄断辩护道：如果不是为了在将来获得丰厚的利润，就没有企业家最初会劳心劳力地搞创新。成功研发新产品付出的成本高昂，既要付出努力，又要付出金钱，而成功实现垄断地位的可能性，是尝试创新的主要动力，是"诱使其将资本投入没有人走过的路的诱饵"。[22]此外，垄断利润不仅是创新的结果，而且是资助进一步创新的手段。大量的研发通常建立在公司过去商业成功积累的雄厚财力基础之上。想想谷歌这些年投资了多少失败的项目：谷歌眼镜、谷歌+、谷歌波浪还有谷歌视频。这些失败项目，随便拿出一个，就能毁掉一家小型公司，但是谷歌能够承受这些失败，屹立不倒，不断创新，并从最终成功的风险投资中获利。

熊彼特并没有为垄断企业可能会挖深"护城河"巩固垄断地位、降低福利而担心。他说，那些只担心"价格高企和产量限制"的经济学家是一叶障目不见泰山，任何公司都不可能永久处于经济支配地位。随着时间的流逝，今天的垄断企业将被"具有创造性破坏力的恒久大风"吹走，新的企业不可避免地会取代原有垄断企业的位置，但也只是暂时的，因为它们最终也将被同样的风暴击碎。[23]这便是"破坏性创新"理论的思想渊源，如今这一理论在管理理论家和战略咨询顾问中非常流行。

熊彼特是对的：那些在经济生活中看起来不可或缺、屹立不倒的公司，一次又一次地退出历史舞台。以《财富》世界500强公司为例，这是全球最大的500家公司的年度榜单，500强公司合计约占美国经济的2/3。如果将1955年和2017年的名单进行比较，只有大约12%的公司同时出现在两期榜单中，其余88%的公司要么破产，要么转行从事其他业务，要么价值缩水跌出榜单。[24]如今，曾经在榜却没能生存下来的公司——像阿姆斯特朗橡胶、海因斯木材、里格尔纺织等——都已没什么辨识度，与小说中虚构的公司没什么区别。而它们在如日中天的时候，看起来毫无疑问像是无法撼动的巨人。这也是为什么我们不应该过多地关注当前的五大巨头公司。我们的注意力应该放在更普遍的问题上，关注在任何特定时刻，少数科技公司可能会占据主导地位的事实。

竞争管理机构的任务是采取平衡行动，评估各种支持和反对垄断的观点，判断具体情境下经济主导带来的好处与坏处。未来，管理机构的职能将会发生重大变化。例如，几十年前，如果一些公司想要串通起来同时提高价格，就需要召开诸多秘密会议以及进行多次背后沟通来协调各类计划。不过，现在，算法可以自动进行价格监视和调整，使串通更为便利，不再需要依靠老式的反竞争性情报。[25] 实际上，现在这种情况甚至可能会在无意中发生：一项最新研究发现，在线公司的产品定价算法可能自己学会彼此暗中合作，在没有任何直接沟通和合谋指示的情况下，人为地保持高价格。[26] 这种算法行为是否应被竞争政策定为审查目标，尚是一个悬而未决的问题。

类似地，竞争管理机构过去可能将长期超额利润视为一个大公司滥用经济影响力的迹象。然而，现在寻求经济实力的公司会有意容忍长期的、让人难以置信的无利可图，只为追求快速增长和在竞争中扩张，试图靠规模和主导地位将竞争对手挤出市场。如图 11.1 所示，亚马逊在其成立后的大部分时间里几乎没有任何利润。[27] 优步步其后尘，自成立以来年年没有利润。[28] 然而政府不应打消警惕：目前，利润水平等传统经济指标，可能不再是指导反竞争行为的可靠指标。[29]

随着大型科技公司在 21 世纪主导地位的持续稳固，它们将不可避免地与竞争管理机构发生更频繁、更激烈的冲突。它们中的一些公司毫无疑问地将违反《竞争法》和《反垄断法》，这些公司在经济上的主导地位变得过于强大，将不得不依法被拆分。话虽如此，未来几十年，反对科技巨头的最具说服力的理由，将不再是来自经济领域，而是政治领域。随着科技的继续进步，无论科技巨头的经济实力如何强大，我们的担心仍将从其拥有的经济影响力转移到政治影响力。

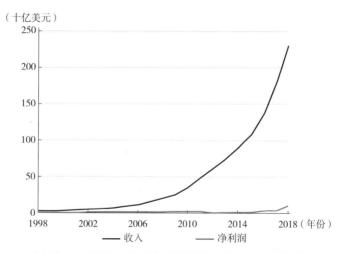

图 11.1　1998—2018 年亚马逊年度收入与净利润 [30]

反对科技巨头的政治理由

今天的评论员经常喜欢将科技巨头和标准石油公司进行比较，标准石油公司是约翰·洛克菲勒于 1870 年创立的美国巨头。该公司成立时，其拥有全球最大的炼油厂。[31] 1882 年，它控制了美国 90% 的石油产出。[32] 其统治地位一直保持到 1911 年，当年美国最高法院以反垄断为由介入，认为标准石油公司已成为垄断企业，并将其拆分为 34 家小公司，这成为反垄断案件中最著名的一例。

不难看出这种类比背后的逻辑。20 世纪初标准石油在美国炼油业中的主导地位，很像当今五大科技巨头在各自领域的主导地位。而且它们的运作方式也有相似之处：脸书和谷歌等公司控制着宝贵的个人数据资源，这些数据被视为"数字时代的石油"。[33]

然而，标准石油巨头和五大科技巨头的对比更能揭示其差异。让我们思考一下法律上对标准石油巨头主导地位的反对是什么性质的反对。当时，铺天盖地的反对主要是经济上的反对。最高法院对洛克菲勒公司的指控是该公司从事"不合理或不适当的贸易限制"。该公司获得了太多的经济权力，并用以扭曲石油市场。[34] 相比之下，当我们探究科技巨头面临的越来越多的反对意见时，与标准石油巨头不同，这些反对意见通常与经济无关。

想一想大家对谷歌的担忧。举例来说，如果读者在谷歌网站上搜索一个非裔美国人的名字，很可能会搜到有关犯罪背景调查的广告。[35] 几年前，当人们尝试使用谷歌的图像识别算法给照片打标签时，黑人可能被标记为"大猩猩"；公司不得不通过从算法中完全删除"大猩猩"标签的方式来解决这个问题。[36] 更普遍的是，人们担心在进行搜索时，谷歌能够支持某些网站，打压某些网站；据报道，谷歌就是用这个功能从搜索结果中删除文件共享网站的。[37] 过去几年，谷歌旗下的 YouTube 平台，因为推荐极右翼视频、反疫苗频道，容忍仇恨言论，鼓励恋童癖等而饱受争议。[38]

或者再看看脸书。该公司做过一项内部实验，实验结果表明，向用户展示正面或负面的故事会对用户情绪产生影响，这项实验涉及的 68.9 万名用户并不知道自己相当于实验室里的小白鼠。[39] 仅通过观察一个人在脸书上的"喜欢"内容，就有 88% 的概率能正确猜出他们的性取向，据说，这种技术对广告商有用，可以让他们定制所显示的内容，对人群进行定向广告推送。[40] 实际上，脸书被美国住房和城市发展部起诉，就是因为该公司允许广告商按种族、性别和宗教信仰定向投放广告，这些不同群体现在收到的广告仍然并不相同。[41] 2016 年在美国总统大选期间，俄罗斯购买了一些脸书广告，成立社团激发选民之间的政治分歧；脸书查出了数千个社团，但这一行为只是"事后诸葛亮"，是在破坏已然产生后才发现的。[42] 一项针对德国 3 000 多次反难民袭击的研究发现，脸书使用率较高的地区遭遇的袭击要多得多，更多来自极右派德国选择党的在线仇恨言论被转化成了现实生活中的暴力犯罪行为。[43]

然后是亚马逊。2009 年，在与电子出版商发生纠纷后，亚马逊登录到每台 Kindle（由亚马逊设计和销售的电子书阅读器）设备并删除了用户从该公司购买的所有电子书，更讽刺的是，其中一本就是乔治·奥威尔的《1984》。[44] 2017 年，亚马逊出售了一批苹果手机壳，上面印着装满海洛因的针头、穿着大号尿布的拄拐老人、5 个真菌感染的脚指头的特写镜头等图像。它们使用了一种算法直接从网上存储的照片库里提取照片制作成产品，其间没有经过任何人工监督。[45] 2015 年，亚马逊智能音箱回声——它能录制一切指令或问题——成为阿肯色州一起指控谋杀案的唯一"见证人"，指控方试图拿到当晚的互动录音记录（此案最终被驳回）。[46]

或是以苹果公司为例。苹果完全掌控着每一台 iPhone（苹果公司研发的智能手机系列）上可以显示的应用程序：苹果拒绝上架一款对其生产方式不满的应用程序，但上架了一款极力谴责气候变化科学的应用程序；禁用了一款能帮助用户跟踪美国无人机袭击的应用程序，但允许了一款能帮助沙特阿拉伯的男性跟踪女性并限制其活动的应用程序上架。[47] 2016 年，苹果拒绝帮助美国政府解锁参与圣贝纳迪诺大规模枪击案的一名恐怖分子的 iPhone 手机，认为强迫苹果公司编写新软件破坏加密是对他们言论自由的侵犯。[48]

最后，看一下微软。2016 年，微软开发了一款名为 Tay 的推特聊天机器人，让它跟其他推特用户学习，模仿十几岁小姑娘的说话方式。结果这个机器人很快就开始推送种族主义言论，称赞希特勒，否认大屠杀，并向其粉丝发表黄色露骨评论，在此之后，微软迅速将其删除。微软表示正在"做出一些调整"。[49] 一年后，微软发布了一款新的名叫 Zo 的聊天机器人，这个机器人在程序上被设定为不能谈论政治和宗教。然而 Zo 迅速表现出同样令人不安的趋势。"该专栏非常暴力。"这是它对一名记者关于医疗保健问题的回复。微软只让 Zo 活跃了两年半。[50]

上述部分事例可能令人反感，其他一些则可能不那么惹人厌烦，甚至可能还有些好笑。但是所有事例都有一个共同点，即都与经济实力和消费者福利无关，不会让经济学家彻夜难眠。人们担心的是，这些新技术在扭曲我们在赖以生存的社会中扮演的角色。简言之，这些担忧是对科技巨头政治权力的担忧，担心我们生活方式的塑造将由科技巨头控制，而不是科技巨头所在的社会。

在标准石油巨头的案例中，政治权力并不是真正的问题所在。人们的担忧集中在经济实力，担心会因为市场竞争不足，导致标准石油巨头卖出的石油价格过高。当然在标准石油巨头的批判者中，也有人指责它对美国政治产生了有害影响。但是，正如杰米·苏斯金德在他的著作《未来政治》中所展示的，标准石油巨头的政治影响与今天科技巨头的政治权力有着天壤之别。

政治一词的使用有时过于狭隘，只用来指政治人物间的尔虞我诈和政府政策的制定。这也是标准石油的批评者所理解的政治的意思。但是，对政治一词的正确解读远不止于此。它关乎我们如何在社会中共同生活，关乎所有塑造我们集体生活的不同势力，而不仅仅是传统政治进程中的人员和机构。这也是为什么当我们称某些事情具有政治性时，其实也意味着我们认为这件事情非常重要。例如，20 世纪 70 年代的女性解放运动便很好地解读了政治的含义。[51] 他们为唤醒世界而奋斗，让人们看到性和人际关系、育儿和家务、时尚和消遣这些我们生活中的私人部分同样非常重要，即"个人具有政治性"。鉴于此，杰米·苏斯金德写道：当今世界"数字具有政治性"。

未来，按政治的广义含义，科技巨头的政治权力将更为强大。正如《未来政治》中所述，这些公司将设定自由的极限——例如设定无人驾驶汽车的最高车速；塑造民主的未来——想想那些根据个人品位进行算法推送培育出来的选民；决定社会的正义——想想那些因为始终反对公开个人数据而导致贷款、医疗服务被拒的人们。[52]

20 世纪，我们集中火力应对大公司的经济权力。但在 21 世纪，我们将被迫把更多精力放在担心它们拥有的政治权力上。新技术的发展可能会从市场开始，给市场带来消费者喜闻乐见的新产品，然后其影响力会渗透到其他领域，塑造着作为政治生物的我们的共同生活。过去，诸如自由、民主、社会正义这些事物，是由公民社会中作为公民的我们，以及我们的政治代表来定义的。除非我们采取行动，否则未来，这些事物将越来越多地由大型科技公司的工程师决定，而他们的工作都是在我们看不见的地方完成的。简言之，我们面临的威胁是政治生活的"私有化"。[53]

政治权力监督机构

竞争政策可能涉及一些模棱两可的概念，使人们运用起来不够得心应手，但它仍提供了一个粗略的框架，可供我们在采取行动时使用。我们能直观地感受到什么是过于集中的经济力量，也对如何应对这种力量有了明智而成熟的想法。当出现分歧时，至少我们知道争论的主题是什么。尽管目前还没有可比的框架帮助我们理清政治权力，但当我们思考上面的一些案例时，大多数人会本能地感到不安，这表明我们知道麻烦已经开始出现了。只是我们还不确定如何定义政治权力的滥用，还没有任何系统性的应对方式。

我们政治生活的哪些部分可以由新技术塑造，应该基于什么样的条件？这些问题目前几乎都由科技巨头决定，这便是当下问题的症结所在。尽管我们对这些公司的经济力量进行了严格限制，但当它们进入新的政治领域时，它们却可以自由地对大部分非经济行为进行选择，既可以自己设定边界，又可以自己监督边界。越来越多的科技巨头执行官加入负责探索新技术影响的机构，成为这些机构的委员会、董事会成员，而且还对这种解决问题的方式很满意。例如，谷歌首席执行官桑达尔·皮查伊承认，人们对人工智能的担忧是"非常合法的"，却认为像谷歌这样的公司应该进行"自我监管"，[54] 他的这种态度非常普遍。

但是，我们真的相信科技巨头能够克制自己，不利用经济成功带来的政治权力吗？而且，即使它们想采取行动限制自己的政治权力，但它们实际上有这样做的能力吗？这些公司可能拥有构建新系统所需的深厚专业技术知识，但这与反思它们造成的政治问题所需的道德敏感性完全不同。毕竟，公司雇用软件工程师，并不是因为他们有进行清晰缜密的道德推理的能力。

有些政治上的左派人士认为，我们不应将此类决定留给科技巨头去做，而应将公司国有化，将谷歌、脸书这些经济主体的控制权交给政府。[55] 但是，该提议漏洞百出，忽略了一些非常重要的事情：我们没有理由认为政府不会滥用新技术制造的政治权力。以中国推出的"社会信用体系"为例：政府设定的目标是，到 2020 年，能够根据存储在国家数据库中的有关信息，对所有中国公民进行打分、排名。政府官员表示，他们希望该系统能让"守信者畅行天下，失信者寸步难行"。

或者，再举一个更普遍的数据安全问题的例子。如今，头条新闻充斥着科技巨头错误使用个人数据的事例，但不久之前，在英国引起全民热议的，通常是某个政府官员丢失了个人数据的案子。有段时间，平均每个工作日，都有一名英国官员因错误处理敏感数据而被开除或受到处罚。[56]

因此，我们需要做的不是国有化，而是建立一个新的监管机构，借鉴竞争管理机构对大型公司经济权力的监管，将重点放在限制这些公司的政治权力上。我们姑且将这类机构视为政治权力监督机构。

这个新机构的首要任务是建立一个框架，对滥用政治权力进行界定，让监管机构能清晰、系统地做出判断。竞争政策就是针对经济权力所采取的做法，在新的政治领域，我们也需要类似的机制。什么时候应当介入进行干涉？自由受到多大程度的限制？民主进程受到多么严重的威胁？社会不公正到了多么让人难以接受的程度，才必须进行干预呢？这些都是关键问题。相比之下，竞争监管部门面对的"消费者是否获益"的问题则不那么严重了。然而，复杂性不是不作为的借口，新问题无论大小都需要做出回应。但是，与此同时，监管当局也绝不能反应过度，政治权力监督机构的目标不应是完全剥夺科技巨头的政治权力。正如竞争管理部门需同时考虑经济权力的优缺点一样，这一新的管理部门也必须做出类似的权衡，毕竟，新技术也以无数种方式改善了我们的生活。

但是人们不是很乐意使用科技巨头的产品和服务吗？难道这不意味着他们同意承担这些技术的全部政治后果吗？并非如此。正如《未来政治》所明确指出的，问题的关键是科技巨头的政治权力是否合法，人们乐于使用科技巨头的产品和服务并不足以形成对其拥有政治权力的许可。消费者的满意能给公司带来经济权力、利润并提高高管的薪酬待遇，但政治权力不应被以这种方式进行买卖。人们喜欢在脸书上发帖，但这不能为脸书忽略其平台被用于邪恶的政治目的做辩护。人们喜欢使用谷歌搜索引擎，也并不意味着谷歌可以对其广告中的用户歧视视而不见。经济上的成功并不是扰乱我们政治生活的免责书。

如果需要采取行动，政治权力监督机构就必须掌握各种能力。首先，它将需要拥有调查工具，能够审查特定公司及其技术，确定公司是否拥有过大的政治权力并滥用它。其次，它将需要具备透明性工具，迫使公司公开其经营情况和产品信息。例如，如果人们不知道自己的哪些数据被采集了、哪些数据被共享了、数据的用途是什么、自己使用的系统是由哪家供应商提供的，就不能对是否赞成新技术做出恰当的判断。强大的工具赋予新监督机构强制执行或限制某类行为的能力，最厉害的政策工具便是拆分政治权力过于强大的大型公司。这些工具的创新性其实并不强，今天的竞争管理机构就是用类似的工具对经济权力进行管制的，我们现在的任务是授权监管机构，使其在新的政治舞台上也使用这类工具。

重要的是，这个新机构必须不同于我们传统的竞争监管机构。现在面临的是政治问题，而不是经济问题，目前监管机构中的多数经济学家，并不是应对此类挑战的合适人选。不管经济学家用于探究价格和利润的概念工具多么有效、多么具有洞察力，它们在帮助我们认识自由、民主、社会公平，判断它们是否受到威胁这方面都毫无用武之地。

作为一名经济学家，我似乎在搬起石头砸自己的脚。但是，听一些现在的经济学家讨论这些政治问题，无论是争辩这些问题其实是经济问题，还是声称自己具备解决政治问题的专业知识，都是痛苦的经历。我们大家必须认识到，解决这些新挑战需要的人，与过去最有能力应对经济权力挑战的人截然不同。我们需要一个由政治学家和道德哲学家组成的新机构，来监督作为社会公民的个人，而不仅仅是市场上的消费者。这就是新的监管机构必须要做的事。[57]

第十二章

意义与目标

有一个古老的笑话，讲的是一位年迈的犹太母亲和她已经成年的儿子在海边发生的故事。儿子本来在海边游泳，但游得不好，被海浪带得离海岸越来越远，然后他就慌了，在海水里挣扎了起来。岸边的母亲目睹了事情的发生，转身呼喊她周围的人帮忙："救救我的儿子，他是个医生，他要溺水了！"

到目前为止，本书都没有谈及这位母亲对自己儿子职业的自豪感。我从纯粹的经济学角度看待工作问题，只关注工作能带来收入这一特征。这种视角是有益的，因为它清晰地展示了科技性失业的威胁：自动化通过岗位蚕食剥夺了人们的生计。但是对于某些人来说，例如海边那位焦虑的母亲，这只是对工作重要性的粗浅解释。他们会认为，问题超出了经济学范畴，工作不仅仅是收入的来源，更是意义的来源、生活的目的、人生的方向。

从这个角度讲，科技性失业的威胁还有另一面。它不仅剥夺了人们的收入，也剥夺了人们存在的意义；不仅蚕食了劳动力市场，也剥夺了许多人生活的目标。[1] 在一个工作岗位稀缺的世界，我们将面临一个与经济学毫无关系的问题：当意义的主要来源消失时，如何寻找生命的意义。

工作及其意义

公平地讲，并非所有经济学家都是如此狭隘地理解工作的概念。但是，在当今的经济学教科书中，工作被视为不可逃避的不愉快活动，会降低效用，造成不悦。人们工作纯粹是为了赚取收入，这也是工作唯一的积极作用，只有靠工作带来的工资才能抵消工作本身带来的烦恼。这种观点的学术历史悠久，可以追溯到亚当·斯密时代，他曾将工作描述为"辛劳和麻烦"。[2] 但也有其他人持不同观点。以另一位经济史上的泰斗阿尔弗雷德·马歇尔为例，他宣称，"除非有艰苦的工作要做，有巨大的困难要克服，否则人会迅速退化"，"为了身心健康，必须付出艰苦的努力"。在他看来，工作不仅仅是为了收入，更是实现"充实生活"的方式。[3]

跳出经济学领域，还有很多伟大的学者留下了许多有关工作及其意义的著作。弗洛伊德因其名言——人类的幸福只取决于"爱和工作"两件事——而广受赞誉。[4] 其实他的原话更加深奥，"人类的社群生活具有双重基础，由外界需要导致的工作的强迫性和爱的权力"。弗洛伊德认为，工作对人类来说是"必不可少的"，与其说工作是为了收入，不如说是为了让我们能在社会中和谐生活：工作是发泄每个人内心深处原始冲动的出口，在办公室格子间的键盘上发泄，总好过通过跟人打架进行发泄。[5]

另一个以对工作和意义的思考而著称的人物是古典社会学家马克斯·韦伯。人们为什么对自己所做的工作如此重视？韦伯说，是因为宗教，特别是因为 16 世纪的新教改革。在此之前，西欧的基督徒大多是天主教徒，如果他们对自己的所作所为（或所思所想）感到内疚，会通过向神父忏悔来解决。但是，对于新教徒来说，这种方法是行不通的，他们不向神父忏悔。韦伯提出，这就给人带来"极大的不安"，因为人们永远不知道自己死后会是什么情况。[6]对他们而言，唯一的解脱是"不懈地、持续地、系统地工作"，通过这些努力证明自己的灵魂值得被拯救。[7]韦伯将工作称为"职业"和"召唤"，是"上帝赋予的任务"，所有这些术语至今仍被我们使用。[8]在他看来，有些人表现出的对自己工作的热忱与忠诚，其实是一种虔诚的奉献精神。

关于工作及其意义的最有趣的实证研究，是社会心理学家玛丽·雅霍达在20世纪30年代进行的一项研究。[9]这项研究在维也纳郊外一个叫马林塔尔的小村庄开展，这个村庄是1830年为了给附近新建的亚麻工厂的工人提供住所而建立的。在接下来的几十年里，随着工厂的发展，村庄也逐渐壮大。但是1929年，大萧条来袭，到了第二年，工厂就倒闭了。到1932年，该村庄478个家庭中3/4的家庭没有一个人有工作，收入完全依赖失业金。

雅霍达和她的同事想知道如此广泛的失业所带来的影响。他们的研究方法非比寻常：为了收集居民的数据，又不让他们意识到自己正在被监视，研究人员将自己融入了日常的乡村生活。（他们在这个村庄的创业项目包括提供衣服清洁、维修服务，开设父母培训班、免费的医疗诊所、图案设计课以及体操课。）他们的发现令人震惊：大规模失业让人变得冷漠，生活失去方向，对他人的恶意增加。人们从图书馆借阅的图书数量减少了：1929年每名居民平均借阅3.23本书，但到了1931年，这一平均借阅量下降到只有1.6本。人们退出了政党，也不再参加文化活动：在短短几年中，体育

235

俱乐部会员的人数就减少了 52%，合唱俱乐部的人数减少了 62%。失业救济金要求索赔人不能从事非正式工作，在那些年里，马林塔尔村匿名举报他人违反该规则的人数增加了 3 倍，但证据确凿的投诉数量几乎没有发生任何变化。在街头巡视的研究人员甚至注意到行人的身体变化：街上的无业男士走得更慢了，停下来的频率也提高了。

弗洛伊德认为，工作是社会秩序的来源；韦伯认为，工作赋予人们更宏伟的目标；雅霍达认为，工作创造了组织感和方向感。除了这些学术思考之外，还有很多在工作中寻求目标的人们更熟悉、更日常的例子。走进书店，我们会发现无数告诉读者如何在工作中获得成就感的书籍。找新工作时，热切的雇主为了吸引你，除了承诺可观的收入，还会诱以职业的价值与意义。跟一个自豪的家庭支柱聊天时，他们会提到自食其力、养家糊口的荣耀感。与新手父母讨论为了新的家庭角色放弃工作时，即便是暂时的放弃工作，他们也常常会指出一种远超工资收入损失的失落感。再看看那些实现了财富自由完全可以不用工作的人，很多人经历了短暂的退休生活之后，发现这样的退休体验并不舒服，又继续天天早起去办公室工作。宴会时，可能会有个陌生人坐过来问："您是做什么工作的？"大家通常假设一个人所从事的工作对他的身份有重要意义。

最后一点很重要。工作不仅对劳工自身意义重大，还具有重要的社会意义，能使人们向他人展示自己的生活有目的，为他们提供获得地位和社会尊重的机会。如今，社交媒体更强化了这一现象。领英最初是一个帮人找工作的网络工具，现在却被某些人用来大肆宣传自己的成功和工作的努力程度，明显变成了一个具有自夸意味的平台。

对于有工作的人，工作与意义之间的联系是美妙的：努力付出之后，他们既收获了收入作为金钱回报，又收获了目标感作为精神回报。但对于失业者，这种联系反而可能成为不适和困窘的根源。如果工作提供了通往有意义生活的道路，那么失业者可能会觉得自己的存在是没有意义的；如果工作提供了地位和社会尊重，他们可能因感到没有社会地位而垂头丧气。这可能部分解释了为什么失业者经常感到沮丧、羞愧，以及为什么他们的自杀率会高达工作人员自杀率的2.5倍。[10]

当今时代盛行的精英主义政治哲学，对此无济于事。[11] 精英主义者认为工作是给有资格的人准备的，他们是因为才华或努力才有了工作。但是，如果工作的优势被放大了，那么没有工作的人可能会觉得自己毫无优点。迈克尔·桑德尔曾打趣说，在封建时代，至少那些在金字塔顶端的人，知道自己在经济上的财富是因为出生时运气好，生在了正确的家庭；而今天，那些最幸运的人，竟然认为自己的地位是应得的，竟然觉得与生俱来的才华和能力（还有父母的支持与财富）与运气无关。[12] 一个令人不愉快的推论是，当今不幸的人，经常也认为自己的厄运是应得的。

工作的意义有时不是来自积极的获得感而是消极的失去感，不是因为有工作值得庆祝，而是因为没有工作会感到丢人。当人们称失业者为"白拿救济的人"或"福利皇后"时，当然是对他们的侮辱，但同时也在加深对有工作的人的尊重。尽管有时人们觉得对失业者的不满是一种新现象，是被20世纪小报的大肆宣扬激发的，但实际上这是一种非常古老的态度。例如，这种态度在《济贫法》中便被体现得淋漓尽致，该法案是对英国中世纪起开始合并的一系列法案的总结，首次引入了专门用于帮助穷人的政府税收。（在此之前，对穷人的帮助多是自愿的、非正式的，伸出援助之手的常常是朋友、家人或教会。）该法案的早期版本——1552 年版本的表述更为夸张，它指出，"无论男女，如果有人有能力工作，却拒绝劳动赋闲三日，就应在其胸前用烧红的烙铁烙上字母'V'，并判为奴隶两年，归属当初揭发该赋闲人员的人"。[13]

不满是双向的。有工作的人抱怨失业者，失业者也怨恨有工作的人。这也解释了最近硅谷在对 UBI 表现出狂热的态度后，人们对此的奇怪反应。马克·扎克伯格和埃隆·马斯克均表示对 UBI 的构想给予支持。易趣的创始人皮埃尔·奥米迪亚和创业投资加速器的创始人山姆·阿尔特曼资助了在肯尼亚和美国进行的 UBI 试验。[14] 但他们的这一做法却引起了广泛的敌意。如果工作仅仅是获得收入的一种手段，那么这种反应就很奇怪：这些企业家实质上是打算，让像他们这样的人包揽所有艰难的工作，并无条件给其他人发钱。但是，对于许多人来说，工作不仅仅意味着获得收入，因此，在他们眼中，那些收入丰厚的人提供的 UBI 更像是封口费，或者是贿赂，甚至是企图垄断生活意义的来源，防止他人也获得生活的意义。

不是所有的工作都有意义

在当今的工作世界，多数情况下工作与意义之间的联系确实非常强大。但这并非普遍存在，而且，即使是在联系强大的领域，这种现象也是最近才出现的。

例如，我们的史前祖先可能会觉得，将工作和意义联系在一起的想法非常奇怪。直到 20 世纪 60 年代，人们一直认为狩猎采集者的生活是艰苦的，劳动强度非常大，但是最近的人类学研究表明，他们的工作量可能"少得令人吃惊"。经济史学家格雷戈里·克拉克回顾了一系列有关当代狩猎采集社会的研究后,发现其成员从事劳动的时间一直比今天英国普通男性工人少(见图 12.1)。克拉克对劳动的定义不仅包括有偿工作,还包括学习、家务、育儿、个人照护、购物和通勤。[15] 数据表明,在自给自足的环境中,狩猎采集者的闲暇时间更长,平均每年比繁荣的现代英国社会的劳动者长大约 1 000 个小时。[16]

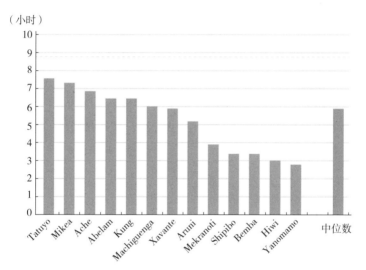

图 12.1 2000 年男性劳动者(16~64 岁)每天的工作时长 [17]

如果狩猎采集者依靠工作寻找目标感和充实感,就不会有这样的研究发现。显然,之所有这样的发现,是因为他们在其他地方寻找生命的意义,而且现在还在继续寻找。正如人类学家詹姆斯·苏兹曼所说:"狩猎采集社会的证据表明……我们(人类)完全有能力过上充实的生活,而这种充实生活不是由劳动提供的。"[18]

远古时代，人们对待工作的态度也与现在不同。那时，工作通常被认为是丢人的，而不是有意义的。[19] 在古埃及的底比斯城，法律规定，任何人若要在政府任职，必须在 10 年内没有从事过贸易活动。[20] 在市场上从事商品交易活动被认为是极其肮脏的事情。在希腊的勇士城邦斯巴达，按照法律，公民被培养成武士参与战争，远离生产性工作，非公民才从事贸易活动，而手工劳动则由人口数量庞大的国有农奴"希洛人"承担。[21]

当柏拉图为他的理想国描绘蓝图时，他将一些劳动者限定在"工匠阶层"，剥夺了他们的从政机会。他说："一个秩序井然的国家不会让工匠成为公民。"亚里士多德同样写道："公民不能过着工匠或商人的生活，因为这样的生活是愚昧无知的，是通往卓越的绊脚石。"[22] 他认为，意义只能诞生于闲暇，工作的唯一目的是为闲暇买单："我们为了享受闲暇而工作，就像我们为了和平而战争一样。"[23] 实际上，"工作"的希腊语是"ascholia"，闲暇则是"schole"，所以工作的字面意思便是"无闲暇"。当时的希腊人与当今许多人的看法相反，他们认为闲暇是第一位的。[24]

在古老的神话和宗教经文中，工作常常是一种惩罚，而不是有意义的生活方式。例如，在希腊神话普罗米修斯的故事中，一个凡人诱使众神接受了用骨头献祭而不是用肉献祭，宙斯对这种诡计大为恼火，用工作惩罚全人类。[25] "众神向人类隐瞒生活的意义，"诗人海西德解释说，"否则，人类一年就只需工作一天，其他时间不工作也足够养活自己……但是宙斯因为偏袒人类的普罗米修斯欺骗了他，心里非常生气，把生命的意义藏了起来。"[26]

或者翻开《圣经·旧约》看一看，起初，亚当和夏娃赤身裸体在富饶的伊甸园里漫游时，一切都很好。但当亚当偷吃禁果后，上帝判处他们二人从事辛苦劳动，夏娃的辛苦劳动是一种比喻，指的是痛苦的分娩（"我必多多增加你怀胎的苦楚"），亚当的辛苦劳动则是字面意义上的，从那时起，他必须辛苦劳动才得以生存（"你必汗流满面才能糊口"）。[27]

这些故事提醒我们，无论弗洛伊德和韦伯如何盛赞工作，工作与意义之间的联系可能并不清楚。直接地讲，无论理论如何阐述，对许多人来说，工作一直是令人痛苦的事情。例如，我们很难辩解说，工业革命时期工厂里、磨坊里的辛苦劳动能给人深刻的成就感，相反，那样的生活惨淡而令人绝望。这正是年轻的马克思的愤怒所在，并促使他写下了"异化"的恢宏篇章，阐明异化劳动让人体会不到身为人的主体性。[28] 这就是为什么亚当·斯密虽然常被人们视为自由市场的护旗手，却常常担心单调的劳动会导致人们"极尽愚蠢、极尽无知"。[29] 这也是为什么 19 世纪初著名的法国哲学家夏尔·傅立叶把当时的工作世界描述为"名副其实的墓地"[30]。

我们要质疑工作与意义之间的联系，无须回到工人缺乏法律保护、受到剥削和压迫的工业革命时期，[31] 只需要看看人们今天是如何度过工作生活的，无论是摆放货架、制作三明治、清扫马路、收集垃圾、起草法律合同，还是审查财务账目。尽管这些工作可能不像 100 年前工厂车间里的工作，但它们中没有一个能给人带来明显的意义感或成就感。在美国，将近 70% 的劳动者表示"不能投入"工作中或想"积极摆脱"工作，而只有 50% 的劳动者表示能"从工作中获得认同感"。[32] 在英国，近 40% 的人认为他们的工作不能为世界做出有意义的贡献。[33] 用社会学家大卫·格雷伯的话说，今天许多人觉得自己陷入了"烂工作"。[34]

最后，即使对有幸、有权找到有意义工作的人来说，如果不是必须，他们也不一定想工作。就拿法国人举例，比起其他国家，法国人赋予工作更多的意义，但与此同时，他们也比其他国家的人更希望花更少的时间在工作上，而且他们确实也是这样做的。[35] 有时我会想，那些对工作岗位稀缺的世界忧心忡忡的学者和评论员，是不是错把自己对工作的热忱投射到每个人身上，以为所有人都像他们那样喜欢工作。

如果人们不再工作将如何生活

关于工作与意义之间的关系，有两种截然不同的观点。有些人认为两者之间有重要的联系，认为工作不仅是社会收入的分配方法，也是意义的分享方式。当读到有关"烂工作"和悲惨职业的悲观描述时，他们很可能本能地认为大可不必如此，通过适当改变，即使是不愉快的工作也可以带来成就感。还有一些人持相反观点，他们质疑工作与意义之间的一切联系，可能将对工作的所有不满或失望，当作证明自己观点的证据。

从某种意义上说，采取哪种观点可能并不重要。当我们进入一个工作岗位稀缺的世界，两派人都将被迫面临相同的问题：如果人们不再工作，他们将做什么？

要回答这个问题，一个流行的观点是可以从富裕的上层阶级寻求参考。纵观整个历史，上层阶级的许多人都不必为赚钱而工作。凯恩斯称他们为"我们的高级护卫"，认为他们遥遥领先地走在通往工作岗位稀缺世界的道路上，"为我们其他人窥探应许之地，在那里安营扎寨"[36]。华西里·列昂惕夫也参考了他们的生活提出："那些问普通劳动者如何利用如此多空闲时间的人，忘记了在维多利亚时代的英格兰，'上层阶级'似乎并没有因为他们的懒惰而意志消沉。一些人打猎，一些人从事政治，还有一些人创造了世界上最伟大的诗歌、文学作品和科学项目。"[37]

来自英国上流社会的哲学家伯特兰·罗素，在一篇著名的散文《闲暇颂》中阐述了对其成功的同伴的看法。他认为，"工作即美德的观念，对现代社会造成了极大的损害"，而"通往幸福与繁荣的道路在于有组织地减少工作"。在他看来，有闲阶级"几乎贡献了我们所谓的全部文明……没有有闲阶级，人类将永远无法摆脱野蛮主义"。[38] 他认为，不应该有人被迫每天工作 4 小时以上，这样人们才能自由地徜徉在艺术、科学、文学和经济学的海洋。

问题在于，富裕人群的生活方式不是很有代表性。一方面，有一种浪漫化的趋势，夸大了他们花费时间的明智程度。托斯丹·范伯伦的炫耀性消费理论嘲笑维多利亚时代的英国富人如何挥霍钱财（"为了获得尊重就必须浪费"），也嘲笑他们如何花费时间，他称之为"炫耀性闲暇"。[39] 对于他们来说，只在花哨的多余物品上浪费收入是不够的，还要让人们看到他们在浪费时间。这就解释了有闲阶级对于学习从古代语言到繁文缛节的礼仪方面展示出的情有独钟。当然，范伯伦是在挑衅，但他也有一个严肃的观点，即上层阶级确实常常以特殊的方式花费时间。

事实是，很难想象我们如何更好地利用空闲时间。马克思在其著作《黑格尔法哲学批判导言》中有一句名言暗示了这背后的理由，他说："宗教是人民的鸦片。"这句话通常被解读为对神职人员和上层阶级的攻击，指责他们用宗教教条麻痹劳动人民，让人民对经济不平等视而不见，阻止人民发动革命。但这不是马克思的本意，他认为宗教是普通人创造的，而不是他人自上而下强加的。这是他们为了给生活增添意义而自我构想的方式。[40]

但是，今天宗教显然不再发挥这种作用。在某些社区，宗教势力可能还在上升，宗教经典有了新的补充（例如，基督教科学派的"经文"）。但是，与大规模扩建教堂、招募神职人员的马克思时代相比，现代世界已经大不相同了。[41]宗教不再像过去一样主宰人们的日常生活。

是什么取代了宗教的地位呢？正是我们所从事的工作。对于大多数人来说，工作带来了愉悦的目标感。但与此同时，工作使人陶醉，使人迷失方向，使人无法在其他地方寻找生活的意义。这让人难以想象，我们将如何改变生活方式。工作在我们的心中根深蒂固，我们对它如此依赖，以至常常本能地抵制对工作岗位稀缺世界的思考，而当我们真的去思考时，常常会有一种无法表达任何实质性东西的无力感。

我们大多数人都知道，有工作、有收入的日子应该怎么过，而很难想象没工作却有收入的日子该如何度过。用汉娜·阿伦特的话说，我们生活在一个即将摆脱劳动束缚的社会，但这个社会中的人们已经不了解更高追求、更有意义的活动，而争取来的自由偏偏为的就是这些活动。就像凯恩斯所说的那样，令人担忧的是，"我认为任何国家、任何民族期待这种丰裕闲暇时，都必然满怀恐惧。毕竟长久以来，我们都是被训练去奋斗而不是去享受"[42]。

如何利用闲暇时光

那么，我们该怎么办呢？没有工作的人将如何度过他们的闲暇时光？有没有办法给人们提供原本希望在工作中找到的目标感？如果有，那是什么办法？玛丽·雅霍达在马林塔尔村生活期间，最令人困惑的发现之一，就是休闲成为没有工作的人的"悲惨礼物"。一开始她希望"即使人们面临失业的痛苦，但至少可以从无限闲暇中获益"。然而，她发现，"当人们失去了工作……（他们）逐渐从一种有序的存在过渡到一种无纪律的空虚存在"，以至当被问到他们如何消磨时光时，竟然"无法回忆起任何值得一提的事"[43]。在科技性失业的世界，我们如何避免类似的沮丧和绝望蔓延？

答案之一是，作为一个社会，我们需要更加认真、更加有意识地思考闲暇：既要思考如何为闲暇做准备，也要思考如何明智地善用闲暇。如今，我们非常熟悉劳动力市场政策，这些干预措施以社会认为的最佳方式塑造了劳动世界。但是，当我们迈向工作岗位稀缺的世界时，我相信我们将先通过以下政策对这些劳动力市场政策加以补充，告知人们如何利用闲暇时间，以此重塑人们使用闲暇时间的方式。

1. 重温教育

严肃的闲暇政策必须从教育开始。现在，大多数学校的教学重点是让学生做好应对工作世界的准备（尽管这不是教学的目的，却依然是评价的标准）。考虑到这一点，我在本书前面讲到，我们需要改变教育的内容、方式以及时间。但是，当我们进入一个工作岗位稀缺的世界时，将教学重点放在为工作做准备上就没有意义了。教育专家喜欢引用古代斯巴达国王阿格西劳斯的话，他说教育的目的是教授孩子长大后要用到的技能。[44]专家之所以援引国王这一看似不言自明的建议，往往是因为当今的教育体系未能做到这一点。但是，在工作岗位稀缺的世界，相同的引用将引申出不同的意思：

在未来世界蓬勃发展所需的技能，将与当今的需求大不相同。

目前，我们倾向于将工作与繁荣混为一谈。我们相信，工作上的成功就是生活上的繁荣，因此二者所需的技能是相同的。但如果要做的工作减少了，我们就需要为工作岗位稀缺的情况做好准备。这将要求我们大规模修改教学内容，然而，如此巨大的转变也并非史无前例。如果我们回到阿格西劳斯时代，看看斯巴达人的课程大纲，就会大吃一惊。所谓的斯巴达教育，其实是为期20年的体育课，目的就是让男人为战争做好准备。今天，学校有组织的体育课每周被限定在几小时之内，除了体育老师，估计没人对此感到失望。我们不再需要将年轻人训练成战士。将来，我们也许不再需要培训他们去工作，而是需要教授他们如何利用闲暇时间蓬勃发展。

比起古希腊，现代社会有更多给人启发的事例。大约 3/4 个世纪以前，英国的《巴特勒教育法》就已提出在全国引入免费中学教育的想法。[45] 法案的首席设计师，下议院议员拉博·巴特勒在议会上站起来慷慨陈词，他希望这项改革能"促进我们最持久的资产和最丰富的资源——伟大民族的品格和能力——的发展"。他的措辞表明了双重愿望：不仅要培养越来越多的称职劳工，而且还要培养杰出的人。[46] 在随后的几十年中，教育体系在很大程度上忽视了第二个目标，但近年来它又逐渐得到了重视。政客、学者和政策人士越来越多地谈论培养"品格"和"生活技能"的重要性。传承了古典哲学家的精神，有智库认为我们需要培养学生的"美德"："诚实和善良等道德美德、社区服务等公民美德、好奇心和创造力等智力美德，以及勤奋和毅力等行为美德。"[47] 我们可能会争论说，这些是在工作岗位稀缺的世界繁荣发展所需的必要技能吗？但是，这种基本的做法是对的，它重新审视了超出基本工作场所能力的教育的作用。

2. 各种各样的闲暇政策

除了让孩子做好迎接工作岗位稀缺的世界的准备，社会可能还希望制定闲暇政策，规范失业的成年人在闲暇时间的生活方式。这听起来似乎太过分了：你可能会认为，国家试图影响劳动力市场无可非议，但是，不是应当让人们自己选择如何度过闲暇时光吗？我不太确定。要知道，当今所有国家的政府都已经在这样做了，但并没有引起公众的不满。

以英国为例，英国人一天有 5~6 个小时花在闲暇时光上。（男性平均每天为 6.1 个小时，女性平均每天为 5.5 个小时。）英国人可能觉得他们的自由时间是以自己的方式度过的，但实际上，国家正潜伏在角落里，悄悄影响着他们的所作所为。根据国家统计局的数据，最受欢迎的闲暇活动是消费"大众媒体"，其实就是看电视、读书、听音乐。[48] 确实，人们可以选择他们所看的电视频道和电影，但是要在英国有一台电视，就必须缴税资助公共广播公司 BBC，而且 BBC 是人们在选频道时看到的第一个频道。国家也要塑造 BBC 频道播放的内容：必须"提供信息、教育和娱乐"，以免国家失去征收收视费的权利。[49]

英国人不看电视时如何度过闲暇时光？他们每周会有几个小时从事体育运动或户外活动，约有一个小时进行文化活动，例如参观博物馆或者去剧院。政府在这里再次出现，悄悄地影响着幕后的事物。实际上，在英国，有一个部门——数字、文化、媒体和体育部门——在试图左右人们如何度过闲暇时光。他们进行了一系列度过预，例如确保所有儿童都有机会学习游泳和骑自行车；免费提供许多英国最佳博物馆的门票；禁止将英国最好的艺术品出售或带往国外。[50]实际上，纵观我们闲暇生活的方方面面，就会发现，即使不是正式的政府部门，也至少会有一个公共支持的"信托""基金会""机构"诱使我们从事某些活动，放弃另一些活动。

也有可被称为无意识闲暇政策的实例，养老金制度就是一个例子。在世界各地，养老金制度都是基于这样的原则：闲暇是在暮年才该有的。但是，正如莎拉·奥康纳在英国《金融时报》上所提问的："如果政府援助能让每个人在生命的某个阶段享受一段闲暇时光，为什么一定要将它留到生命的最后阶段呢？"[51]当今的世界，人类的预期寿命正在延长，劳工也将因休假再培训而受益，而且人们还需花费大量的非工作时间满足一些不定期需求（可能要抚养孩子或照顾老人）。但令人吃惊的是，国家竟然决定只在生命的最后阶段为闲暇提供经济支持。

再说志愿服务部门。今天的英国，约有1 500万人定期从事志愿活动，相当于从事有偿劳动人口的一半。[52]英格兰银行首席经济学家安迪·霍尔丹估计，英国志愿服务的经济价值是每年500亿英镑，与能源行业的价值旗鼓相当。[53]但是，这一行业并非凭空运作起来的：政府制订了各种计划、各种规程支持志愿服务行业的发展。也可以把它看作一种闲暇政策，鼓励人们免费从事某些特殊活动来消磨闲暇时光。

正如这些事例所示，如今已经有各种各样的"闲暇政策"在发挥作用。但是，这些政策都是对人们空闲时间使用方式的小规模干预，且通常是偶然的、无计划的。在工作岗位稀缺的世界，这种漫无目的的方法将不再适用，对"闲暇政策"的制定需要更加谨慎、更加全面、更加连贯。

这将导致方向上的根本变化。如今，人们越来越多地将闲暇视为过剩品而不是优先事项。当政府希望在财政支出上表现得比较克勤克俭时，常常将休闲活动视为可随意裁减的低垂财政之果。在美国，特朗普试图取消对美国全国艺术基金会、博物馆与图书馆服务协会、公共广播协会的资金赞助。[54] 在英国，2010—2016 年，公共图书馆的数量减少了约 12%。[55] 这种下降态势冲击着国民的脑神经：当作家菲利普·普尔曼在牛津大学的小型聚会上讲述反抗图书馆关闭的斗争时，他演讲的在线版本，用一位热情洋溢的评论员的话说，引起了"病毒式的轰动"。[56]

但重要的是，不能基于现在的状况过度臆断未来的社会将如何鼓励其成员消遣时间。如何才能有意义、有目标地度过闲暇时光，我们应将其交与子孙后代自行协商。预测人们将来如何度过闲暇时光的尝试通常效果不佳。例如，1939 年，《纽约时报》曾认为电视永远不会流行。"电视的问题在于，要看电视，人们必须坐下来，眼睛盯在屏幕上，普通的美国家庭根本没有时间这样做。"主编自信地说，"即使没有其他原因，单凭这一个原因，电视也将永远无法成为广播的重要竞争对手。"[57] 毫无疑问，该预测是大错特错的。

工作的意义超出了纯粹的经济意义

经过一段漫长的探索之后，有些人可能会得出这样的结论：对他们来说，没有任何活动能够与工作一样为他们带来成就感或方向感。即使他们另有收入来源，也可能认为工作是通往其苦苦追寻的生活意义的唯一途径。

我最喜欢的一首诗歌是阿尔弗雷德·丁尼生的《尤利西斯》，其准确地描述了这种感受。这首诗歌讲述的是希腊英雄奥德修斯的故事，他赢得了特洛伊木马战争，然后花费了10年时间从战场返回家园。他遇到重重障碍，包括被食忘忧果一族的引诱，因死去母亲的魂魄而分心，被单眼巨人部落囚禁，还有另一个巨人部落想吃掉他。简言之，这是一条坎坷的归家之路。诗歌中，丁尼生想象着奥德修斯冒险归来，不得不重登王座，成为"闲散国王"后会有怎样的感受。他的回答是，这简直无聊透顶。奥德修斯并不想"不磨砺就生锈"，而是想"在使用中大放异彩"。因此，在丁尼生的诗歌中，奥德修斯准备将王位传给儿子，再次扬帆起航，希望"还有一番崇高的事业等待我们去做，使我们配称为与神斗争的人"[58]。同样，当科技性失业的世界来临，未来像奥德修斯这样的人，可能仍想尝试做自己所认为的"崇高的工作"。

到目前为止，我一直在谈论"工作岗位稀缺的世界"，但我真正的意思是"有偿工作岗位稀缺的世界"，讨论至此，还没有必要对二者加以区分。但是，在考虑未来时，则需注意二者的差异。为什么呢？因为尽管我们可能正在朝着有偿工作岗位稀缺的世界迈进，但我们没有理由认为未来的世界没有任何工作可做。将来，尽管没有经济上的需要，但仍将有人渴望继续工作，这些人会寻找机会承担我们今天称之为"工作"的任务，唯一的区别是，这项工作不会带来足以维持生存的收入。

这些任务可能包含什么？从某种意义上说，一旦去掉赚取足以维生的工资这一限制，可以是任何工作。他们可以从事尽管机器更擅长，但人类也还是想做的任务。这听起来效率低下，但是如果从事这项工作是出于非经济目的，为的是追寻目标感而非生产率，那么经济上对"效率"的担忧便是一个错误。

奥德修斯这类人的存在,赋予了政府另一个角色:帮助想要工作的人找到工作。一种可行的方法是,政府积极地为人们创造工作机会。这一方法实际上并不像听起来那么激进:政府事实上已经在大规模地这样做了。全球十大雇主中,有 7 个是国有机构,包括美国国防部、英国国家医疗服务体系、中国国电集团公司以及印度铁路公司。今天,"工作保障"的观念已引起人们的青睐和兴趣。在美国,参加 2020 年总统大选的几位民主党候选人支持为所有人提供工作的政策,这一政策也得到 52% 的美国人的支持。这一数字意味着什么?负责进行民意调查的人称,这一政策是"我们曾经调查过的最受欢迎的政策之一"[59]。

有些人希望在有偿工作岗位稀缺的世界继续工作,这就让我们陷入一个概念上的困境。如果人们不再直接依靠工作赚钱,这项工作还应该被称为"工作"吗?还是应该称它为休闲活动呢?在劳动时代,我们无须考虑这个问题。闲暇通常被简单地定义为人们不工作时的时间,而工作则是在非闲暇时间做的事情。但是,当我们置身于有偿工作岗位稀缺的世界,这样的定义和界限将变得模糊。是不是只有为赚钱而做的事情才能被叫作"工作"?若是如此,那就意味着家务之类的劳动不是工作。是不是只有艰苦的事情或者令人不悦的事情才是"工作"?若是如此,则意味着现在那些喜欢并享受自己的有偿工作的人是在休闲,而紧张地盯着电视机屏幕,看到自己支持的球队输球的球迷则是在工作。

哲学家花了大量时间试图对此加以区分。[60]但实际上,我觉得没这个必要。当我们思考一个有偿工作岗位较少的未来时,简单地看待闲暇时光会更有启发性。有些人可能想把闲暇时光花在看起来很像今天的"休闲"的事情上；有些人可能本着过去"工作"的精神，倾向于把时间花在更有组织、更有指导性的活动上。不过，我的推测是，届时人们选择做的事情大概率不会跟现在的工作很像。工作之所以能成为当今某些人生活的意义来源，不是因为工作本身是特殊的，而是因为工作是我们一生中花费时间最多的事情之一。我们只能在自己花时间的事上找到生活的意义，找到之后便可在其他时间上自由度日。未来，当工作不再是生活的主旋律，我们也将在其他事情上找到生活的意义。

有条件的基本收入的角色

所以，我们又回到了本章最初的问题，没有工作的人在闲暇时光会做什么呢？答案之一是他们可能会享受更多闲暇时光。为此，正如我们所看到的，国家可能希望介入并帮助他们用更有意义的方式利用闲暇时光。另一个答案是，尽管没有直接的工资收入，还是会有一些人可能想参与到跟工作比较相似的活动中。政府可能也希望支持这些人的雄心壮志。

但是，这两个选项并不是答案的全部。置身于工作岗位稀缺的世界，很少有社会能够允许没有工作的人把时间全都花在闲暇、娱乐或自认为合适的无偿工作上。这是因为，如前文所述，如果允许全部成员都这样做，任何社会都会分崩离析。如今，社会团结源自每个人都在为社会做贡献，通过所做的有偿工作、所缴纳的税收为集体贡献力量。未来要保持团结，也将需要那些没有有偿工作的人，以非经济的方式花时间为集体做贡献。

这就需要我所提议的CBI——有条件的基本收入的支持，CBI

是一种全民基本收入，但它要求接受者做些回报。如果采用该提议，则意味着将来无工作者的日常生活会被分为两部分：并不是闲暇和有偿工作，而是他们自愿从事的活动和社区要求他们从事的活动。

我们可以推测一下社区要求从事的活动有哪些。在凯恩斯、罗素之类的人物聚集的社会，如果无业者把时间花在读书、写作、创作优美的音乐、深思等追求艺术和文化的事情上，社会可能就心满意足了。传承了古希腊精神的社会，可能会要求人们更加认真地扮演公民角色，要求公民参政、支持地方政府思考对他人的义务。[61] 除了娱乐和政治活动，我相信社会也会更加重视教育、家庭以及护理活动。我想，无论机器变得多么神通广大，我们都希望人类在帮助别人过有目标的生活上、在帮助别人渡过困境或是与病魔抗争时，能发挥作用。

我列出的这些领域只是推测性的，毫无疑问，该清单也是不完整的。最后，还是要交由未来的社会去做决定，决定哪些事情算是对社会有贡献的，哪些不是。不同的社会将会得出不同的结论，但是所有做出判断的社会，也将被迫表明在他们看来，哪些事情有价值，哪些没有。

如今，市场机制在塑造价值观念中发挥着主导作用：一件东西的价值是人们愿意为此支付的价格，劳动者的价值是他们能拿到的工资。尽管该机制缺陷颇多但也非常出色，原因就在于它强大的简化能力。人们无限的欲望与满足欲望的艰难相互碰撞，最后在市场的白热化中被归结为一个单一的数字：价格。

有些我们都认为是意义重大的东西却无法用价格衡量，有些重要的工作只提供微薄的薪水，甚至没有薪水。例如，大多数护理工作是无偿的。[62] 在美国，每年大约有 4 000 万家庭照料者提供了价值 5 000 亿美元的无偿护理，老年妇女贡献了其中的 2/3。[63] 在英国，大约有 650 万护理者每年提供价值高达 1 000 亿英镑的无偿护理服务，护理者也以女性为主。[64] 大多数家务劳动也是无偿的，在英国，做饭、照顾儿童、洗衣服以及处理家务杂事的总价值约为 8 000 亿英镑，是制造业总价值的 4 倍多。[65] 女性又是这些家务劳动的主要提供者。我们对重要性的感知是多维的，一个单一的数字无法涵盖所有不同维度。

在工作岗位稀缺的世界，我们将有机会修复这种错配。奥巴马总统对工作的未来提出了一系列不同的看法，暗示了这种可能性。他说，我们需要做的是"重新审视什么是我们珍视的，什么是我们大家都愿意花重金购买的，无论是老师、护士、护理者、全职妈妈或全职爸爸，还是艺术家，所有我们认为价值重大的事物，在薪资金字塔中，却排名都不高"。[66] 如果 CBI 得以实施，将驱使我们这样做：借助社会的有形之手，提高被劳动力市场的无形之手标记为毫无价值的活动的地位，并将其定位为有价值的、重要的活动。我们将有机会借助社会认可而非市场工资进行价值分配。履行 CBI 的要求可能成为自我满足感的来源，跟养家糊口的满足感差不多，尽管二者的获取方式不同，但都会因自力更生而散发出温暖的光芒。

创造意义的政府

最后一章是本书最富猜测性的部分。但它传递了两个重要信息。第一个重要信息是，如果闲暇时光在我们生活中的占比真的变大，那么政府职能中有关闲暇时光的部分的重要性很可能也将提升。就像在劳动时代，我们制定了各项干预措施来塑造人们的工作生活，在工作岗位稀缺的世界，我们也将需要一系列工具，影响人们对业余时间的安排，其中可能包括：旨在帮助人们有目的地度过时间的休闲政策，为没有工资仍想"工作"的人提供工作机会以及制定换取社会支持必须满足的社会贡献要求。这只是一些可能的政策工具，我相信未来肯定会出现更多的政策工具。

第二个重要信息是，工作的意义超出了纯粹的经济意义。但工作和意义的关系并不总是成立的：对于某些人来说，他们的工作是收入来源，仅此而已。但是，对于另一些人来说，他们的工作却真真切切地提供了强烈的目标感，这些人具有与其所从事工作紧密相连的、成为其生命一部分的经济身份。

英国的煤矿工人将这一点表露无遗。古老的采矿城市达勒姆有每年一次的街道戒严，在此期间车辆禁止通行。小镇上挤满了矿工及其支持者，街道上有铜管乐队表演，播放着庆祝歌曲，还有游行乐队。人们举着印有历史悠久的采矿英雄面孔并写着标语的巨大横幅，还会打出"团结""社区""骄傲"等口号。这群人的身份被明确地绑定在他们的特定工作上。该游行活动被称为达勒姆矿工节游行，自1871年诞生以来延续至今，但不知道未来还能持续多久。2015年底，英国最后一个地下煤矿凯灵利煤矿（Kellingley Colliery）关闭，废弃的采矿机被埋在了废坑中。[67] 在我看来，游行仪式看起来就像是一场宗教葬礼。

在工作岗位稀缺的世界，像英国矿工一样拥有经济身份的机会将减少。相反，人们将被迫在其他方面寻找非经济身份。如今，身份政治涌现：人们的政治品位越来越多地受种族、信仰或居住地的影响。有时我会想，人们是否部分受到当代经济生活不安全感的影响，选择退缩到比经济生活更坚固、更可靠的非经济生活中，寻找意义的来源。但是这些非经济身份也有让人担忧的地方，其中之一便是难以辨识。一个典型的例子便是英国脱欧，在英国，留欧派几乎从未想到英国脱欧真的会发生：生活的目标不只在经济方面，可是在这一事实面前，留欧派集体盲目了，关于"贸易"和"增长"的争论，可能根本不是许多人考虑的重点。[68] 更重要的是，所出现的非经济身份可能令人反感，世界各地民粹主义政治兴起，便是一个不祥的例子，究其原因，部分是经济上的不安全感。

鉴于上述两点信息，大政府的最后一个职能浮出水面——创造意义的政府。当我们进入工作岗位稀缺的世界，许多人传统目标感的来源将逐渐消失，空白就会出现。目标感的新来源将会出现，但并非所有来源都是善意的。我们希望有一个具有创造意义的政府介入，通过对诸如闲暇政策、有条件的基本收入等的干预措施，引导其他意义来源取代工作原本的位置。

在我为大政府设立的所有职能角色中，这一点是最陌生的。今天，我们已经习惯了作为管理者和技术官僚的政治人物，这些角色的作用是解决深奥的政策问题。我们一般不会将他们视作道德领袖，不期望他们指导我们去过更加丰富多彩的人生。但是在工作岗位稀缺的世界，我们将需要他们帮助我们实现这一点。"社会的工业进步朝着怎样的终点发展？"约翰·穆勒问，"当进步停止，我们预期它会给人类留下什么样的境况？"[69] 我们可能需要一个创造意义的政府，帮助我们找到问题的答案。

到现在为止，现代政治生活一直回避这样的哲学问题。在 20世纪，大部分社会都有着相同的目标：尽可能地做大经济蛋糕。正如以赛亚·柏林曾经写到的那样："既然已经对目标达成共识，剩下的就是手段问题了，这将不再是政治问题，而是技术问题，也就是说，可以由专家或机器解决，比如由工程师或博士来探讨解决方法。"[70] 因此，基于这一经济目标，我们总是倾向于依赖当代生活中的工程师——经济学家，告诉我们如何不断做大经济蛋糕。但是，在工作岗位稀缺的世界，我们将需要再次思考其根本目标到底是什么。问题将不仅是如何生活，而且是如何好好地生活。我们将不得不考虑，过有意义的生活到底意味着什么。

后　记

　　1941 年，斯蒂芬·茨威格坐在他位于巴西的办公桌旁写作。在这之前的 10 年，他可能是欧洲最受欢迎的作家之一，他的图书销量令当今一些最畅销图书的作家都羡慕不已。不过，当时他已开始流亡，是被迫背井离乡的奥地利犹太人中的一员。坐在位于巴西的那张书桌前，茨威格正在写他的自传《昨天的世界》。他解释说，在他小的时候，建筑物、政府、他们的生活方式，所有这些事物对每个人来讲都不可动摇，他称其为"安全的黄金时代"。孩提时的他觉得，这个世界将永远存在。可是正如我们现在所知道的，事实并非如此。[1]

　　过去的 10 年，每当我思考我们的未来时，经常想到茨威格独自一人坐在书桌前心无旁骛地著书的情景。在我看来，我们中的多数人，也都成长于安全的时代——我笔下的劳动时代。在 20 世纪上半叶的疯狂和屠杀之后，世界上的许多地方都呈现出可预测性更强、节奏更和缓的状态，对有偿工作的追求成为平静生活的重要组成部分。比我们年长的人给我们的建议始终是相同的。父母和老师会跟我们解释说，如果我们埋头苦干，在学校里努力学习，或在其他我们选择的任何事情上竭尽全力，就会有收入稳定的工作等着我们去做。随着年龄的增长，我们的报酬很可能也会跟着增长，而当我们年老时，就可以停止工作，享受劳动的果实。人生就是工作，为工作做准备、工作、退休，这似乎没什么不对。

在本书中，我表述了我们的安全时代正如茨威格的安全时代一样，也注定要终结。在未来的 100 年中，技术进步将使我们的社会比以往任何时候都更加繁荣。然而，这种进步也将裹挟着我们，迈向一个人类可做的工作更少的世界。困扰我们祖先的经济问题将逐渐消失，人们将不用担心如何把经济蛋糕做大，大到足以供每个人生存，但是，将会出现三个新问题，来取代如何做大蛋糕的问题。第一个问题是不平等问题，如何才能找到合适的方法，在社会成员中平等地分享经济繁荣；第二个问题是政治权力问题，谁该拥有带来繁荣的技术的控制权，控制权的使用应该被限定在何种情况下；第三个问题是意义问题，要弄明白如何利用这种繁荣，不仅要在没有工作的世界里生活，而且要生活得很好。

这些问题让人望而生畏，解决起来难度很大。对于我们应该做什么，人们存在根本分歧。但是我仍对未来充满希望。当我们思考未来时，以史为鉴非常重要，回想人类迄今为止的 30 万年的经历，不要忘了我们战胜了多少挑战。仅仅几代人以前，几乎所有人都还生活在贫困线以下或挣扎在贫困线附近。为生存而进行的斗争，是多数人面临的最重要的挑战。我们这一代人有幸生活在今天的世界，不必每天早晨醒来面对为生计奔波的命运，原则上，当今的世界有足够繁荣的经济，可供每个人维持生计。迫在眉睫的不平等问题、权力问题和意义问题，正是这种空前繁荣的后果，是为我们中的一些人（尽管不是所有人）有幸享受的物质丰裕而付出的代价。在我看来，这个代价是值得付出的。

　　在 21 世纪，我们必须建立一个新的安全时代，一个不再以有偿工作为基础的时代，而且我们今天就必须开始这项任务。虽然我们无法确定，到达人类可做工作更少的世界需要多长时间，但已有明显迹象表明我们正在朝此迈进。不平等、权力以及意义的问题，并非潜伏在遥远的未来，而是已然展现，并困扰、考验着我们继承而来的制度和传统的生活方式。现在，应对这些问题的担子落在了我们的肩上。

致　谢

　　本书的大部分内容是我在牛津大学贝列尔学院完成的。我要感谢这里的所有朋友和同事，特别是大卫·维恩斯、詹姆斯·福和尼基·特洛特，他们让我工作的地方成为一个快乐而高产的知识之家。贝列尔学院是一个特殊的地方，我很荣幸能成为这个团体的一分子。

　　我还要感谢杰出的文学经纪人乔治娜·卡佩尔、瑞秋·康威和艾琳·巴尔多尼的支持和鼓励。在本书的撰写过程中，能与劳拉·格里和戈里·托维斯两位令人钦佩的编辑共事，我真的特别高兴：他们持续不断地为我提供帮助、贡献见解、给予支持。同时我也要感谢其他成员：艾伦·雷恩团队的霍莉·亨特、伊莎贝尔·布莱克、威尔·奥穆兰、奥利维亚·安德森和安娜·赫维，以及都市图书的玛姬·理查兹、杰西卡·维纳、卡罗琳·奥基夫和克里斯托-费尔·奥康奈尔。特别感谢萨拉·伯什特尔，感谢她对我工作的信任，并从一开始就接纳了我。

　　特别感谢丹尼尔·钱德勒、亚瑟·休斯-哈利特和汤姆·伍德沃德，他们在各个阶段都仔细、周到地阅读手稿并给予评论。感谢亚历克斯·坎弗-杜马斯、乔希·格兰西和奥文·威廉姆斯多年来经常与我讨论本书中的观点；感谢简·伯德塞尔和穆里尔·乔根森的审稿，使我免于无数尴尬；感谢丽贝卡·克拉克对手稿做的事实核查。非常感谢所有其他学生——我们的对话是不断激发我灵感的源泉。

非常感谢我的岳父母托马斯和茱莉斯·休斯·哈利特，在我无数次留宿时，他们在萨福克的书房成了我堆满空茶杯的写作避难所。

最诚挚的感谢必须要献给我在苏斯金德家的家人。我妈妈米歇尔是我一生中最大的支持者；她不断地指导和鼓励对我写作本书帮助很大。我的姐姐阿里总是在我身边贡献她的智慧、建议和她独特的幽默。我还要感谢我的兄弟杰米，他是我认识的最聪明、最能干的人，他多次帮我仔细审阅本书的内容，我信任他的判断胜过任何人。

然后是我的父亲理查德。杰米在他最新的一本书中提到，没有文字能够形容他对我们父亲的亏欠与感激之情。我的感觉也差不多。我非常自豪能与他一起写我的第一本书，尽管他的名字没有出现在本书的封面上，但他的影响却涉及每一个章节，这对任何读者来说都是显而易见的。我是如此幸运能有他在身边。谢谢你，爸爸！

最后，感谢格雷斯和罗莎，你们是我一生中的挚爱。非常感谢你们的一路陪伴（罗莎出现在旅程的后半段）。本书以及我所做的一切，都是献给你们的。

注 释

序 言 这个时代最大的经济挑战

1. 关于美国，请参见《卫报》，Dominic Rushe, 'US Economy Suffers Worst Quarter Since the Second World War as GDP Shrinks by 32.9%', *Guardian*, 30 July 2020。关于英国，月度 GDP 跌至 2002 年 7 月的水平，具体请参见《金融时报》根据英国国家统计局的数据提出，Delphine Strauss, 'UK Economy Suffers Worst Slump in Europe in Second Quarter', *Financial Times*, 12 August 2020。

2. https://twitter.com/AndrewYang/status/1238095725721944065&gt & lt (accessed 30 September 2020).

3. 关于美国，请参见 BBC 新闻，'Coronavirus: US to Borrow Record $3tn as Spending Soars', 4 May 2020。关于英国，参见《金融时报》Chris Giles, 'UK Public Finances Continue on Path to Record Peacetime Deficit', *Financial Times*, 25 September 2020。

4. Richard Henderson, 'Big Tech Presents a Problem for Investors as Well as Congress', *Financial Times*, 1 August 2020.

5. BBC News, 'Apple More Valuable than the Entire FTSE 100', 2 September 2020.

6. 关于英国，请参见英国国家统计局，'Coronavirus and Depression in Adults, Great Britain: June 2020', 18 August 2020。关于美国，请参见《华盛顿邮报》的报道，Paige Winfield Cunningham, 'The Health 202: Texts to Federal Government Mental Health Hotline Up Roughly 1 000 percent', *Washington Post*, 4 May 2020。

7. Nir Jaimovich and Henry Siu, 'Job Polarization and Jobless Recoveries', *Review of Economics and Statistics*, 102:1 (2020), p. 129–47. 尚不清楚这在其他国家是否也适用。加拿大的证据参见 Joel Bilt, 'Automation and Reallocation: Will COVID-19

Usher in the Future of Work?', *Canadian Public Policy, Project Muse* (2020). Georg Graetz and Guy Michaels, 'Is Modern Technology Responsible for Jobless Recoveries?', *American Economic Review*, 107:5 (2017), p. 168–73。

8. Brigid Francis-Devine, Andrew Powell, and Niamh Foley, 'Coronavirus: Impact on the Labour Market', *House of Commons Library Briefing Paper* 8898, 12 August 2020.2020 年 4—6 月，英国共有 2 802 万名受雇人员。

9. E.Y., 'Capital Strategies being Rewritten as C-Suite grapples with immediate impact of new reality', 30 March 2020. , published online at https://www.ey.com/en_gl/news/ (accessed 29 September 2020).

10. Ellen Daniel, 'Brits More Positive about Technology following Covid 19 Pandemic', *Verdict*, 18 June 2020. Published online at https://www.verdict.co.uk/covid-19-technology-vodafone/ (accessed 29 September 2020); Vinous Ali, 'Survey Results: Lockdown and Changing Attitudes Towards Tech', *TechUK*, 17 July 2020, published online at https://www.techuk.org/ (accessed 29 September 2020).

11. Paul Lynch and Daniel Wainwright, 'Coronavirus: How GPs Have Stopped Seeing Most Patients in Person', *BBC News*, 11 April 2020.

12. "美国 62% 的在职人员表示，经济危机期间他们曾在家工作。"盖洛普说，"员工在这一过程中发现远程工作的亲和力。"2020 年 4 月 3 日。"61% 的有工作的人一直在远程工作"，参见 CIPD, 'Impact of COVID-19 on Working Lives: Findings from Our April 2020 Survey', 3 September 2020, published online at https://www.cipd.co.uk/ (accessed 29 September 2020)。

13. Olga Khazan, 'How the Coronavirus Could Create a New Working Class', *Atlantic*, 15 April 2020; Rakesh Kochhar and Jeffrey Passel, 'Telework May Save U.S. Jobs in COVID-19 Downturn, Especially Among College Graduates', *Pew Research Centre*, 6 May 2020.

14. 关于英国，请参见 Suzie Bailey and Michael West, 'Ethnic Minority Deaths and COVID-19: What are We To Do?', *The Kings Fund*, 30 April 2020. 关于美国，请参见 CDC, 'COVID-19 Hospitalization and Death by Race/Ethnicity', 2020, https://www.cdc.gov/coronavirus/2019-ncov/. This data is from the 18 August update。

15. Tomaz Cajner, Leland Crane, Ryan Decker, et al., 'The U.S. Labor Market During the Beginning of the Pandemic Recession', *Becker Friedman Institute Working Paper* No. 2020-58 (2020).

16. See, for instance, McKinsey & Company, 'Survey: US Consumer Sentiment During

the Coronavirus Crisis'，28 August 2020.

17. See David Autor and Elisabeth Reynolds，'The Nature of Work After the COVID Crisis: Too Few Low-wage Jobs'，*The Hamilton Project, Essay* 2020-14, July 2020. 作者提出了一个类似的论点。

前　言　科技性失业带来的问题与应对

1. 我们将看到，这个故事以不同的名字和不同的形式流传。它被称为"马粪危机"，See Brian Groom, "The Wisdom of Horse Manure"，*Financial Times*, 2 September 2013; and Stephen Davies, 'The Great Horse Manure Crisis of 1894'，September 2004, https://admin.fee.org/files/docLib/547_32.pdf (accessed January 2019)。

2. Maxwell Lay, *Ways of the World: A History of the World's Roads and of the Vehicles That Used Them* (New Brunswick, NJ: Rutgers University Press, 1992), p. 131.

3. Vic Sanborn, 'Victorian and Edwardian Horse Cabs by Trevor May, a Book Review'，17 November 2009, https://janeaustensworld.word press.com/tag/horse-drawn-cabs/ (accessed February 2019); Elizabeth Kolbert, 'Hosed: Is There a Quick Fix for the Climate?'，*New Yorker*, 16 November 2009; Davies, 'Great Horse-Manure Crisis'.

4. Jennifer Lee, 'When Horses Posed a Public Health Hazard'，*New York Times*, 9 June 2008.

5. Ted Steinberg, *Down to Earth: Nature's Role in American History* (New York: Oxford University Press, 2002), p. 162.

6. Kolbert, 'Hosed'；Davies, 'Great Horse-Manure Crisis'；Eric Morris, 'From Horse Power to Horsepower'，*ACCESS Magazine 30* (Spring 2007).

7. Lee, 'When Horses Posed'.

8. Steven Levitt and Stephen Dubner, *Superfreakonomics* (New York: HarperCollins, 2009).

9. 'The Horse Plague'，*New York Times*, 25 October 1872; Sean Kheraj, 'The Great Epizootic of 1872–73: Networks of Animal Disease in North American Urban Environments'，*Environmental History* 23:3 (2018).

10. Steinberg, *Down to Earth*, p. 162.

11. 'The Future of Oil'，*The Economist*, 26 November 2016.

12. 但是，正如双关语所暗示的，并非没有修饰。Rose Wild, 'We Were Buried in Fake News as Long Ago as 1894'，*Sunday Times*, 13 January 2018.

13. Wassily Leontief, 'Technological Advance, Economic Growth, and the Distribution of Income', *Population and Development Review* 9:3 (1983), 403–10; 'Is Technological Unemployment Inevitable?', Challenge 22:4 (1979), 48–50; 'National Perspective: The Definition of Problems and Opportunities' in 'The Long-term Impact of Technology on Employment and Unemployment: A National Academy of Engineering Symposium', 30 June 1983.

14. Georg Graetz and Guy Michaels, 'Robots at Work', *Review of Economics and Statistics* 100:5 (2018), 753–68; Aaron Smith and Monica Anderson, 'Automation in Everyday Life', Pew Research Center, 4 October 2017, http://www.pewinternet. org/2017/10/04/automation-in-everyday-life/ (accessed August 2018).

15. Katja Grace, John Salvatier, Allan Dafoe, et al., 'When Will AI Exceed Human Performance? Evidence from AI Experts', *Journal of Artificial Intelligence Research* 62 (2018), 729–54.

16. Nicholas Bloom, Chad Jones, John Van Reenan and Michael Webb, 'Ideas Aren't Running Out, But They Are Getting More Expensive to Find', Voxeu.org, 20 September 2017.

17. Daniel Susskind, 'Technology and Employment: Tasks, Capabilities and Tastes', DPhil diss. (Oxford University, 2016); Daniel Susskind and Richard Susskind, *The Future of the Professions* (Oxford: Oxford University Press, 2015).

18. The '$80.7 trillion pie' is the $80.738 trillion global GDP in current US dollars for 2017, from the World Bank: https://data.worldbank.org/indicator/NY.GDP. MKTP.CD. The '7.53 billion people' is the global population in 2017, World Bank: https://data.worldbank.org/indicator/SP.POP.TOTL?page=2. 约瑟夫·斯蒂格利茨在思考凯恩斯的理论及预言时，也做过这种计算。Joseph Stiglitz, 'Towards a General Theory of Consumerism: Reflections on Keynes's Economic Possibilities for Our Grandchildren' in Lorenzo Pecchi and Gustavo Piga (eds), *Revisiting Keynes: Economics Possibilities for Our Grandchildren* (Cambridge, MA: MIT Press, 2008).

19. John Kenneth Galbraith, *The Affluent Society* (London: Penguin Books, 1999), p. 4.

20. Charlotte Curtis, 'Machines vs. Workers', *New York Times*, 8 February 1983.

21. Karl Popper, *The Open Society and Its Enemies, vol. 1: The Age of Plato* (London: Routledge, 1945).

第一章　焦虑不安的历史

1. James Lovelock, *Novacene* (London: Allen Lane, 2019), p. 1; and Yuval Noah Harari, *Sapiens* (London: Harvill Secker, 2011), Chapter 1.

2. 世界人口在那段时间也增长了，这就是为什么第二个数字大得多。Data from Angus Maddison, *The World Economy: A Millennial Perspective*, http://www. theworldeconomy.org/ (2006).

3. Data from Angus Maddison, *Historical Statistics of the World Economy*, http://www. ggdc.net/maddison/oriindex.htm (2010).

4. 在最近出现的一次分歧中，一位经济学家指责另外两位经济学家提出的"一连串的论断和奇闻趣事"。这两位经济学家回应说，他们的指控者是在扔"一大堆泥巴，希望其中一些能黏在一起"。See Jeffrey Sachs, 'Government, Geography, and Growth', *Foreign Affairs*, September/October 2012; and the response from Daron Acemoglu and James Robinson, 'Response to Jeffrey Sachs', 21 November 2012, http://whynationsfail.com/blog/2012/11/21/response-to-jeffrey-sachs.html.

5. 然而，英国的经济增长率再次受到经济学家的质疑。For instance, see Pol Antràs and Hans-Joachim Voth, 'Factor Prices and Productivity Growth During the British Industrial Revolution', *Explorations in Economic History* 40 (2003), 52–77.

6. 英国工业革命期间的生产率增长也是经济学家争论的话题。例如，参见上一条。

7. Joel Mokyr, 'Technological Inertia in Economic History', *Journal of Economic History* 52:2 (1992), 325–38, n. 17; David Weil, *Economic Growth*, 3rd edn (London: Routledge, 2016), p. 292.

8. Eric Hobsbawm, *Industry and Empire* (London: Penguin, 1999), p. 112.

9. This story is from Robert Allen, 'The Industrial Revolution in Miniature: The Spinning Jenny in Britain, France, and India', Oxford University Working Paper No. 375 (2007).

10. *Athenaeum*, 18 July 1863 (no. 1864), p. 75.

11. See John Kay, 'What the Other John Kay Taught Uber About Innovation', *Financial Times*, 26 January 2016. In John Kay, 'Weaving the Fine Fabric of Success', https://www.johnkay.com/, 2 January 2003. 凯伊这个故事被质疑到底有多可靠，质疑者写道："凯伊的描述告诉我们，他逃到法国是为了躲避失业的织工，更有可能的是，他逃到法国是为了躲避债主。"

12. See http://statutes.org.uk/site/the-statutes/nineteenth-century/1812-52-geo-3-c-16-the-

frame-breaking-act/ and http://statutes.org.uk/site/the-statutes/ nineteenth- century/ 1813-54-geo-3-cap-42-the-frame-breakingact/.

13. Daron Acemoglu and James Robinson, *Why Nations Fail* (London: Profile Books, 2012), pp. 182–3. 也许我们应该怀疑她的真正动机。这已经是女王的第二次拒绝。第一次用的是不那么崇高的理由：李的机器制造的袜子比她喜欢的西班牙丝绸粗糙。 See Marjorie Garber, *Vested Interests: Cross-Dressing and Cultural Anxiety* (New York: Routledge, 2012), p. 393, n. 6.

14. See Anni Albers, *On Weaving* (Princeton, NJ: Princeton University Press, 2017), p. 15, and Eric Broudy, *The Book of Looms* (Hanover, NH: University Press of New England, 1979), p. 146, for two competing accounts of the murder. 还有人说，穆勒是在维斯瓦河被一群害怕竞争的织工淹死的。我第一次看到这个故事是在 Ben Seligman, *Most Notorious Victory: Man in an Age of Automation* (New York: Free Press, 1966)。

15. 该书第一版于 1817 年出版，第三版于 1821 年出版，增加了新的章节。See David Ricardo, *Principles of Political Economy and Taxation* (New York: Prometheus Books, 1996).

16. 'Automation and Anxiety', *The Economist*, 25 June 2016; and Louis Stark, 'Does Machine Displace Men in the Long Run?', *New York Times*, 25 February 1940.

17. For President Obama's Farewell speech, See Claire Cain Miller, 'A Darker Theme in Obama's Farewell: Automation Can Divide Us', *New York Times*, 12 January 2017. President Kennedy gave his speech at the AFL-CIO Convention, Grand Rapids, Michigan, 7 June 1960; see https://www.jfklibrary.org/.

18. Stephen Hawking, 'This Is the Most Dangerous Time for Our Planet', *Guardian*, 1 December 2016.

19. See 'World Ills Laid to Machine by Einstein in Berlin Speech', *New York Times*, 22 October 1931. In David Reichinstein, *Albert Einstein: A Picture of His Life and His Conception of the World* (Prague: Stella Publishing House, 1934), p. 96. 这篇演讲揭示了爱因斯坦在某种程度上对技术性失业感到担忧。

20. For instance：'March of the Machine Makes Idle Hands', 26 February 1928; 'Technological Unemployment', 12 August 1930; 'Does Man Displace Men in the Long Run?' 25 February 1940; '"Revolution" Is Seen in "Thinking Machines"', 17 November 1950; 'Newer and Newer and Newer Technology, with Little Unemployment', 6 March 1979; 'A Robot Is After Your Job', 3 September 1980;

'If Productivity's Rising, Why Are Jobs Paying Less?', 19 September 1993; 'A "Miracle", But Maybe Not Always a Blessing', 25 February 2001.

21. Robert Tombs, *The English and Their History* (London: Penguin Books, 2015), pp. 377–8.

22. 出处同上，p. 378。

23. Tyler Cowen, 'Industrial Revolution Comparisons Aren't Comforting', *Bloomberg View*, 16 February 2017.

24. 来自 Ryland Thomas and Nicholas Dimsdale, 'A Millennium of UK Data', *Bank of England OBRA dataset* (2017) 3.1 版的表 A49 和 A50,http://www.bankofengland. co.uk/research/Pages/onebank/threecenturies.aspx. 我使用修改后的费尔德斯坦数据，前者是 1760—1855 年，后者是 1855—1900 年。1855 年以后，数据针对的是大不列颠和北爱尔兰联合王国，而不是大不列颠。

25. John Maynard Keynes, *Essays in Persuasion* (New York: W. W. Norton, 1963), pp. 368–9.

26. 数据从经济合作与发展组织 2019 年 4 月统计数据中提取。

27. From Max Roser, 'Working Hours', https://ourworldindata.org/ workinghours(accessed July 2018). 国际美元是一种假定货币，试图考虑到不同国家的不同价格水平。

28. See OECD (2017), https://data.oecd.org/emp/hours-worked.htm(accessed 1 May 2018).

29. For instance，Daron Acemoglu and Pascual Restrepo, 'Artificial Intelligence, Automation and Work' in Ajay Agrawal, Joshua Gans and Avi Goldfarb (eds), *Economics of Artificial Intelligence* (Chicago: Chicago University Press, 2018).

30. Dayong Wang, Aditya Khosla, Rishab Gargeya, et al., 'Deep Learning for Identifying Metastatic Breast Cancer', https://arxiv.org, arXiv:1606.05718 (2016).

31. Maura Grossman and Gordon Cormack, 'Technology-Assisted Review in e-Discovery Can Be More Effective and More Efficient than Exhaustive Manual Review', *Richmond Journal of Law and Technology* 17:3 (2011).

32. 数据来自麦迪逊的《历史统计》。谈论 1700 年的"美国经济"似乎很奇怪，因为那时它甚至并不存在。数据中的其他国家也是如此。在这样做时，我依赖麦迪逊的分类。在美国的例子中，这种分类包括大英帝国的殖民地。

33. Lawrence Summers, 'The 2013 Martin Feldstein Lecture: Economic Possibilities for Our Children', *NBER Reporter* 4 (2013).

34. David Autor, 'The Limits of the Digital Revolution: Why Our Washing Machines

Won't Go to the Moon', *Social Europe* (2015), https://www.socialeurope.eu/.

35. Quted in Blaine Harden, 'Recession Technology Threaten Workers', *Washington Post*, 26 December 1982.

36. Stephen Broadberry, Bruce Campbell, Alexander Klein, et al., *British Economic Growth*, 1270–1870 (Cambridge: Cambridge University Press, 2015), p. 194, Table 5.01.

37. 1900 年统计数据来自 David Autor, 'Why Are There Still So Many Jobs? The History and Future of Workplace Automation', *Journal of Economics Perspectives* 29:3 (2015), 3–30; "如今" 的统计数据指的是 2016 年的 1.5%，来自 the US Bureau of Labor Statistics, https://www.bls.gov/emp/ep_table_201.htm。

38. The 'quarter' is 26.4 percent，from the Federal Reserve Bank of St Louis，https://fred.stlouisfed.org/series/USAPEFANA-and the 'tenth' is 9 percent from the National Association of Manufacturers, 'Top 20 Facts About Manufacturing', http://www.nam.org/Newsroom/Top-20-Facts-About-Manufacturing/.

39. US Bureau of Labor Statistics, https://www.bls.gov/emp/tables/employment-by-major-industry-sector.htm (accessed August 2019).

40. See, for instance, Daron Acemoglu, 'Advanced Economic Growth: Lecture 19: Structural Change', delivered at MIT, 12 November 2017.

41. Jesus Felipe, Connie Bayudan-Dacuycuy and Matteo Lanzafame, 'The Declining Share of Agricultural Employment in China: How Fast?' *Structural Change and Economic Dynamics* 37 (2016), 127–37.

42. Gregory Clark, 'The Agricultural Revolution and the Industrial Revolution: England, 1500–1912', unpublished manuscript (University of California, Davis, 2002). 估计 1900—1909 年 "农业中的男性" 为 81 万人。2017 年，英格兰和威尔士国民卫生服务部门雇用了约 120 万名员工，见 https://digital.nhs.uk/。

43. David Autor, 'Polanyi's Paradox and the Shape of Employment Growth' in 'Re-evaluating Labor Market Dynamics: A Symposium Sponsored by the Federal Reserve Bank of Kansa City. Jackson Hole, Wyoming, August 21–23, 2014' (2015) 也提出了类似的观点："这是不太可能……" (p. 162)

44. Autor, 'Why Are There Still So Many Jobs?', p. 5.

45. Bernardo Bátiz-Lazo, 'A Brief History of the ATM', *Atlantic*, 26 March 2015.

46. 出处同上。

47. 这些数字和后面的数字都来自 James Bessen, 'Toil and Technology', *IMF Financial and Development* 51:1 (2015)。20% 的数字见图表 1，从 20 世纪 80 年

代末的大约 50 万名柜员到 20 世纪末的大约 60 万名柜员。

48.　许多其他经济学家也探讨过这个问题。See Autor, 'Why Are There Still So Many Jobs?' and Bessen, 'Toil and Technology', for instance.James Surowiecki, 'Robots Won't Take All Our Jobs', *Wired*, 12 September 2017，is another.

第二章　劳动时代

1.　See, for instance, Daron Acemoglu, 'Technical Change, Inequality, and the Labor Market', *Journal of Economic Literature* 40:1 (2002), 7–72.

2.　David Autor, Lawrence Katz and Alan Krueger, 'Computing Inequality: Have Computers Changed the Labour Market?', *Quarterly Journal of Economics* 133:1 (1998), 1169–213.

3.　2000 年总计为每百人 56.6 台，2001 年为每百人 61.9 台。世界银行的数据是从 https://datamarket.com/（2018 年 7 月访问）检索"个人计算机（每 100 人）"得出的。

4.　William Nordhaus, 'Two Centuries of Productivity Growth in Computing', *Journal of Economic History* 67:1 (2007), 128–59.

5.　来自同上出处的数据附录。感谢威廉·诺德豪斯与我分享他调整后的数据。

6.　Daron Acemoglu and David Autor, 'Skills, Tasks and Technologies: Implications for Employment and Earnings' in David Card and Orley Ashenfelter (eds), *Handbook of Labor Economics*, vol. 4, pt. B (North-Holland: Elsevier, 2011), pp. 1043–171. 两个变量之间的百分比差值大约等这两个变量的对数差值做指数乘 100 再减去 1。这里，100（$e^{0.68}-1$）=97.4，保留三位重要数字。

7.　See, for instance, Eli Berman, John Bound and Stephen Machin, 'Implications of Skill-Biased Technological Change: International Evidence', *Quarterly Journal of Economics* 113:4 (1998), 1245–79.

8.　Acemoglu and Autor, 'Skills, Tasks and Technologies', data from Figure Ⅰ.

9.　Data is Figure 6 in David Autor, 'Skills, Education, and the Rise of Earnings Inequality Among the "Other 99 Percent"', *Science* 344:6186 (2014), 843–51.

10.　From Max Roser and Mohamed Nagdy, 'Returns to Education', https://ourworldindata.org/ returns-to-education (accessed 1 May 2018)。1230 年的数据是根据 1220 年和 1240 年数据进行插值得出的。

11.　See Daron Acemoglu, 'Technical Change, Inequality, and the Labor Market',

Journal of Economic Literature 40:1 (2002), 7–72.

12. 英国的例子见 Alexandra Pleijt and Jacob Weisdorf, 'Human Capital Formation from Occupations: The "Deskilling Hypothesis" Revisited', *Cliometrica* 11:1 (2017), 1–30。一个类似的在美国发生的故事见 Kevin O'Rourke, Ahmed Rahman and Alan Taylor, 'Luddites, the Industrial Revolution, and the Demographic Transition', *Journal of Economic Growth* 18:4 (2013), 373–409。

13. Quoted in Ben Seligman, *Most Notorious Victory: Man in an Age of Automation* (New York: Free Press, 1966), p. 11。

14. Joel Mokyr, *The Lever of Riches: Technological Creativity and Economic Progress* (New York: Oxford University Press, 1990), p. 137, quoted in O'Rourke et al, 'Luddites'.

15. 经济学家用一个叫作"不变弹性替代生产函数"的数学表达式捕捉到了这个故事。在经济学中，"生产函数"会告诉你不同类型的输入（例如，工人和机器）如何结合在一起以产生输出。这个特殊版本的特点是"弹性不变"，这意味着两个输入的相对价格的百分比变化总是会导致对这些输入的使用发生恒定的百分比变化。在这个模型中，新技术只能对工人进行补充。见 Acemoglu and Autor, 'Skills, Tasks and Technologies'，关于规范模型的表述见第 1 096 页，关于规范模型中的任何一种技术进步都会导致两种劳动力的绝对工资增加的陈述见第 1 105 页启示 2。

16. This is an edited version of Figure 3.1 in OECD, *Employment Outlook* (Paris: OECD Publishing, 2017).

17. See David Autor, 'Polanyi's Paradox and the Shape of Employment Growth' in 'Reevaluating Labor Market Dynamics: A Symposium Sponsored by the Federal Reserve Bank of Kansa City. Jackson Hole, Wyoming, August 21–23, 2014' (2015).

18. 两极分化的确切性质取决于国家。See for instance, Maarten Goos, Alan Manning and Anna Salomons, 'Explaining Job Polarization: Routine-Biased Technological Change and Offshoring', *American Economic Review* 104:8 (2014), 2509–26; David Autor, 'The Polarization of Job Opportunities in the U.S. Labor Market: Implications for Employment and Earnings', Center for American Progress (April 2010); David Autor and David Dorn, 'The Growth of Low-Skill Service Jobs and the Polarization of the US Labor Market', *American Economic Review* 103:5 (2013), 1553–97; and Maarten Goos and Alan Manning, 'Lousy and Lovely Jobs: The Rising Polarization of Work in Britain', *Review of Economics and Statistics* 89:1 (2007), 119–33.

19. For the 0.01 percent statistic, see Emmanuel Saez, 'Striking It Richer: The Evolution of Top Incomes in the United States', published online at https://eml.berkeley.edu/~saez/ (2016).For the 'superstar bias' ,see Erik Brynjolfsson, 'AI and the Economy, lecture at the Future of Life Institute', 1 July 2017.

20. See Acemoglu and Autor, 'Skills, Tasks and Technologies', p.1070, n. 25.

21. "ALM 假说"的经典表述见 David Autor, Frank Levy and Richard Murnane, 'The Skill Content of Recent Technological Change: An Empirical Exploration', *Quarterly Journal of Economics* 118:4 (2003), 129–333. 这篇早期论文的重点是解释有技能偏差的技术变化。在未来的几年里，这种情况将会改变，焦点将会转向使用 "ALM 假说" 来解释两极分化。

22. I explore this intellectual history in 'Technology and Employment: Tasks, Capabilities and Tastes', DPhil diss. (Oxford University, 2016), Chapter 1．

23. 这一区别来自 Michael Polanyi, *The Tacit Dimension* (Chicago: Chicago University Press, 1966)。要在实践中看到这一区别，可以想象一个伟大的医生是如何做出敏锐的医学诊断的。也许他能给你带来一些启示，但最终会很难解释。正如波兰尼自己所说的，通常 "我们知道的比我们能说的要多"。经济学家将这种对自动化的限制称为 "波兰尼悖论"。

24. 这是我在 2018 年 5 月的 TED 大会中名为 'Three Myths About the Future of Work (and Why They Are Wrong)' 的演讲中使用的语言。See Autor, Levy and Murnane, 'The Skill Content of Recent Technological Change', 129–333.

25. Autor, 'Polanyi's Paradox and the Shape of Employment Growth'。这些经济学家也让企业产生了这样的想法。华西里·列昂惕夫早在 1983 年就写道："任何现在按照特定指示执行任务的工人，原则上都可以被一台机器取代。"See Leontief, 'National Perspective: The Definition of Problems and Opportunities' in 'The Long-term Impact of Technology on Employment and Unemployment: A National Academy of Engineering Symposium', 30 June 1983, p. 3. 不过，列昂惕夫对未来的悲观程度要比奥托深得多。

26. Maarten Goos and Alan Manning in 'Lousy and Lovely Jobs: The Rising Polarization of Work in Britain', *Review of Economics and Statistics* 89:1 (2007), 119–33. 作者可能是第一个用这种方式使用 "ALM 假说" 的人。

27. Hans Moravec, *Mind Children* (Cambridge, MA: Harvard University Press, 1988).

28. 这句话的起源存在争议。最早记录的版本来自诺贝尔经济学奖得主萨缪尔森，但萨缪尔森后来说他认为这是出自凯恩斯。See http://quoteinvestigator.

com/2011/07/22/ keynes-change-mind/.

29. Carl Frey and Michael Osborne, 'The Future of Employment: How Susceptible Are Jobs to Computerisation?', *Technological Forecasting and Social Change* 114 (January 2017), 254–80.

30. McKinsey Global Institute, 'A Future That Works: Automation, Employment, and Productivity', January 2017.

31. 波士顿大学的经济学家詹姆斯·贝森可能是第一个注意到这一点的人。

32. David Autor, 'Why Are There Still So Many Jobs? The History and Future of Workplace Automation', *Journal of Economics Perspectives* 29:3 (2015), 3–30.

33. 出处同上。

34. There are lots of examples of this. Consider, for instance: IMF, *World Economic Outlook* (2017); World Bank, 'World Development Report 2016: Digital Dividends', 14 January 2016; Irmgard Nübler, 'New Technologies: A Jobless Future or Golden Age of Job Creation?', International Labour Office, Working Paper No. 13 (November 2016); Executive Office of the President, 'Artificial Intelligence, Automation, and the Economy', December 2016.

35. Fergal O'Brien and Maciej Onoszko, 'Tech Upheaval Means a "Massacre of the Dilberts" BOE's Carney Says', *Bloomberg*, 13 April 2018.

36. Scott Dadich, 'Barack Obama, Neural Nets, Self-Driving Cars, and the Future of the World', *Wired*, November 2016.

37. UBS, 'Intelligence Automation: A UBS Group Innovation White Paper' (2017); PwC, 'Workforce of the Future: The Competing Forces Shaping 2030' (2018); Deloitte, 'From Brawn to Brains: The Impact of Technology on Jobs in the UK' (2015).

38. 'Automation and Anxiety', *The Economist*, 25 June 2016; and Elizabeth Kolbert, 'Our Automated Future', *New Yorker*, 19 and 26 December 2016.

39. Isaiah Berlin, *Two Concepts of Liberty* (Oxford: Clarendon Press, 1958), p. 4. 引用德国诗人海因里希·海涅的话："教授在宁静书房中孕育出的哲学概念，可以毁灭一种文明。"

第三章　实用主义革命

1. Homer, *Iliad*, Book 18, lines 370–80; http://www.perseus.tufts.edu/.

2. 代达罗斯的雕塑是如此逼真，这在柏拉图的作品《游叙弗伦篇》中被提及；见 http://www.perseus.tufts.edu version, p. 11, 以及附注。

3. 据说，柏拉图的挚友阿尔希塔斯制作了世界上第一个机器人，一种蒸汽动力的鸽子，可以在空中自由飞行。

4. 这些例子，以及许多其他例子，都列在 Nils J. Nilsson, *The Quest for Artificial Intelligence* (New York: Cambridge University Press, 2010) 里面。

5. 自动小车和机器人的例子见 http://www. da-vinci-inventions.com/ (2018 年 5 月访问); 机械狮子的例子见 Stelle Shirbon, 'Da Vinci's Lion Prowls Again After 500 Years', Reuters, 14 August 2009。

6. Gaby Wood (London: Faber and Faber, 2002), p. 35.

7. See Tom Standage, *The Turk* (New York: Berkley Publishing Group, 2002); and Wood, *Living Dolls*, pp. 79 and 81. 这个秘密在 1834 年，也就是"土耳其行棋傀儡"建造 65 年后才被揭露，藏在机器里的"导演"之一雅克 - 弗朗索瓦·穆雷特把这个秘密卖给了一家报纸。

8. Wood, *Living Dolls*, p. 35.

9. Alan Turing, 'Lecture to the London Mathematical Society', 20 February 1947; archived at https://www.vordenker.de/downloads/turing-vorlesung.pdf (accessed July 2018).

10. Alan Turing, 'Intelligent Machinery: A Report by A. M. Turing', National Physical Laboratory (1948); 储存在 https://www.npl.co.uk (accessed July 2018).

11. See Grace Solomonoff, 'Ray Solomonoff and the Dartmouth Summer Research Project in Artificial Intelligence' (no date), http://raysolomonoff.com/dartmouth/dartray.pdf.

12. John McCarthy, Marvin Minsky, Nathaniel Rochester and Claude Shannon, 'A Proposal for the Dartmouth Summer Research Project on Artificial Intelligence', 31 August 1955.

13. Daniel Susskind and Richard Susskind, *The Future of the Professions* (Oxford: Oxford University Press, 2015), p. 182.

14. Marvin Minsky, 'Neural Nets and the Brain Model Problem', PhD diss. (Princeton University, 1954).

15. Alan Newell and Herbert Simon, 'GPS, A Program That Simulates Human Thought' in H. Billing (ed.), *Lernende automaten* (Munich: R. Oldenbourgh, 1961).

16. 在这里，我想以更广泛的尝试去探测图像的边界，并将这些对象视为简单的线条图。英国神经学家和心理学家大卫·马尔称这些线条图为"原始草图"。他认为，这就是人类解释世界的方式。See Nilsson, *Quest for Artificial Intelligence*, Chapter 9, and David Marr, *Vision: A Computational Investigation into the Human Representation and Processing of Visual Information* (London: MIT Press, 2010).

17. Alan Turing, 'Intelligent Machinery, A Heretical Theory', *Philosophia Mathematica* 3:4 (1996), 156–260, at p. 257.

18. Nilsson, *Quest for Artificial Intelligence*, p. 62.

19. John Haugeland, Artificial Intelligence: The Very Idea (London: MIT Press, 1989), p. 2.

20. 不过，并非所有人都对这种路径感到满意。哲学家休伯特·德雷福斯一直是人工智能悲观主义者，他抨击那些认为"可以让计算机像人一样聪明"的同事。Quoted in William Grimes, 'Hubert L. Dreyfus, Philosopher of the Limits of Computers, Dies at 87', *New York Times*, 2 May 2017.

21. Douglas Hofstadter, *Gödel, Escher, Bach: An Eternal Golden Braid* (London: Penguin, 2000), p. 579.

22. Daniel Crevier, *AI: The Tumultuous History of the Search for Artificial Intelligence* (New York: Basic Books, 1993), pp. 48 and 52.

23. '3.3million moves' from Murray Campbell, A. Joseph Hoane Jr. and Feng-hsiung Hsu, 'Deep Blue', *Artificial Intelligence* 134 (2002), 57–82; '100 moves' from the introduction to the revised edition of Hubert Dreyfus, *What Computers Can't Do: The Limits of Artificial Intelligence* (New York: Harper & Row, 1979), p. 30.

24. 数据来自 ImageNet 在 2017 年挑战赛的演示，见 http:// image-net.org/challenges/talks_2017/ILSVRC2017_overview.pdf (2018 年 7 月访问)。电子前沿基金会在类似的图表中列出了获胜的系统，并绘制了人为错误率，见 https://www.eff.org/ai/metrics#Vision (2018 年 7 月访问)。关于挑战赛的回顾，见 Olga Russakovsky, Jia Deng, Hao Su, et al., 'ImageNet Large Scale Visual Recognition Challenge', *International Journal of Computer Vision* 115:3 (2015), 211–52。

25. Quoted in Susskind and Susskind, Future of the Professions, p. 161.

26. 然而，并非所有研究人员都在以这种方式改变前进的方向。事实上，马文·明斯基做出了相反的举动，从自下而上的方法转向自上而下的方法去研究人工智能，见 https://www.youtube.com/watch?v=nXrTXiJM4Fg。

27. 例如，沃伦·麦卡洛克和沃尔特·皮茨在 1943 年首次构建了一个模型，他们试图将大脑中的"神经事件"描述为纸上的"命题逻辑"。See Warren McCulloch and Walter Pitts,'A Logical Calculus of the Ideas Immanent in Nervous Activity', *Bulletin of Mathematical Biophysics* 5 (1943), 115–33.

28. 这就是为什么到目前为止，我们甚至还无法模拟只有大约 302 个神经元的蠕虫的大脑运作，更不用说有大约 1 000 亿个神经元的人类大脑了。Hannah Fry, *Hello World: How to Be Human in the Age of the Machine* (London: Penguin, 2018), p. 13.

29. 第四步，这个数字上升到 2 800 亿倍。关于 n "层"之后可能的国际象棋位置数（即只有一个玩家下棋），见 http://oeis.org/A019319 和 http://mathworld.wolfram.com/Chess.html。对于围棋，每次移动后大约有 $361 \times 360 = 129\ 960$ 种可能性；每两次移动后大约有 $361 \times 360 \times 359$ 种可能性，每三次移动后大约有 $361 \times 360 \times 359 \times 358 \times 357 \times 356$ 种可能性。（这些只是粗略的计算，因为人们假设，在每一次移动中，棋子可以放置在棋盘上任何未被占用的点上，尽管我们可以认为其中一些移动可能是违规的。）

30. IBM 描述了去年以来"深蓝"的"国际象棋知识"是如何被改进的。开发团队与国际大师乔尔·本杰明合作，在过去的几个月里，就游戏中一些可优化的步骤对"深蓝"进行指导。https://www.research.ibm.com/deepblue/meet/html/d.3.3a.html (2018 年 8 月访问)。

31. David Silver, Aja Huang, Chris Maddison, et al.,'Mastering the Game of Go with Deep Neural Networks and Tree Search', *Nature* 529 (2016), 484–9 and David Silver, Julian Schrittwieser, Karen Simonyan, et al.,'Mastering the Game of Go Without Human Knowledge', *Nature* 550 (2017), 354–9.

32. Matej Marovc̆ík, Martin Schmid, Neil Burch, et al.,'Deep Stack: Expert-Level Artificial Intelligence in Heads-Up No-Limit Poker', Science 356:6337 (2017), 508–13.

33. Noam Brown and Tuomas Sandholm,'Superhuman AI for Multiplayer Poker', *Science* (2019), https://science.sciencemag.org/content/early/2019/07/10/science.aay2400.

34. Newell and Simon,'GPS'.

35. Dreyfus, *What Computers Can't Do*, p. 3.

36. 例如，考虑马文·明斯基的定义，人工智能"是让机器做需要人类智力的事情的科学"。In Minsky, *Semantic Information Processing* (Cambridge, MA: MIT Press, 1968), p. 5.

37. From Hilary Putnam, 'Much Ado About Not Very Much', *Daedalus* 117:1 (1988), 269–81.

38. See Haugeland, *Artificial Intelligence*, p. 5; and Margaret Boden, *Philosophy of Artificial Intelligence* (Oxford: Oxford University Press, 1990), p. 1.

39. 出处同上。

40. Cade Metz, 'A.I. Researchers Are Making More Than $1 Million, Even at a Nonprofit', *New York Times*, 19 April 2018.

41. Yaniv Leviathan and Yossi Matias, 'Google Duplex: An AI System for Accomplishing Real-World Tasks over the Phone', 8 May 2018, https://ai.googleblog.com/ (accessed August 2018).

42. See William Paley, *Natural Theology* (Oxford: Oxford University Press, 2008); and Genesis 1:27, http://biblehub.com/genesis/ 1-27.htm.

43. 这句话，以及与我的论点相似的观点，可以在 Daniel Dennett, *From Bacteria to Bach and Back* (London: Allen Lane, 2017) 和 Dennett, 'A Perfect and Beautiful Machine: What Darwin's Theory of Evolution Reveals About Artificial Intelligence', *Atlantic*, 22 June 2012 里面找到。多年来，在收集自己的思路时，我受到了丹尼特思考自然选择下的进化与机器学习之间关系的方式的影响。

44. Charles Darwin, *On the Origin of Species* (London: Penguin Books, 2009), p. 401.

45. Richard Dawkins, *The Blind Watchmaker* (London: Penguin Books, 2016), p. 9.

46. 同样，丹尼尔·丹尼特在他的工作中也提出了类似的论点。See Dennett, *From Bacteria to Bach* and 'A Perfect and Beautiful Machine'.

第四章　低估机器

1. Joseph Weizenbaum, 'ELIZA – A Computer Program for the Study of Natural Language Communication Between Man and Machine', Communications of the ACM 9:1 (1966), 36–45. 伊丽莎是以伊丽莎·杜利特尔的名字命名的，她是萧伯纳的戏剧《卖花女》中一个有着浓重伦敦口音的花童，她被教导"说得越来越好"，并很快进入了伦敦上流社会。

2. 关于伊丽莎的详细情况和后续发展，见 Joseph Weizenbaum, *Computer Power and Human Reason* (San Francisco: W. H. Freeman, 1976)。

3. 出处同上，p. 6。

4. Quoted in Bruce Weber, 'Mean Chess-Playing Computer Tears at Meaning of

Thought', *New York Times*, 19 February 1996.

5. Douglas Hofstadter, 'Just Who Will Be We, in 2493?', Indiana University, Bloomington (2003). 关于霍夫施塔特幻灭的更详细的故事可见如下精彩文章：James Somers, 'The Man Who Would Teach Machines to Think', *Atlantic*, November 2013。

6. 完整引用来自古斯塔沃·费根鲍姆的《与约翰·塞尔的对话》（网络图书，2003）第57页："唯一的例外是像'深蓝'这样的东西，你有巨大的计算能力，但你不再试图做人工智能。你并不想在加工层面上模仿人类。"以及第58页："在某种程度上，'深蓝'已经放弃了人工智能，因为它没有说'我们会尝试做人类所做的事'，而是说'我们只会用蛮力征服他们'。"

7. Garry Kasparov, 'The Chess Master and the Computer', *New York Review of Books*, 11 February 2010.

8. Quoted in William Herkewitz, 'Why Watson and Siri and Not Real AI', *Popular Mechanics*, 10 February 2014.

9. John Searle, 'Watson Doesn't Know It Won on "Jeopardy!"', *Wall Street Journal*, 23 February 2011.

10. Douglas Hofstadter, *Gödel, Escher, Bach: An Eternal Golden Braid* (London: Penguin, 2000), p. 601："关于进步的人工智能有一个相关的'定理'：一旦某些心理功能被编程，人们很快就不再认为它是'真实思维'的基本成分。智力的必然核心总是在下一个尚未被编程的事物中。这个'定理'是拉里·特斯勒首先向我提出的，所以我称之为特斯勒定理：'人工智能是任何尚未实现的东西。'"

11. 出处同上，p. 678。

12. Douglas Hofstadter, 'Staring Emmy Straight in the Eye–And Doing My Best Not to Flinch' in David Cope (ed.), *Virtual Music: Computer Synthesis of Musical Style* (London: MIT Press, 2004), p. 34.

13. Weber, 'Mean Chess-Playing Computer Tears at Meaning of Thought'.

14. 多年后，他承认了自己对国际象棋的预测是错误的，并为此致歉，Hofstadter, 'Staring Emmy', p. 35。

15. Garry Kasparov, *Deep Thinking* (London: John Murray, 2017), pp. 251–2.

16. Quoted in Brad Leithhauser, 'Kasparov Beats Deep Thought', *New York Times*, 14 January 1990.

17. Kasparov, 'The Chess Master and the Computer'.

18. See Daniel Dennett, *From Bacteria to Bach and Back* (London: Allen Lane, 2017), p. 36.

19. Charles Darwin, *On the Origin of Species* (London: Penguin Books, 2009), p. 427.

20. See Isaiah Berlin, *The Hedgehog and the Fox* (New York: Simon & Schuster, 1953).

21. AGI 和 ANI 之间的区别经常被与约翰·塞尔提出的另一个区别相混淆，即他谈到的"强"AI 和"弱"AI 之间的区别。但两者根本不是一回事。AGI 和 ANI 反映了机器能力的广度，而塞尔的术语描述了机器是像人一样思考（"强"）还是不像人一样思考（"弱"）。

22. Nick Bostrom and Eliezer Yudkowsky, 'The Ethics of Artificial Intelligence' in William Ramsey and Keith Frankish (eds), *Cambridge Handbook of Artificial Intelligence* (Cambridge: Cambridge University Press, 2011).

23. Irving John Good, 'Speculations Concerning the First Ultraintelligent Machine', *Advances in Computers* 6 (1966), 31–88.

24. Rory Cellan-Jones, 'Stephen Hawking Warns Artificial Intelligence Could End Mankind', *BBC News*, 2 December 2014; Samuel Gibbs, 'Elon Musk: AI "Vastly More Risky Than North Korea"', *Guardian*, 14 August 2017; Kevin Rawlinson, 'Microsoft's Bill Gates Insists AI is a Threat', *BBC News*, 29 January 2015.

25. See Nick Bostrom, 'Ethical Issues in Advanced Artificial Intelligence' in George Lasker, Wendell Wallach and Iva Smit (eds), *Cognitive, Emotive, and Ethical Aspects of Decision Making in Humans and in Artificial Intelligence* (International Institute of Advanced Studies in Systems Research and Cybernetics, 2003), 12–17.

26. Tad Friend, 'How Frightened Should We Be of AI', *New Yorker*, 14 May 2018.

27. Volodymyr Mnih, Koray Kavukcuoglu, David Silver, et al., 'Human-level Control Through Deep Reinforcement Learning', *Nature 518* (25 February 2015), 529–33.

28. David Autor, Frank Levy and Richard Murnane, 'The Skill Content of Recent Technological Change: An Empirical Exploration', *Quarterly Journal of Economics* 118:4 (2003) 129–333. 另一个"非常规"任务是"形成 / 测试假设"。"阿尔法折叠"是一个由深度思考开发的预测蛋白质三维结构的系统，也是这个领域取得进展的一个很好的例子。

29. See ibid., David Autor and David Dorn, 'The Growth of Low-Skill Service Jobs and the Polarization of the US Labor Market', *American Economic Review* 103:5 (2013), 1553–97, and Autor, 'Why Are There Still So Many Jobs? The History and Future of Workplace Automation', *Journal of Economics Perspectives* 29:3 (2015), 3–30.

I first developed this argument in 'Technology and Employment: Tasks, Capabilities and Tastes', DPhil diss. (Oxford University, 2016). This section draws in particular on my article 'Re-Thinking the Capabilities of Technology in Economics', Economics Bulletin 39:1 (2019), A30.

30. See David Autor, 'Polanyi's Paradox and the Shape of Employment Growth' in 'Re-evaluating Labor Market Dynamics: A Symposium Sponsored by the Federal Reserve Bank of Kansa City. Jackson Hole, Wyoming, August 21–23, 2014' (2015), p. 130; and Dana Remus and Frank Levy, 'Can Robots Be Lawyers? Computers, Lawyers, and the Practice of Law', *Georgetown Journal of Legal Ethics* 30:3 (2017), 501–58, available at :https://papers.ssrn.com/sol3/papers.cfm?abstract_id=2701092.

31. See Demis Hassabis, 'Artificial Intelligence: Chess Match of the Century', *Nature* 544 (2017), 413–14.

32. Cade Metz, 'How Google's AI Viewed the Move No Human Could Understand', *Wired*, 14 March 2016. Also see *Max Tegmark, Life 3.0: Being Human in the Age of Artificial Intelligence* (London: Penguin Books, 2017), p. 87.

33. Cade Metz, 'The Sadness and Beauty of Watching Google's AI Play Go', *Wired*, 3 November 2016.

34. 'Beautiful', quoted in the preface to the paperback edition of Daniel Susskind and Richard Susskind, *The Future of the Professions* (Oxford: Oxford University Press, 2017); 'physically unwell' is from 'Don't Forget Humans Created the Computer Program That Can Beat Humans at Go', *FiveThirtyEight*, 16 March 2016, https://www.fivethirtyeight.com/.

35. See, for instance, the Explainable AI Program at DARPA.

36. See Andrew Selbst and Julia Powles, 'Meaningful Information and the Right to Explanation', *International Data Privacy Law* 7:4 (2017), 233–42.

37. Quoted from Daniel Susskind and Richard Susskind, *The Future of the Professions* (Oxford: Oxford University Press, 2015), p. 45.

38. Martin Marshall, 'No App or Algorithm Can Ever Replace a GP, Say RCGP', 27 June 2018; https://www.gponline.com/ (accessed August 2018).

39. Daniel Susskind and Richard Susskind, 'The Future of the Professions', *Proceedings of the American Philosophical Society* (2018). 它被称为"参数设计",因为一系列可能的建筑或物体是通过一组可调的"参数"或变量来建模的。在调整了这些参数后，该模型将生成一个新的版本。See Susskind and Susskind,

Future of the Professions (2015), p. 95.

40. George Johnson, 'Undiscovered Bach? No, a Computer Wrote It', *New York Times*, 11 November 1997.

41. Hofstadter, 'Staring Emmy', p. 34.

42. Hofstadter, Gödel, Escher, Bach, p. 677.

43. H. A. Shapiro, ' "Heros Theos" : The Death and Apotheosis of Herakles', Classical World 77:1 (1983), 7–18. Quotation is from Hesiod, *Theogony, Works and Days*, Testimonia, ed. and trans. Glenn W. Most, Loeb Classical Library 57 (London: Harvard University Press, 2006), lines 950—955 of *Theogony*.

44. 丹尼尔·丹尼特称这个"宇宙仓库"为"设计空间"。See, for instance, Dennett, *From Bacteria to Bach*.

45. 这一点也是由美国神经科学家萨姆·哈里斯在 TED 大会上的演讲中提出的，'Can We Build AI Without Losing Control over It?', 29 September 2016。

第五章　岗位蚕食

1. David Deming, 'The Growing Importance of Social Skills in the Labor Market', *Quarterly Journal of Economics* 132:4 (2017), 1593–640.

2. Aaron Smith and Janna Anderson, 'AI, Robotics, and the Future of Jobs: Key Findings', Pew Research Center, 6 August 2014; http://www.pewinternet.org/2014/08/06/ future-of-jobs/(accessed August 2018).

3. See, for instance, Erik Brynjolfsson and Tom Mitchell, 'What Can Machine Learning Do? Workforce Implications', *Science* 358:6370(2017).

4. John Markoff, 'How Many Computers to Identify a Cat? 16 000', *New York Times*, 25 June 2012.

5. Jeff Yang, 'Internet Cats Will Never Die', *CNN*, 2 April 2015.

6. Colin Caines, Florian Hoffman and Gueorgui Kambourov, 'Complex-Task Biased Technological Change and the Labor Market', *International Finance Division Discussion Papers* 1192 (2017).

7. Andrew Ng, 'What Artificial Intelligence Can and Can't Do Right Now', Harvard Business Review, 9 November 2016.

8. "40 年后，人们开始能够区分一个短暂的表面涟漪和一个更深的水流或一个真正的变化。"From Antonia Weiss, 'Harold Bloom, The Art of Criticism No. 1', Paris

Review 118 (Spring 1991).

9. 丹尼尔·苏斯金德在《技术与就业：任务、能力和品位》和《技术性失业模型》中探讨了"越来越有能力的机器侵占那些直到最近才被认为是必然趋势的人类任务"的影响。

10. Daniel Bell, 'The Bogey of Automation', *New York Review of Books*, 26 August 1965.

11. For tractors, see Spencer Feingold, 'Field of Machines: Researchers Grow Crop Using Only Automation', *CNN*, 8 October 2017; for milking, see Tom Heyden, 'The Cows That Queue Up to Milk Themselves', *BBC News*, 7 May 2015; for herding, see Heather Brady, 'Watch a Drone "Herd" Cattle Across Open Fields', *National Geographic*, 15 August 2017; for cotton, see Virginia Postrel, 'Lessons from a Slow-Motion Robot Takeover', *Bloomberg View,* 9 February 2018.

12. For apples, see Tom Simonite, 'Apple-Picking Robot Prepares to Compete for Farm Jobs', *MIT Technology Review*, 3 May 2017; for oranges, see Eduardo Porter, 'In Florida Groves, Cheap Labor Means Machines', *New York Times*, 22 March 2004; for grapes, see http://wall-ye.com/.

13. For wearables, see Khalil Akhtar, 'Animal Wearables, Robotic Milking Machines Help Farmers Care for Cows', *CBC News*, 2 February 2016; or camera systems, see Black Swift Technologies Press Report, 'Black Swift Technologies and NASA Partner to Push Agricultural Drone Technology Beyond NDVI and NDRE (Red Edge)', 20 March 2018; for autonomous sprayers, see James Vincent, 'John Deere Is Buying an AI Startup to Help Teach Its Tractors How to Farm', *Verge*, 7 September 2017.

14. Jamie Susskind, *Future Politics* (Oxford: Oxford University Press, 2018), p. 54.

15. See Feingold, 'Field of Machines'.

16. Sidney Fussell, 'Finally, Facial Recognition for Cows Is Here', *Gizmodo*, 1 February 2018.

17. James Vincent, 'Chinese Farmers Are Using AI to Help Rear the World's Biggest Pig Population', *Verge*, 16 February 2018.

18. See, for instance, Adam Grzywaczewski, 'Training AI for Self-Driving Vehicles: The Challenge of Scale', *NVIDIA Developer Blog*, 9 October 2017.

19. See their statement at https://corporate.ford.com/innovation/ autonomous-2021.html (accessed 1 May 2018).

20. 'All Tesla Cars Being Produced Now Have Full Self-Driving Hardware', 19 October 2019, https://www.tesla.com/en_GB/blog/all-tesla-cars-being-produced-now-have-full-self-driving-hardware (accessed 23 July 2019).

21. 每年交通事故死亡人数是 125 万，受伤人数是 2 000 万~5 000 万，见 http://www. who.int/en/ news-room/fact-sheets/detail/ road-traffic-injuries (2018 年 4 月访问)。

22. Joon Ian Wong, 'A Fleet of Trucks Just Drove Themselves Across Europe', *Quartz*, 6 April 2016.

23. Sam Levin, 'Amazon Patents Beehive-like Structure to House Delivery Drones in Cities', *Guardian*, 26 June 2017; Arjun Kharpal, 'Amazon Wins Patent for a Flying Warehouse That Will Deploy Drones to Deliver Parcels in Minutes', *CNBC*, 30 December 2016.

24. Nick Wingfield, 'As Amazon Pushes Forward with Robots, Workers Find New Roles', *New York Times*, 10 September 2017.

25. For 'harsh terrain', see 'Cable-laying Drone Wires Up Remote Welsh Village', *BBC News,* 30 November 2017; for 'knot in midair', see Daniel Susskind and Richard Susskind, *The Future of the Professions* (Oxford: Oxford University Press, 2015), p. 99; for 'backflip', see Matt Simon, 'Boston Dynamics' Atlas Robot Does Backflips Now and It's Full-title Insane', *Wired*, 16 November 2017; and for others, see Susskind, *Future Politics*, p. 54。

26. Data I 'Robots Double Worldwide by 2020: 3 Million Industrial Robots Use by 2020', *International Federation of Robotics*, 30 May 2018, https://ifr.org/ifr-press-releases/news/robots-double-worldwide-by-2020 (accessed August 2018). 2017 data from Statista, https://www.statista.com/statistics/947017/industrial-robots-global-operational-stock/ (accessed April 2019).

27. 出处同上。

28. Susskind, *Future Politics*, p. 54.

29. Michael Chui, Katy George, James Manyika and Mehdi Miremadi, 'Human + machine: A New Era of Automation in Manufacturing', *McKinsey & Co.*, September 2017.

30. Carl Wilkinson, 'Bot the Builder: The Robot That Will Replace Bricklayers', *Financial Times*, 23 February 2018.

31. Evan Ackerman, 'AI Startup Using Robots and Lidar to Boost Productivity on Construction Sites', *IEEE Spectrum*, 24 January 2018.

32. See https://www.balfourbeatty.com/innovation2050 (accessed April 2019).

33. Alan Burdick, 'The Marriage-saving Robot That Can Assemble Ikea Furniture, Sort Of', *New Yorker,* 18 April 2018.

34. For 'kippot', see Eitan Arom, 'The Newest Frontier in Judaica: 3D Printing Kippot', *Jerusalem Post*, 24 October 2014; or all others, see Susskind, *Future Politics*, pp. 56–7.

35. Tomas Kellner, 'Mind Meld: How GE and a 3D-Printing Visionary Joined Forces', *GE Reports*, 10 July 2017; '3D Printing Prosthetic Limbs for Refugees', *The Economist*, 18 January 2018, https://www.youtube.com/watch?v=_W1veGQxMe4 (accessed August 2018).

36. Debra Cassens Weiss, 'JPMorgan Chase Uses Tech to Save 460 000 Hours of Annual Work by Lawyers and Loan Officers', *ABA Journal*, 2 March 2017.

37. 'Allen & Overy and Deloitte Tackle OTC Derivatives Market Challenge', 13 June 2016, http://www.allenovery.com/news/en-gb/articles/Pages/AllenOvery-and-Deloitte-tackle-OTC-derivatives-market-challenge.aspx (accessed August 2018).

38. Daniel Marin Katz, Michael J. Bommarito II and Josh Blackman, 'A General Approach for Predicting the Behavior of the Supreme Court of the United States', *PLOS ONE*, 12 April 2017, and Theodore W. Ruger, Pauline T. Kim, Andrew D. Martin and Kevin M. Quinn, 'The Supreme Court Forecasting Project: Legal and Political Science Approaches to Predicting Supreme Court Decisionmaking', *Columbia Law Review* 104:4 (2004), 1150–210.

39. Nikolas Aletras, Dimitrios Tsarapatsanis, Daniel Preotiuc-Pietro and Vasileios Lampos, 'Predicting Judicial Decisions of the European Court of Human Rights: A Natural Language Processing Perspective', *PeerJ Computer Science* 2:93 (2016).

40. 这绝不局限于诊断，人工智能在医疗领域更广泛应用的概述参见 Eric Topol, 'High-performance Medicine: The Convergence of Human and Artificial Intelligence', *Nature* 25 (2019), 44–56。

41. Jeffrey De Fauw, Joseph Ledsam, Bernardino Romera-Paredes, et al., 'Clinically Applicable Deep Learning for Diagnosis and Referral in Retinal Disease', *Nature Medicine* 24 (2018), 1342–50.

42. Pallab Ghosh, 'AI Early Diagnosis Could Save Heart and Cancer Patients', *BBC News*, 2 January 2018.

43. Echo Huang, 'A Chinese Hospital Is Betting Big on Artificial Intelligence to Treat

Patients', *Quartz*, 4 April 2018.

44. Susskind and Susskind, *The Future of the Professions*, p. 48.

45. 出处同上，p. 58。

46. 这些统计数据出处同上，p. 57–8。

47. 出处同上，p. 56; Adam Thomson, 'Personalised Learning Starts to Change Teaching Methods', *Financial Times,* 5 February 2018.

48. Steven Pearlstein, 'The Robots-vs.-Robots Trading That Has Hijacked the Stock Market', *Washington Post*, 7 February 2018.

49. 'Japanese Insurance Firm Replaces 34 Staff with AI', *BBC News*, 5 January 2017.

50. Hedi Ledford, 'Artificial Intelligence Identifies Plant Species for Science', *Science*, 11 August 2017; Jose Carranza-Rojas, Herve Goeau and Pierre Bonnet, 'Going Deeper in the Automated Identification of Herbarium Specimens', *BMC Evolutionary Biology* 17:181 (2017). 该系统首先用 ImageNet 的大约 100 万张通用图像进行了训练，然后用植物标本再次进行训练。

51. Susskind and Susskind, *The Future of the Professions*, p. 77; Jaclyn Peiser, 'The Rise of the Robot Reporter', *New York Times*, 5 February 2019.

52. Cathy O'Neil, *Weapons of Math Destruction: How Big Data Increases Inequality and Threatens Democracy* (New York: Crown, 2016), p.114, quoted in Susskind, Future Politics, p. 266.

53. 出处同上，p. 31。

54. "文学创作图灵测试"由达特茅斯学院诺伊康计算机科学研究所主办，见 http://bregman.dartmouth.edu/turingtests/ (accessed August 2018)。

55. See, for instanceSimon Colton and Geraint Wiggins, 'Computational Creativity: The Final Frontier?' *Proceedings of the 20th European Conference on Artificial Intelligence* (2012), 21–6.

56. See 'UN to Host Talks on Use of "Killer Robot"', *VOA News, Agence France-Presse*, 10 November 2017.

57. See, for instance, Joshua Rothman, 'In the Age of AI, Is Seeing Still Believing?', *New Yorker*, 12 November 2018.

58. Javier C. Hernández, 'China's High-Tech Tool to Fight Toilet Paper Bandits', *New York Times*, 20 March 2017.

59. Dan Gilgoff and Hada Messia, 'Vatican Warns About iPhone Confession App', *CNN*, 10 February 2011.

60. Susskind, *Future Politics*, p. 52.

61. See Ananya Bhattacharya, 'A Chinese Professor Is Using Facial Recognition to Gauge How Bored His Students Are', *Quartz*, 12 September 2016.

62. For 'woman and child' see Raffi Khatchadourian, 'We Know How You Feel', *New Yorker*, 19 January 2015. For 'way a person walks', see Susskind, *Future Politics*, p. 53。

63. Khatchadourian, 'We Know How You Feel', and Zhe Wu et al., 'Deception Detection in Videos', https://arxiv.org/, 12 December 2017.

64. Alexandra Suich Bass, 'Non-tech Businesses Are Beginning to Use Artificial Intelligence at Scale', *The Economist*, 31 March 2018.

65. Susskind, *Future Politics*, p. 54.

66. http://www.parorobots.com/; *BBC News*, 'Pepper Robot to Work in Belgian Hospitals', 14 June 2016.

67. Marc Ambasna-Jones, 'How Social Robots Are Dispelling Myths and Caring for Humans', *Guardian*, 9 May 2016.

68. http://khanacademyannualreport.org/.

69. See Norri Kageki, 'An Uncanny Mind: Masahiro Mori on the Uncanny Valley and Beyond', *IEEE Spectrum*, 12 June 2012.

70. 数据搜索自 CB Insights 数据库的季度财报电话会议，网址为 https://www.cbinsights.com/。类似的搜索也在以下的研究中做过：'On Earnings Calls, Big Data Is Out. Execs Have AI on the Brain', *CB Insights*, 30 November 2017; Bass, 'Non- tech Businesses'。

71. Olivia Solon, 'The Rise of "Pseudo- AI": How Tech Firms Quietly Use Humans to Do Bots' Work', *Guardian*, 6 July 2018.

72. Aliya Ram, 'Europe's AI Start-ups Often Do Not Use AI, Study Finds', *Financial Times*, 5 March 2019.

73. Matthew DeBord, 'Tesla's Future Is Completely Inhuman–and We Shouldn't Be Surprised', *Business Insider UK*, 20 May 2017; Kirsten Korosec, 1 November 2017, https://twitter.com/kirstenkorosec/status/925856398407213058.

74. https://twitter.com/elonmusk/status/984882630947753984 (accessedApril 2019).

75. Paul Krugman, 'Paul Krugman Reviews "The Rise and Fall of American Growth" by Robert J. Gordon', *New York Times*, 25 January 2016.

76. Robert Gordon, *The Rise and Fall of American Growth* (Oxford: Princeton University

Press, 2017).

77. 87 年后翻倍是因为 $100 \times 1.008^{87}=200.01$，保留到小数点后两位。如果美国恢复到 2.41% 的增长率，财富翻倍只需 29 年：$100 \times 1.024\ 1^{29}=199.50$。托马斯·皮凯蒂在《21 世纪资本论》第 5 页中提出了类似的观点，指出"这个问题的实质还是代际问题。在 30 年的时间里，每年 1% 的增长率相当于 35% 以上的累计增长率。每年 1.5% 的增长率相当于 50% 以上的累计增长率。在实践中，这意味着生活方式和就业方式的重大变化"。

78. Gordon, *The Rise and Fall of American Growth*, p. 96.

79. Automation risk data from Ljudiba Nedelkoska and Glenda Quintini, 'Automation, Skills Use and Training', OECD Social, Employment and Migration Working Papers, No. 202 (2018); 人均 GDP 数据是经济合作与发展组织 2016 年的数据（2018 年检索）。购买力平价是考虑不同国家不同价格水平的货币汇率。

80. 'A Study Finds Nearly Half of Jobs Are Vulnerable to Automation', *The Economist*, 24 April 2018.

81. Carl Frey, Michael Osborne, Craig Holmes, et al., 'Technology at Work v2.0: The Future Is Not What It Used to B.', Oxford Martin School and Citi (2016).

82. OECD, Job Creation and Local Economic Development 2018: Preparing for the Future of Work (Paris: OECD Publishing, 2018), p. 26. 这些比较均使用同样的"自动化风险"衡量标准：如果自动化率达到 70% 或更高（见第 42 页）。

83. 我隐约记得经济学家罗伯特·艾伦在我还是研究生时的某个讲座中讲述了这件逸事，我很感激他的故事。

84. Jonathan Cribb, Robert Joyce and Agnes Norris Keiller, 'Will the Rising Minimum Wage Lead to More Low-paid Jobs Being Automated?', Institute for Fiscal Studies, 4 January 2018.

85. GreenFlag, 'Automatic Car Washes Dying Out as the Hand Car Wash Cleans Up', published online at http://blog.greenflag.com/2015/automaticcar-washes-dying-out-as-the-hand-car-wash-cleans-up/ (accessed September 2018).

86. Robert Allen, 'Why Was the Industrial Revolution British?', *Voxeu*, 15 May 2009.

87. Leo Lewis, 'Can Robots Make Up for Japan's Care Home Shortfall?', *Financial Times*, 18 October 2017. The antipathy towards foreign workers may be changing, though. For instance, see 'Japan Is Finally Starting to Admit More Foreign Workers', *The Economist*, 5 July 2018.

88. Lewis, 'Can Robots Make Up' and Joseph Quinlan, 'Investors Should Wake Up to

Japan's Robotic Future', *Financial Times*, 25 September 2017.

89. Daron Acemoglu and Pascual Restrepo, 'Demographics and Automation', *NBER Working Paper* No. 24421 (2018).

90. From the Data Appendix to William Nordhaus, 'Two Centuries of Productivity Growth in Computing', *Journal of Economic History* 67:1 (2007), 128–59. 感谢威廉·诺德豪斯与我分享了他修改后的数据。

91. Quoted in Susskind and Susskind, *Future of the Professions*, p. 157.

92. Tom Simonite, 'For Superpowers, Artificial Intelligence Fuels New Global Arms Race', *Wired*, 8 September 2017; 'Premier Li Promotes Future of AI as Economic Driver', State Council, People's Republic of China, 23 July 2017, http://english.gov. cn/premier/news/2017/07/24/content_281475750043336.htm (accessed September 2018).

93. Aron Smith, 'Public Attitudes Toward Computer Algorithms', Pew Research Center, November 2018.

94. Daisuke Wakabayashi and Cade Metz, 'Google Promises Its A.I. Will Not Be Used for Weapons', *New York Times*, 7 June 2018; Hal Hodson, 'Revealed: Google AI Has Access to Huge Haul of NHS Patient Data', *New Scientist*, 29 April 2016, and the response from DeepMind, https://deepmind.com/blog/ ico-royal-free/ (accessed August 2018).

95. Eric Topol, 'Medicine Needs Frugal Innovation', *MIT Technology Review*, 12 December 2011.

96. Frey, Osborne, Holmes, et al., 'Technology at Work v2.0'.

97. Steve Johnson, 'Chinese Wages Now Higher Than in Brazil, Argentina and Mexico', *Financial Times*, 26 February 2017.

98. 'China's Robot Revolution May Affect the Global Economy', *Bloomberg News*, 22 August 2017.

99. Michael Wooldridge, 'China Challenges the US for Artificial Intelligence Dominance', *Financial Times*, 15 March 2018.

100. 'Tsinghua University May Soon Top the World League in Science Research', *The Economist*, 17 November 2018.

第六章　摩擦性技术失业

1. John Maynard Keynes, *Essays in Persuasion* (New York: W. W. Norton, 1963), p. 364.

2. Homer, *Odyssey*, Book XI.

3. 经济学家经常对"结构性失业"和"摩擦性失业"进行区分。据我所知，这两种技术性失业类型之间的区别是全新的。

4. 工作年龄从 20~64 岁；Nicholas Eberstadt, *Men Without Work: America's Invisible Crisis* (West Conshohocken, PA: Templeton Press, 2016)。

5. YiLi Chien and Paul Morris, 'Is U.S. Manufacturing Really Declining?', *Federal Bank of St. Louis Blog*, 11 April 2017 (accessed 23 July2019).

6. 美国人均 GDP 年均增长率约 2%。See Charles I. Jones, 'The Facts of Economic Growth' in John B. Taylor and Harald Uhlig (eds), Handbook of Macroeconomics, vol. 2A (Amsterdam: Elsevier, 2016), 3–69.

7. David Autor, 'Work of the Past, Work of the Future', Richard T. Ely Lecture delivered at the Annual Meeting of the American Economic Association (2019).

8. Ryan Avent, *The Wealth of Humans: Work and Its Absence in the 21st Century* (London: Allen Lane, 2016), p. 53.

9. See, for instance, Claudia Goldin and Lawrence Katz, *The Race Between Education and Technology* (London: Harvard University Press, 2009).

10. Avent, *The Wealth of Humans*, p. 55.

11. Stuart W. Elliott, 'Computers and the Future of Skill Demand', *OECD Educational Research and Innovation* (2017), p. 96.

12. 这被称为"研究生工资溢价"。See Joanne Lindley and Stephen Machin, 'The Rising Postgraduate Wage Premium', *Economica* 83 (2016), 281–306, and also Figure 6 in David Autor, 'Skills, Education, and the Rise of Earnings Inequality Among the "Other 99 Percent"', *Science* 344:6186 (2014), 843–51.

13. Glenn Thrust, Nick Wingfield, and Vindu Goel, 'Trump Signs Order That Could Lead to Curbs on Foreign Workers', *New York Times*, 18 April 2017.

14. See, for instance, Norman Matloff, 'Silicon Valley Is Using H-1B Visas to Pay Low Wages to Foreign Workers', *Medium*, 23 March 2018. (马特洛夫是加州大学戴维斯分校的计算机科学教授。)

15. Jean-Francois Gagné, 'Global AI Talent Report 2018', http://www.jfgagne.ai/talent

（accesed August 2018）. 考虑到这些来自西方平台领英的数据，很可能低估了总数，因此高估了这部分人在美国工作的比例。

16. Autor, 'Work of the Past, Work of the Future', from 7:40 in https://www.aeaweb. org/webcasts/2019/aea-ely-lecture-work-of-the-past-work-of-the-future (accessed January 2019).

17. Annie Lowrey, *Give People Money: The Simple Idea to Solve Inequality and Revolutionise Our Lives* (London: W. H. Allen, 2018), p. 37.

18. Edward Luce, *The Retreat of Western Liberalism* (London: Little, Brown, 2017), p. 53.

19. Paul Beaudry, David Green, and Benjamin Sand, 'The Great Reversal in the Demand for Skill and Cognitive Tasks', *Journal of Labor Economics* 34:1 (2016), 199–247, quoted in 'Special Report on Lifelong Education: Learning and Earning', *The Economist*, 14 January 2017, p. 2.

20. 'Time to End the Academic Arms Race', *The Economist*, 3 February 2018.

21. Chang May Choon, 'Dream Jobs Prove Elusive for South Korea's College Grads', *Straits Times*, 11 March 2016.

22. For 'pink- collar' see, for instance, Elise Kalokerinos, Kathleen Kjelsaas, Steven Bennetts, and Courtney von Hippel, 'Men in Pink Collars: Stereotype Threat and Disengagement Among Teachers and Child Protection Workers', *European Journal of Social Psychology* 47:5 (2017); 百分比见美国劳工统计局 2017 年的"家庭数据：年度平均水平"，https://www.bls.gov/cps/cpsaat11.pdf (accessed August 2018)。

23. Gregor Aisch and Robert Gebeloff, 'The Changing Nature of Middle-Class Jobs', *New York Times*, 22 February 2015. 美国劳工统计局 2017 年的数据再次显示在制造业从业者中男性占主导。

24. US Bureau of Labor Statistics, 'Projections of Occupational Employment, 2014– 24', *Career Outlook*, December 2015. 在低工资方面，注册护士是个例外。大多数经济合作与发展组织国家的护士工资高于全国平均水平，尽管有些国家，如英国，只略高于平均水平；而另一些国家，如法国，低于平均水平。See Exhibit 13 in Adair Turner (Institute for New Economic Thinking), 'Capitalism in an Age of Robots', presentation at the School of Advanced International Studies, *Washington, DC*, 10 April 2018, https://www.ineteconomics.org/uploads/papers/ Slides-Turner-Capitalism-in-the-Age-of-Robots.pdf (accessed August 2018). Also see OECD, 'Health at a Glance 2017: OECD Indicators' (February 2018), Chapter 8, p.

162. 2015 年，美国支付的护士工资是平均工资的 1.24 倍，英国是 1.04 倍，法国是 0.95 倍。

25. 个人护理助理（83.7%）、注册护士（89.9%）、家庭健康助理（88.6%）、家政人员（53.8%）、零售人员（48.2%）。同样，见美国劳工统计局的"家庭数据"。

26. 正如劳伦斯·卡茨所说，这不是一个"技能不匹配"的问题，而是一个"身份不匹配"的问题。Claire Cain Miller, 'Why Men Don't Want the Jobs Done Mostly by Women', *New York Times*, 4 January 2017.

27. Enrico Moretti, *The New Geography of Jobs* (New York: First Mariner Books, 2013), p. 17.

28. 出处同上，p. 23。

29. 出处同上，pp. 82–5。

30. 出处同上，p. 89。

31. Emily Badger and Quoctrung Bui, 'What If Cities Are No Longer the Land of Opportunity for Low-Skilled Workers?', *New York Times*, 11 January 2019.

32. Moretti, *New Geography of Jobs*.

33. Eurostat (2019) data, https://ec.europa.eu/eurostat/statistics-explained/index.php?title= Young_people_-_social_inclusion#Living_with_parents (accessed April 2019).

34. Moretti, *New Geography of Jobs*, p. 157.

35. Louis Uchitelle, 'Unemployment Is Low, but That's Only Part of the Story', *New York Times*, 11 July 2019.

36. 例如，哈佛大学经济学家本杰明·弗里德曼写道："问题不是数百万准工人是否会长期失业……大多数美国人会找到事情做。但是，他们最终从事的很多工作支付的报酬太少，无法支撑我们社会所认为的中产阶级的生活水平。" Benjamin M. Friedman, 'Born to Be Free', *New York Review of Books*, 12 October 2017.

37. From Bureau of Labor Statistics, 'Profile of the Working Poor, 2016', https://www.bls.gov/opub/reports/working-poor/2016/home.htm (accessed July 2018).

38. 罗伯特·赖希是公共政策教授和比尔·克林顿政府的劳工部长，他曾估计，到2020 年多达40% 的美国人将从事这种"不确定"的工作，这种工作构成了"临时工作""公共""不规则""不稳定"的经济形态，到 2025 年大多数工人将从事这种工作。不过，这可能被高估了；2017 年，只有 10% 的人从事所谓的可替代工作，比 2005 年略有下降。Robert Reich, 'The Sharing Economy Will Be

Our Undoing', Salon, 25 August 2015; Ben Casselman, 'Maybe the Gig Economy Isn't Reshaping Work After All', *New York Times*, 7 June 2018.

39. Andy Haldane, 'Labour's Share', speech at the Trades Union Congress, *London, 12 November 2015*; Richard Partington, 'More Regular Work Wanted By Almost Half Those on Zero-hours', *Guardian*, 3 October 2018.

40. Quoted in Friedman, 'Born to Be Free'.

41. Tyler Cowen, *Average Is Over: Powering American Beyond the Age of the Great Stagnation* (New York: Dutton, 2013), p. 23.

42. Lowrey, *Give People Money*, p. 15.

第七章　结构性技术失业

1. Chris Hughes, *Fair Shot: Rethinking Inequality and How We Earn* (London: Bloomsbury, 2018), p. 82.

2. The argument of this chapter runs through my doctorate, 'Technology and Employment: Tasks', Capabilities and Tastes, DPhil diss,（Oxford University, 2016). Parts of the argument can be found in my articles 'A Model of Technological Unemployment', Oxford University Department of Economics Discussion Paper Series No. 819 (2017) and 'Automation and Demand', Oxford University Department of Economics Discussion Paper Series No. 845 (2018) as well.

3. 但并非完全无关。回顾第五章中对自动化决定因素的讨论，相对生产率和相对成本都会影响自动化决策：就像机械洗车的情况，即使机器比工人的生产率更高，但只要该劳动者愿意接受比以前更低的工资，就可能让使用机器变得没有经济意义。

4. 我在 2017 年 3 月 17 日 *Prospect* 杂志上刊登的 "Robots Probably Won't Take Our Jobs – for now" 一文中分析了这个故事。

5. 例如，泰勒·考恩的博客节目 "对话泰勒" 第 22 集，主题为《加里·卡斯帕罗夫谈人工智能、国际象棋和创造力的未来》。

6. 被称为 "阿尔法零" 的新机器与冠军象棋计算机 "鱼干" 对弈，在 "阿尔法零" 执白的 50 场比赛中，25 胜 25 和，在 "阿尔法零" 执黑的 50 场比赛中，3 胜 47 和。David Silver, Thomas Hubert, Julian Schrittwieser, et al., 'Mastering Chess and Shogi by Self-Play with a General Reinforcement Learning Algorithm', arXiv：1712.01815v1（2017）。

7. Tyler Cowen, 'The Age of the Centaur Is 'Over' Skynet Goes Live', *Marginal Revolution*, 7 December 2017.

8. See Garry Kasparov, *Deep Thinking* (London: John Murray, 2017).

9. Chapter 11.Data is from Ryland Thomas & Nicholas Dimsdale, 'A Millennium of UK Data', Bank of England OBRA dataset (2017). 实际 GDP 数据由表 A14 的数据整理得出；就业数据由表 A53 的数据整理得出。两个数据在第一次和第二次世界大战中均有缺失，而且在 1861—1911 年，每 10 年中仅第一年的数据是可得的；本图中我已用内插法补上了那些点直接的数据。1861—1971 年的实际 GDP 数据是大不列颠的数据，而非联合王国的数据。https://www.bankofengland.co.uk/statistics/research-datasets.

10. Data is fromThomas & Dimsdale, 'A Millennium of UK Data'.

11. 数字 "70%" 和 "30%" 是根据圣路易斯联储的数据计算得出的，see https://fred.stlouisfed.org/tags/series?t=manufacturing (accessed October 2018)。The 5.7 million is from Martin Baily and Barry Bosworth, 'US Manufacturing: Understanding Its Past and Its Potential Future', *Journal of Economic Perspectives* 28:1 (2014), 3–26. 正如其他人注意到的，在过去的几十年，美国制造业本身在名义 GDP 中所占的份额可能有所下降，但在实际 GDP 中却没有下降，see, for instance,, YiLi Chien and Paul Morris, 'Is U.S. Manufacturing Really Declining?', *Federal Bank of St. Louis Blog,* 11 April 2017。

12. In Joel Mokyr, Chris Vickers, and Nicholas Ziebarth, 'The History of Technological Anxiety and the Future of Economic Growth: Is This Time Different?' *Journal of Economic Perspectives* 29:3 (2015), 31–50.

13. In David Autor and David Dorn, 'Technology Anxiety Past and Present', Bureau for Employers' Activities, *International Labour Office* (2013).

14. David Autor, 'Polanyi's Paradox and the Shape of Employment Growth' in 'Re-evaluating Labor Market Dynamics: A Symposium Sponsored by the Federal Reserve Bank of Kansa City. Jackson Hole, Wyoming, August 21– 23, 2014' (2015), p. 148.

15. Quoted in John Thornhill, 'The Big Data Revolution Can Revive the Planned Economy', *Financial Times*, 4 September 2017.

16. Andre Tartar, 'The Hiring Gap', *New York Magazine*, 17 April 2011; 'Apple', https://www.forbes.com/companies/apple/; 'Microsoft', https:// www.forbes.com/companies/microsoft/ (accessed May 2019).

17. Edward Luce, *The Retreat of Western Liberalism* (London: Little, Brown, 2017), p.54.

18. Thor Berger and Carl Frey, 'Industrial Renewal in the 21st Century: Evidence from US Cities', *Regional Studies* (2015).

19. See Daron Acemoglu and Pascual Restrepo, 'The Race Between Machine and Man: Implications of Technology for Growth, Factor Shares, and Employment', *American Economic Review* 108:6 (2018), 1488–542.

20. Wassily Leontief quoted in Nils Nilsson, 'Artificial Intelligence, Employment, and Income', *AI Magazine*, Summer 1984. 他与 Leonard Silk 在 1983 年 4 月 6 日发表在《纽约时报》上的文章 'Economic Scene; Structural Joblessness' 持相同的观点。

21. Data from Rodolfo Manuelli and Ananth Seshadri, 'Frictionless Technology Diffusion: The Case of Tractors', American Economic Review 104:4 (2014), 1268–391.

22. 阿齐默鲁和雷斯特雷波的《机器和人之间的竞争》。当然，马和人类在其他方面也是不同的。有些经济学家指出，跟马不一样的是，人是能拥有机器的，因而不用仅依靠工作。而且，人跟马不一样的另一点还在于人是可以选举的，因而可能选出一个"反牵引力"政党，反对任何威胁人类工作的技术。

23. 这是阿齐默鲁和雷斯特雷波的《机器和人之间的竞争》模型中的一种可能情况。

24. 阿齐默鲁和雷斯特雷波并不认为这些新工作必然是为人类创造的。例如，在 'The Wrong Kind of AI? Artificial Intelligence and the Future of Labor Demand', *MIT Working Paper* (2019) 一文中，他们明确考虑了这种情况不发生的可能性。

25. In John Stuart Mill, *Principles of Political Economy with Some of Their Applications to Social Philosophy* (London: Longmans, Green, 1848), 他指出，对商品的需求 "不构成对劳动力的需求"，同时它 "也不是对劳动力的需求"。这些被引用在 Susskind, 'Technology and Employment' 一文中。

26. Victor Mather, 'Magnus Carlsen Wins World Chess Championship, Beating Fabiano Caruana', *New York Times*, 28 November 2018.

27. For economists using it, see Daniel Susskind and Richard Susskind, *The Future of the Professions* (Oxford: Oxford University Press, 2015), pp. 244–5.

28. 使用这一术语的经济学家参见 'Automation and Anxiety', *The Economist*, 25 June 2016; 使用这一术语的技术专家参见 Marc Andreessen, 'Robots Will Not Eat the Jobs But Will Unleash Our Creativity', *Financial Times*, 23 June 2014; 使用这一术语的时事评论员，参见 Annie Lowrey, 'Hey, Robot: What Cat Is Cuter?', *New York Times Magazine*, 1 April 2014; 使用这一术语的政治家参见 Georgia

Graham, 'Robots Will Take Over Middle-class Professions, Says Minister',
Telegraph, 8 July 2014。

29. David Schloss, *Methods of Industrial Remuneration* (London: Williams and Norgate, 1898).
     文本已在线存档：https:// ia902703.us.archive.org/30/items/methodsofindustr00schl/methods
     ofindustr00schl.pdf.《经济学人》网站有关"劳动总额谬论"与大卫·施劳斯的内容
     的入口：http://www.economist.com/ economics-a-to-z/l. 经济学家汤姆·沃克也详细地
     描述了这个想法及其起源，参见'Why Economists Dislike a Lump of Labor', *Review
     of Social Economy* 65:3 (2007), 279–91。

30. Schloss, *Methods of Industrial Remuneration*, p. 81.

31. Wassily Leontief, 'National Perspective: The Definition of Problems and
     Opportunities' in *The Long-term Impact of Technology on Employment and
     Unemployment: A National Academy of Engineering Symposium*, 30 June 1983
     (Washington, DC: National Academy Press, 1983), p. 4.

32. Daron Acemoglu and Pascual Restrepo, 'Robots and Jobs: Evidence from US Labor
     Markets', NBER Working Paper No. 23285 (2017).

33. Quoted in Susan Ratcliffe (ed.), *Oxford Essential Quotations*, 4th edn (2016), at
     http://www.oxfordreference.com/ (accessed 13 May 2018).

34. 那一年，纳粹在议会中赢得的席位比任何其他政党都多。失业统计数据来
     自 Nicholas Dimsdale, Nich olas Horsewood 和 Arthur Van Riel, 'Unemployment
     in Interwar Germany: An Analysis of the Labor Market, 1927–1936', *Journal of
     Economic History* 66:3 (2006), p.778–808。这一观点是在与经济学家兼记者蒂
     姆·哈福德的谈话中提出来的，我对他的思考深表感激。

第八章　科技与不平等

1. Jean-Jacques Rousseau, 'The Genesis of Inequality', from *Discourse on the Origin
    and Foundation of Inequality Among Men in David Johnston, Equality* (Indianapolis:
    Hackett Publishing, 2000), Chapter 5.

2. Walter Scheidel, *The Great Leveler: Violence and the History of Inequality from the
    Stone Age to the Twenty-First Century* (Oxford: Princeton University Press, 2017),
    p. 28.

3. 出处同上 ,p.33。

4. Yuval Noah Harari, *Sapiens* (London: Harvill Secker, 2011), Chapter 1.

5.   Thomas Piketty, *Capital in the Twenty-First Century* (London: Harvard University Press, 2014), p. 48.

6.   Arthur Pigou, *A Study in Public Finance* (London: Macmillan, 1928), p. 29; 'Gary Becker's Concept of Human Capital', *The Economist*, 3 August 2017.

7.   Gary Becker, 'The Economic Way of Looking at Life', *Nobel Prize lecture*, 9 December 1992.

8.   George Orwell, *Essays* (London: Penguin Books, 2000), p. 151.

9.   这个统计数字的故事很讽刺。尽管它在今天经常被用来衡量"公平"，但它的创造者科拉多·基尼却是一个狂热的法西斯分子。

10. See both Era Dabla-Norris, Kalpana Kochhar, Frantisek Ricka, et al., 'Causes and Consequences of Income Inequality: A Global Perspective', IMF Staff Discussion Note (2015) and Jan Luiten van Zanden, Joerg Baten, Marco Mira d'Ercole, et al., 'How Was Life? Global Well-being Since 1820', OECD (2014), p. 207: "我们很难忽视绝大多数国家自 20 世纪 80 年代以来所经历的收入不平等情况的急剧恶化，很少有例外……"

11. 这些是2017年或最近几年的税收和转移支付后的基尼系数，是OECD的文章 'In It Together: Why Less Inequality Benefits All' (2015) 中图 1.3 的更新版本，采用的是 2019 年的 OECD 数据。http://www.oecd.org/social/income-distribution-database. htm (accessed April 2019).

12. See, for instance, *Piketty, Capital in the Twenty-First Century*, p. 266.

13. John Rawls, *A Theory of Justice* (Cambridge, MA: Harvard University Press, 1999), p. 266.

14. 这些是税前收入，引自 Thomas Piketty, Emmanuel Saez, and Gabriel Zucman, 'Distribution National Accounts: Methods and Estimates for the United States', *Quarterly Journal of Economics* 133:2 (2018), 553–609 一文的附录 FS40。数据可在以下网站获得：http://gabriel-zucman.eu/usdina/。底部 10% 的数据被删掉了，因为正如作者注意到的，这些人的税前收入几乎为零，有时甚至为负数。

15. 美国的数据参见 http://wid.world/country/usa/，1981 年是 11.05%，2014 年达到 20.2%。英国的数据参见 http://wid. world/country/united-kingdom/，1981 年是 6.57%，2014 年达到 13.9%。

16. 1% 收入最高人群的收入在全国税前总收入中的占比。这是 OECD 发表的 'FOCUS on Top Incomes and Taxation in OECD Countries: Was the Crisis a Game Changer?' (2014 年 5 月) 一文图 1 的更新版本，使用的是世界不平等数据库的

最新数据；https://wid.world/data/ (accessed April 2019)。

17.　0.1%：1981 年为 2.23%，2017 年为 7.89%。0.01%：1981 年为 0.66%，2017 年为 3.44%（不包括本金利得）。数据出自 Emmanuel Saez 和 Thomas Piketty, 'Income Inequality in the United States, 1913–1998', *Quarterly Journal of Economics* 118:1 (2003), 1–39, 引自在线数据附录的"表 A1", https://eml. berkeley.edu/~saez/ (accessed April 2019)。

18.　Jonathan Cribb, Andrew Hood, Robert Joyce, and Agnes Norris Keller, 'Living Standards, Poverty and Inequality in the UK: 2017', *Institute for Fiscal Studies*, 19 July 2017.

19.　在 OECD 国家，薪资构成工作年龄段成年人家庭收入的 75%。See OECD, 'Growing Income Inequality in OECD Countries: What Drives It and How Can Policy Tackle it?' (2011).

20.　See OECD, 'Promoting Productivity and Equality: A Twin Challenge' of OECD Economic Outlook 2016:1 (2016) Chap. 2 . 在第 69 页，作者指出"劳动收入分配不平等是造成收入不平等增加的主要原因"。另请参阅国际劳工组织，Global Wage Report 2014/2015 (Geneva: International Labour Office, 2015)，该报告的作者指出 OECD 的报告 'Divided We Stand: Why Inequality Keeps Rising' (2011) "记录了在发达经济体中，危机爆发前的几十年，日益拉大的工资不平等一直是收入不平等唯一重要的驱动因素"。

21.　See OECD, 'Growing Income Inequality in OECD Countries' and Anthony B. Atkinson, *The Changing Distribution of Earnings in OECD Countries* (Oxford: Oxford University Press, 2009).

22.　Emmanuel Saez, 'Striking It Richer: The Evolution of Top Incomes in the United States', published online at https://eml.berkeley.edu/~saez/ (2016); Piketty, *Capital in the Twenty-First Century*, p. 315.

23.　Emmanuel Saez and Gabriel Zucman, 'Wealth Inequality in the United States Since 1913: Evidence from Capitalized Income Tax Data', *Quarterly Journal of Economics* 131:2 (2016), 519–78. 出自在线数据附录图 8-9b，参见 http://gabriel-zucman.eu/。

24.　Saez and Piketty, 'Income Inequality in the United States'. 图片基于在线数据附录表 B2 的数据，参见 https:// eml.berkeley.edu/~saez/ (accessed April 2019)。

25.　Laura Tyson and Michael Spence, 'Exploring the Effects of Technology on Income and Wealth Inequality' in Heather Boushey, J. Bradford DeLong and Marshall Steinbaum (eds), *After Piketty: The Agenda for Economics and Inequality* (London:

Harvard University Press, 2017), pp. 182–3.

26. From Lawrence Mishel and Alyssa Davis, 'Top CEOs Make 300 Times More Than Typical Workers', *Economic Policy Institute*, 21 June 2015. 1977 年，比例为 28.2 倍，2000 年是 376.1 倍，到了 2014 年，降至 303.4 倍。

27. 保罗·萨缪尔森说："非常神奇的是，不管是在好年头还是在坏年头，各种类别的比例在很长一段时间内几乎是恒定的。社会总收入的大小可能会起伏不定，但总工资似乎总是占到总收入的 2/3。" 引自 Hagen Krämer, 'Bowley's Law: The Diffusion of an Empirical Supposition into Economic Theory', *Papers in Political Economy* 61 (2011)。

28. John Maynard Keynes, 'Relative Movements of Real Wages and Output', *Economic Journal* 49:93 (1939), 34–51, pp. 48–9; Nicholas Kaldor, 'A Model of Economic Growth', *Economic Journal* 67:268 (1957), 591–624; and Charles Cobb and Paul Douglas, 'A Theory of Production', *American Economic Review* 18:1 (1928), 139–65.

29. Chapter 2 in OECD, OECD Employment Outlook (Paris: OECD Publishing, 2018).

30. Loukas Karabarbounis and Brent Neiman, 'The Global Decline of the Labor Share', *Quarterly Journal of Economics* 129:1 (2014), 61–103.

31. Mai Chi Dao, Mitali Das, Zsoka Koczan, and Weicheng Lian, 'Drivers of Declining Labor Share of Income', *IMF Blog* (2017).

32. Chapter 2 in OECD, *OECD Employment Outlook*. 国家包括芬兰、德国、日本、韩国、美国、法国、意大利、瑞典、奥地利、比利时、英国、澳大利亚、西班牙、捷克、丹麦、匈牙利、波兰、荷兰、挪威、加拿大、新西兰、爱尔兰、以色列和斯洛伐克。这里，"平均工资"是指"实际薪酬的中位数"。

33. Economic Policy Institute, 'The Productivity-Pay Gap' (October 2017); http://www.epi.org/productivity-pay-gap/. *y* 轴表示自 1948 年以来的累计变化百分比。

34. It is Chapter 3 of OECD, *OECD Employment Outlook* (Paris: OECD Publishing, 2012), 标题为 'Labour Losing to Capital: What Explains the Declining Labour Share?', 世界经济论坛《2017 年全球风险报告》第一部分引用了这一点。尽管现实情况比世界经济论坛的读物更微妙，但根据 *OECD Employment Outlook* (2012)，技术解释了 80% 的"行业内变化"，而行业内的变化（而非行业间的变化）则解释了"绝大多数比例的"劳动收入份额下降。

35. See both IMF, *World Economic Outlook* (2017) Chapter 3, and Kara-barbounis and Neiman, 'Global Decline of the Labor Share'.

36. Chi Dao et al., *IMF Blog*.

37. David Autor, David Dorn, Lawrence Katz, et al., 'The Fall of the Labor Share and the Rise of Superstar Firms', *NBER Working Paper* No. 23396 (2017).

38. 出处同上。

39. 出处同上。

40. PwC, 'Global Top 100 Companies by Market Capitalisation' (2018). 阿里巴巴和亚马逊名义上被归到"消费者服务"类别，但最好将两者都视为科技公司。

41. Piketty, *Capital in the Twenty-First Century,* p.244.

42. Melanie Kramers, 'Eight People Own Same Wealth as Half the World', *Oxfam press release*, 6 January 2017.

43. 'Are Eight Men as Wealthy as Half the World's Population?', *The Economist*,19 January 2017.

44. Era Dabla-Norris, Kalpana Kochhar, Frantisek Ricka, et al., 'Causes and Consequences of Income Inequality: A Global Perspective', *IMF Staff Discussion Note* (2015), p. 16.

45. 这里，"最富有的"就是指"财富上最富有的"；参见 Piketty, *Capital in the Twenty-First Century*, 表 7.2, 248–9, 257。

46. 出处同上, p257。

47. 数据来自 Saez 和 Zucman, 'Wealth Inequality in the United States' 一文在线附录中的数据图 1-6-7b。该图也出现在 2014 年 11 月 6 日的《经济学人》杂志的 "Forget the 1%" 一文中。

48. Joseph Stiglitz, 'Inequality and Economic Growth', *Political Quarterly* 86:1 (2016), 134–55.

49. Saez and Zucman, 'Wealth Inequality in the United States'.

50. Thomas Piketty and Gabriel Zucman, 'Capital Is Back: Wealth–Income Ratios in Rich Countries 1700–2010', *Quarterly Journal of Economics* 129:3 (2014), 1255–310.

51. Facundo Alvaredo, Lucas Chancel, Thomas Piketty, et al., World Inequality Report (Creative Commons, 2018), p.9.

52. John Maynard Keynes, *Essays in Persuasion* (New York: W. W. Norton, 1963), p.360.

53. 出处同上, p373。

54. 出处同上, p367。

55. Joseph Stiglitz, 'Toward a General Theory of Consumerism: Reflections on Keynes's Economic Possibilities for Our Grandchildren' in Lorenzo Pecchi and Gustavo Piga

(eds), *Revisiting Keynes: Economic Possibilities for Our Grandchildren* (Cambridge, MA: MIT Press, 2008).

56. 在我看来，经济问题已经从传统的让每一个人分得的经济蛋糕更大的增长问题，转移到了确保每一个人都能获得合理份额的分配问题。其他经济学家也做出了类似的区分，尽管不总是出于相同的目的。例如，大卫·奥托在'Why Are There Still So Many Jobs? The History and Future of Workplace Automation', *Journal of Economics Perspectives* 29:3 (2015) 3–30 一文中，区分了"稀缺"和"分配"的问题，但他怀疑前者是否已经得到解决。他问：我们是否真的即将摆脱稀缺的束缚，我们的主要经济挑战是否很快将变成分配问题？我此时回想起经济学家、计算机科学家、诺贝尔经济学奖获得者赫伯特·西蒙的看法，他在 20 世纪 60 年代的自动化焦虑时代写道："在经济问题的范畴内，这一代和下一代人面临的世界问题都是稀缺性问题，而不是无法容忍的富裕问题。人们花了太多本该用来解决实际问题的精力去担心自动化……"半个世纪过去了，我相信证据支持的是西蒙的观点。我不同意奥托的结论，但他的框架很有用。

57. http://www.worldbank.org/en/topic/poverty/overview (accessed April2018).

第九章　教育及其局限性

1. https://web.archive.org/web/20180115215736/twitter.com/jasonfurman/status/913439100165918721.

2. Enrico Moretti, *The New Geography of Jobs* (New York: First Mariner Books, 2013), p.226.

3. 出处同上，p228。

4. Claudia Goldin and Lawrence Katz, *The Race Between Education and Technology* (London: Harvard University Press, 2009), p.13.

5. 出处同上，p12。

6. Quoted in Michelle Asha Cooper, 'College Access and Tax Credits', *National Association of Student Financial and Administrators* (2005).

7. 托尼·布莱尔于 2001 年 5 月 23 日在南安普敦大学的劳工教育宣言仪式上的讲话：https://www.theguardian. com/politics/2001/may/23/labour.tonyblair。

8. 奥巴马总统的演讲，'On Higher Education and the Economy', University of Texas at Austin, 2010 年 8 月 9 日。

9. 'Special Report on Lifelong Education: Learning and Earning', *The Economist*, 14

January 2017, p.2.

10. Royal Society, *After the Reboot: Computing Education in UK Schools* (2017), pp. 52 and 53, respectively.

11. 出处同上，p22。

12. 'Special Report on Lifelong Education', p.9.

13. Daniel Susskind and Richard Susskind, *The Future of the Professions* (Oxford: Oxford University Press, 2015), p.55.

14. Benjamin Bloom 'The 2 Sigma Problem: The Search for Methods of Group Instruction as Effective One-to-One Tutoring', *Educational Researcher* 13:6 (1984), 4–16. 这个问题在 Susskind 和 Susskind 的 'Future of the Professions' 一文的第 56 页也有论述。

15. 出处同上，参见第 58 页，p. 78。

16. 拉里·萨默斯在泰勒·考恩的题为 'Larry Summers on Macroeconomics, Mentorship, and Avoiding Complacency' 的播客节目 'Conversations with Tyler' 的第 28 集也提出了类似的观点。

17. See, for instance, Seb Murray, 'Moocs Struggle to Lift Rock-bottom Completion Rates', *Financial Times*, 4 March 2019.

18. Joshua Goodman, Julia Melkers, and Amanda Pallais, 'Can Online Delivery Increase Access to Education?', *Journal of Labor Economics* 37:1 (2019).

19. Quoted in Tanja M. Laden, 'Werner Herzog Hacks the Horrors of Con-nectivity in "Lo and Behold"', *Creators* on Vice.com, 25 August 2016.

20. 500 新加坡元。http://www.skillsfuture.sg/credit.

21. Pew Research Center, 'The State of American Jobs: The Value of a College Education', 6 October 2016, http://www.pewsocialtrends.org/2016/10/06/5-the-value-of-a-college-education/ (accessed September 2018).

22. See 'Tech Millionaire College Dropouts', *Guardian*, 11 January 2014; and '8 Inspiring Dropout Billionaires of the Tech Industry', *The Times of India: Economic Times*,11 April 2016.

23. 'Thiel Fellows Skip or Stop Out of College', https://thielfellowship.org/ (accessed April 2019).

24. 'Back to the Future with Peter Thiel', *National Review*, 20 January 2011.

25. Bryan Caplan, *The Case Against Education: Why the Education System Is a Waste of Time and Money* (Oxford: Princeton University Press, 2018), p.4.

26. Gregory Ferenstein, 'Thiel Fellows Program Is "Most Misdirected Piece of

Philanthropy"', *TechCrunch*, 10 October 2013.

27. Ryan Avent, *The Wealth of Humans: Work and Its Absence in the 21st Century* (London: Allen Lane, 2016) 也提出了类似的观点。他写道："大学课程很难。目前许多未完成大学课程的人，缺乏做到这一点的认知能力。"参见第 55 页。

28. 1962 年 9 月 12 日约翰·肯尼迪在赖斯体育场的《月球演讲》："我们选择在这个 10 年去月球、去做其他事情，不是因为它们很容易做到，而正是因为它们很难。" https://er.jsc. nasa.gov/seh/ricetalk.htm（2019 年 4 月访问）。

29. See Stuart W. Elliott, 'Computers and the Future of Skill Demand', *OECD Educational Research and Innovation* (2017), p.15.

30. 参见上文出处的摘要部分。

31. Yuval Noah Harari, *Homo Deus: A Brief History of Tomorrow* (London: Harvill Secker, 2016), p. 269: 'What will be the political impact of a massive new class of economically useless people?'；以及以下 Youtube 视频第 61 分钟往后的内容：'Yuval Harari with Dan Ariely: Future Think – From Sapiens to Homo Deus', published by 92nd Street Y on YouTube, 22 February 2017, https://www.youtube. com/watch?v=5BqD5klZsQE。

第十章　大政府

1. See David Landes, *Abba Ptachya Lerner 1903–1982: A Biographical Memoir* (Washington, DC: National Academy of Sciences, 1994), p. 216。

2. Mark Harrison, 'Soviet Economic Growth Since 1928: The Alternative Statistics of G. I. Khanin', *Europe–Asia Studies* 45:1 (1993), 141–67.

3. 华西里·列昂惕夫也这样认为，他写道："我们习惯于依靠市场机制奖励人们的工作，但是我们不能再依靠市场机制如此便捷地运作了。" Quoted inTimothy Taylor, 'Automation and Job Loss: Leontief in 1982', 22 August 2016, available at http://conversableeconomist. blogspot.com/2016/08/automation-and-job-loss-leontief-in-1982.html (accessed February 2019).

4. Walter Scheidel, *The Great Leveler: Violence and the History of Inequality from the Stone Age to the Twenty-First Century* (Oxford: Princeton University Press, 2017).

5. Philippe Van Parijs and Yannick Vanderborght, *Basic Income: A Radical Proposal for a Free Society and a Sane Economy* (London: Harvard University Press, 2017), p. 52.

6. Anthony B. Atkinson, *Inequality: What Can Be Done?* (London: Harvard University

Press, 2015), p. 264; 'The Welfare State Needs Updating', *The Economist*, 12 July 2018.

7. See Nicholas Timmins, 'Commission on Social Justice', *Independent*, 25 October 1994；and 'The Welfare State Needs Updating'. "贝弗里奇报告"还部分导致了现代政治历史上的一次重大动荡。带领英国在第二次世界大战中取得胜利的首相温斯顿·丘吉尔，在战争结束仅两个月之后的大选中失败。 他的对手克莱门特·阿特利被认为更适合践行报告中的想法。

8. Chapter 2 in Van Parijs and Vanderborght, *Basic Income* sets out these proposals in great detail.

9. 站在他们的立场，批评者将安全网称为"吊床"。See 'The Welfare State Needs Updating'.

10. William Beveridge, *Social Insurance and Allied Services* (London: Her Majesty's Stationery Office, 1942), p. 6.

11. Peter Diamond and Emmanuel Saez, 'The Case for a Progressive Tax: From Basic Research to Policy Recommendations', *Journal of Economic Perspectives* 25:4 (2011), 165–90.

12. See, for instance, Thomas Piketty and Emmanuel Saez, 'A Theory of Optimal Capital Taxation', *NBER Working Paper* No. 17989 (2012).

13. 出处同上，p. 1。

14. Kevin J. Delaney, 'The Robot That Takes Your Job Should Pay Taxes, Says Bill Gates', *Quartz*, 17 February 2017.

15. Blaine Harden, 'Recession Technology Threaten Workers', *Washington Post*, 26 December 1982.

16. International Association of Machinists, 'Workers' Technology Bill of Rights', Democracy 3:1 (1983). 同样的机械师工会仍然活跃在今天的舞台上，例如，他们与优步达成了一项协议，为优步在纽约的司机提供了一系列福利。Leslie Hook, 'Uber Strikes Deal with Machinists Union for New York Drivers', *Financial Times*, 10 May 2016.

17. Lawrence Summers, 'Robots Are Wealth Creators and Taxing Them Is Illogical', *Financial Times*, 5 March 2017.

18. 既包含存储的传统资本（"存量"），也包含流向拥有原始资本的人的收入（"现金流"）。 皮凯蒂同样呼吁对资本征收全球税。See Thomas Piketty, *Capital in the Twenty-First Century* (London: Harvard University Press, 2014).

19. 图 10.1 针对 2007 年 GDP 总量超过 3 000 亿美元的国家和地区 (from Annette Alstadsæter, Niels Johannesen, and Gabriel Zucman, 'Who Owns the Wealth in Tax Havens? Macro Evidence and Implications for Global Inequality', *Journal of Public Economics* 162 (2018), 89–100)。该图由 Gabriel Zucman 绘制，可在以下网站获取：https://gabriel-zucman.eu/offshore/ (2018 年 9 月访问)。

20. Alstadsæter, Johannesen, and Zucman, 'Who Owns the Wealth in Tax Havens?', 图 5。该图改编自 Gabriel Zucman 绘制的图片，可在以下网站获取：https:// gabriel-zucman.eu/offshore/ (2018 年 9 月访问)。

21. This reasoning is from James Mirrlees and Stuart Adam, *Dimensions of Tax Design: The Mirrlees Review* (Oxford: Oxford University Press, 2010), p. 757.

22. 'Taxing Inheritances Is Falling Out of Favour', *The Economist*, 23 November 2017.

23. 出处同上；Caroline Freund and Sarah Oliver, 'The Origins of the Superrich: The Billionaire Characteristics Database', *Peterson Institute for International Economics* 16:1 (2016).

24. 出处同第 19 条，p. 100。

25. David Autor, David Dorn, Lawrence Katz, et al., 'The Fall of the Labor Share and the Rise of Superstar Firms', *NBER Working Paper* No.23396 (2017) and Simcha Barkai, 'Declining Labor and Capital Shares', *Working Paper*, University of Chicago (2016).

26. Lynnley Browning and David Kocieniewski, 'Pinning Down Apple's Alleged 0.005% Tax Rate Is Nearly Impossible', *Bloomberg*, 2016/09/01, from Daron Acemoglu and Simon Johnson, 'It's Time to Found a New Republic', *Foreign Policy*, 15 August 2017. 见 https:// ec.europa.eu/ireland/tags/taxation_en. 爱尔兰的基本税率为 20%。

27. 这个份额从 2% 上升到 17%，参见上文出处，121–48 的图 3。

28. 这是 Gabriel Zucman, 'Taxing Across Borders: Tracking Personal Wealth and Corporate Profits', *Journal of Economic Perspectives* 28:4 (2014) 一文的图 5。改编自下列网站上的一张图：https:// gabriel-zucman.eu/ (2018 年 9 月访问)。该图呈现的是 10 年平均值（例如，1990—1999 是指 1990 年、1991 年……1999 年的平均值）。

29. 'Apple Pays Disputed Irish Tax Bill', *BBC News*, 18 September 2018.

30. 1936 年裁决的一个著名案件将律师的传统观念表露无遗，该案件的当事人是威斯敏斯特公爵和税务局。当时的一位上议院法官汤姆林勋爵做出判决，支持纳税人采用的方案。他说："每个人都有权安排自己的事务，以使他依照适当法规缴纳的税款低于其他安排方式下应缴的数额。如果他通过调整成功地少缴纳了税款，那么，不管税务局局长或其他纳税人多么不赞赏他的计谋，他都不能被迫多缴纳税款。"

31. 沿用福尔摩斯的说法，美国国税局将"税款是我们为文明社会付出的代价"刻在了华盛顿特区总部入口的上方。see https://quoteinvestigator.com/2012/04/13/taxes-civilize/.

32. TRAC, 'Millionaires and Corporate Giants Escaped IRS Audits in FY 2018', 网上公开发表在 https://trac.syr.edu/tracirs/latest/549/ (2019 年 5 月 8 日访问)。感谢亚当·土兹让我注意到这篇文章。

33. Thomas Paine, *Agrarian Justice* (Digital Edition, 1999)；可在以下网址获得：http://piketty.pse.ens.fr/%EF%AC%81les/Paine1795.pdf。

34. Van Parijs and Vanderborght, *Basic Income.*

35. See Victor Oliveira, 'The Food Assistance Landscape', Economic Research Service at the United States Department of Agriculture, Economic Information Bulletin Number 169 (March 2017). 每人每月领取到的食品券价值为 125.51 美元，因此每年约为 1 506 美元。

36. 关于医疗保健，参见 https://www.nuffieldtrust.org.uk/chart/health-spending-per-person-in-england-dh-and-nhs-england（访问时间：2018 年 4 月 24 日）。关于教育，参见 Chris Belfield, Claire Crawford, and Luke Sibieta, 'Long-run Comparisons for Spending per Pupil Across Different Stages of Education', *Institute for Fiscal Studies*, 2017/2/27。2016 年，花在医疗保健上的费用为每人每年 2 215 英镑，初等教育花费为每人每年 4 900 英镑，中等教育为每人每年 6 300 英镑。

37. John Kenneth Galbraith, *The Affluent Society* (London: Penguin Books, 1999), p. 239.

38. Friedrich Hayek, 引自 Van Parijs and Vanderborght, *Basic Income*, p. 86。

39. Annie Lowrey, *Give People Money: The Simple Idea to Solve Inequality and Revolutionise Our Lives* (London: W. H. Allen, 2018); Chris Hughes, *Fair Shot: Rethinking Inequality and How We Earn* (London: Bloomsbury, 2018).

40. 引用自 Paine, *Agrarian Justice*。计算出自 Atkinson, *Inequality*, p. 169。

41. "准入政策"的观点是 Ryan Avent, *The Wealth of Humans: Work and Its Absence in the 21st Century* (London: Allen Lane, 2016) 一书论点的重要组成部分。例如，在引言部分，Avent 极富说服力地解释了"关于谁属于特定社会的斗争……将如何加剧"。

42. See https://www.bia.gov/frequently-asked-questions(accessed 23 April 2018).

43. See 'American Indian and Alaska Native Heritage Month: November 2017', at https://www.census.gov/newsroom/facts-for-features/2017/aianmonth.html; and 'Suicide: 2016 Facts & Figures', American Foundation for Suicide Prevention, at https://afsp.org/accessed September 2018).

44. See Gross Gaming Revenue Reports, National Indian Gaming Commission, https://www.nigc.gov/commission/gaming-revenue-reports; 'Of Slots and Sloth', *The Economist*, 5 January 2015; and Cecily Hilleary, 'Native American Tribal Disenrollment Reaching Epidemic Levels', VOA, 3 March 2017. 从 David Autor 和 Tim O'Reilly 的对话中，我第一次发现并摘录了这个案例，对话出自发表于 2015 年 9 月 28 日的 'Work Is More Than a Source of Income', *Medium*。

45. 'The Welfare State Needs Updating'.

46. Philippe Van Parijs, 'Basic Income: A Simple and Powerful Idea for the Twenty-first Century' in Bruce Ackerman, Anne Alstott, and Philippe Van Parijs (eds), *Redesigning Distribution: Basic Income and Stake-holder Grants as Cornerstones for an Egalitarian Capitalism* (New York: Verso, 2005), p. 14.

47. 例如，中奖似乎会降低人们的工作量，这表明 UBI 之类的其他类型的非劳动收入，可能会产生类似的影响。但是 2010 年，当伊朗政府向超过 7 000 万人发放相当于收入中位数 29% 的现金时，似乎并未对工作产生负面影响。（当时，总统内贾德取消了对能源和面包价格的补贴，他认为必须向民众发放现金补贴。）继承大量遗产似乎也会鼓励人们不工作：收到 15 万美元遗产的人离开劳动力市场的概率是收到 2.5 万美元以内遗产的人的 4 倍。同样地，这表明像 UBI 这样的非劳动收入可能会降低工作的吸引力。然而，另一项研究探讨了阿拉斯加永久基金对工作的影响，该基金每年向每个阿拉斯加居民发放 2 000 美元（本章稍后将对此进行详细介绍），但并未对就业产生影响。See Guido Imbens, Donald Rubin, and Bruce Sacerdote, 'Estimating the Effect of Unearned Income on Labor Earnings, Savings, and Consumption: Evidence from a Survey of Lottery Players', *American Economic Review* 91:4 (2001), 778–94; Djaved Salehi-Isfahani and Mohammad Mostafavi-Dehzooei, 'Cash Transfers and Labor Supply: Evidence from a Large-scale Program in Iran', *Journal of Development Economics* 135 (2018), 349–67; Douglas Holtz-Eakin, David Joulfaian, and Harvey Rosen, 'The Carnegie Conjecture: Some Empirical Evidence', *Quarterly Journal of Economics* 108:2 (1993), 413–35; Damon Jones and Ioana Marinescu, 'The Labor Market Impact of Universal and Permanent Cash Transfers: Evidence from the Alaska Permanent

Fund', *NBER Working Paper* No. 24312 (February 2018).

48. Jon Elster, 'Comment on Van der Veen and Van Parijs', *Theory and Society* 15:5 (1986), 709–21.

49. Alberto Alesina, Reza Baqir, and William Easterly, 'Public Goods and Ethnic Divisions', *Quarterly Journal of Economics* 114:4 (1999), 1243–84.

50. Alberto Alesina, Edward Glaeser, and Bruce Sacerdote, 'Why Doesn't the United States Have a European-Style Welfare State?', *Brookings Papers on Economic Activity* 2 (2001).

51. John Lloyd, 'Study Paints Bleak Picture of Ethnic Diversity', *Financial Times*, 8 October 2006.

52. Tom Bartlett, 'Harvard Sociologist Says His Research Was "Twisted"', *Chronicle of Higher Education*, 15 August 2012.

53. Michael Sandel, 'Themes of 2016: Progressive Parties Have to Address the People's Anger', *Guardian*, 1 January 2017. 他还专门问了"国界"的"道德意义"可能是什么。

54. 我感谢几个在贝列尔学院哲学、政治学和经济学的本科生，他们的作品引起了我对贡献正义领域的关注。

55. 参见 Van Parijs 和 Vanderborght, *Basic Income*, p. 29, 以及 Atkinson, *Inequality*。该提议在传播过程中被冠以不同的名称，包括"国家青年资助""最低继承权""通用个人资本账户""股东津贴""儿童信托基金""资本禀赋"。

56. See Will Kymlicka, *Contemporary Political Philosophy: An Introduction* (New York: Oxford University Press, 2002), p. 170, 他在书中写道："如果我们所做的只是将拥有生产性资产的人的收入重新分配给没有生产性资产的人，那么我们仍然会有阶级、有剥削，因此仍然会有最初产生正义问题的利益冲突。相反，我们应该关心生产资料本身所有权的分配，完成这项工作后，公平分配问题就迎刃而解了。"

57. Joshua Brustein, 'Juno Sold Itself as the Anti-Uber. That Didn't Last Long', *Bloomberg*, 2017/4/28.

58. Daniel Susskind and Richard Susskind, *The Future of the Professions* (Oxford: Oxford University Press, 2015), p. 34.

59. Jesse Bricker, Lisa J. Dettling, Alice Henriques, et al., 'Changes in U.S. Family Finances from 2013 to 2016: Evidence from the Survey of Consumer Finances', *Federal Reserve Bulletin* 103:3 (2017).

60. See https://www.nbim.no/en/the-fund/about-the-fund/(accessed October 2018).

61. 该报道参见 Hughes, Fair Shot, p. 137。

62. 这是重绘的 Facundo Alvaredo, Lucas Chancel, Thomas Piketty, et al., *World Inequality Report* (Creative Commons, 2018) 一文中的图 3.1.3。

63. 'Why Trade Unions Are Declining', *The Economist*, 29 September 2015.

64. John Kenneth Galbraith, *American Capitalism: The Concept of Countervailing Power* (Eastford, CT: Martino Fine Books, 2012).

65. Satya Nadella, 'The Partnership of the Future', *Slate*, 28 June 2016.

66. Kevin Roose, 'The Hidden Automation Agenda of the Davos Elite', *New York Times*, 25 January 2019.

67. Ryan Abbott and Bret Bogenschneider, 'Should Robots Pay Taxes? Tax Policy in the Age of Automation', *Harvard Law & Policy Review* 12 (2018).

68. 'New Poll Reveals 8 in 10 Londoners Believe Capital's Nurses Are Underpaid', Royal College of Nursing, 6 September 2017, https:// www.rcn.org.uk/; 'The 50th Annual PDK Poll of the Public's Attitudes Toward the Public Schools, Teaching: Respect but Dwindling Appeal', PDK Poll, http://pdkpoll.org/ (accessed September 2018).

69. Guy Chazan, 'German Union Wins Right to 28-hour Working Week and 4.3% Pay Rise', *Financial Times*, February 2018.

70. https://www.tuc.org.uk/about-the-tuc; Rebecca Wearn, 'Unions Call for Four-day Working Week', *BBC News*, 10 September 2018.

71. 'Technology May Help to Revive Organised Labour', *The Economist*, 5 November 2018.

72. Frances O'Grady, 'Building a Movement Fit for the Next 150 Years', 10 September 2018, at https://www.tuc.org.uk/blogs/ (accessed September 2018).

73. Alexandra Topping, 'Frances O'Grady on the TUC at 150: "Unions Have to Change or Die"', *Guardian*, 4 June 2018.

第十一章 科技巨头

1. "62.6%" 出自 https://www.comscore.com/Insights/Rankings? country=US (2019 年 5 月 1 日访问); "88 %" 出自 Jonathan Taplin, 'Is It Time to Break Up Google?', *New York Times*, 2017/4/22。

2. 截至 2019 年 4 月，脸书月活用户达到 23.8 亿，而全球人口数约为 77 亿。参见 https://newsroom.fb.com/company-info/ (2019 年 5 月 1 日访问) 以及 https://en.wikipedia.org/ wiki/World_population (2019 年 5 月 1 日访问)。关于 "77%" 和 "74%"，参见 Taplin, 'Is It Time to Break Up Google?'；关于 "43%"，参见 'Amazon Accounts for 43% of US Online Retail Sales', *Business Insider Intelligence*, 2017 年 2 月 3 日。

3. Greg Ip, 'The Antitrust Case Against Facebook, Google and Amazon', *Wall Street Journal*, 16 January 2018.

4. PwC, 'Global Top 100 Companies by Market Capitalisation' (2018).

5. Marc Andreessen, 'Why Software Is Eating the World', *Wall Street Journal*, 20 August 2011.

6. Connie Chan, 'When One App Rules Them All: The Case of WeChat and Mobile in China', Andreessen Horowitz, https://a16z.com/2015/08/06/wechat-china-mobile-first/, quoted in Jamie Susskind, *Future Politics* (Oxford: Oxford University Press, 2018), p. 331.

7. Dan Frommer, 'Microsoft Is Smart to Prepare for Its New Role as Underdog', *Quartz*, 17 July 2014.

8. James Klisner, 'IBM: Creating Shareholder Value with AI? Not So Elementary, My Dear Watson', *Jefferies Franchise Note*, 12 July 2017. See https://javatar.bluematrix.com/pdf/fO5xcWjc.

9. Avery Hartmans, 'These 18 Incredible Products Didn't Exist 10 Years Ago', *Business Insider UK*, 16 July 2017.

10. Andre Esteva, Brett Kuprel, Roberto A. Novoa, et al., 'Dermatologist-level Classification of Skin Cancer with Deep Neural Networks', *Nature* 542 (2017), 115–18.

11. See Jeff Reinke, 'From Old Steel Mill to Autonomous Vehicle Test Track', *Thomas*, 19 October 2017; Michael J. Coren, 'Tesla Has 780 Million Miles of Driving Data, and Adds Another Million Every 10 Hours', *Quartz,* 28 May 2016; and Alexis C. Madrigal, 'Inside Waymo's Secret World for Training Self-Driving Cars', *Atlantic*, 23 August 2017.

12. David McCandless, 'Codebases: Millions of Lines of Code', 24 September 2015, https://informationisbeautiful.net/visualizations/million-lines-of-code/ (accessed 25 April 2018).

13. Michael J. Coren, 'San Francisco Is Actually One of the Worst-Paying Places in the US for Software Engineers', *Quartz,* 9 February 2017.

14. Udi Manber and Peter Norvig, 'The Power of the Apollo Missions in a Single Google Search', 谷歌搜索, 2012 年 8 月 28 日, https:// search.googleblog.com/2012/08/the-power-of-apollo-missions-in-single. html (2018 年 4 月 25 日访问)。

15. Satinder Singh, Andy Okun, and Andrew Jackson, 'Artificial Intelligence: Learning to Play Go from Scratch', *Nature* 550 (2017), 336–7.

16. David Silver, Julian Schrittwieser, Karen Simonyan, et al., 'Mastering the Game of Go Without Human Knowledge', *Nature* 550 (2017), 354–9.

17. Susskind, *Future Politics*, p. 318.

18. Massimo Motta, *Competition Policy* (Cambridge: Cambridge University Press, 2007), p. 39.

19. Peter Thiel, 'Competition Is for Losers', *Wall Street Journal*, 12 September 2014.

20. 关于微软，参见 Joel Brinkley, 'U.S. vs. Microsoft: The Overview; U.S. Judge Says Microsoft Violated Antitrust Laws with Predatory Behavior', *New York Times*, 4 April 2000; 关于脸书，参见 Guy Chazan, 'German Antitrust Watchdog Warns Facebook over Data Collection', *Financial Times*, 19 December 2017; 关于谷歌，参见 Rochelle Toplensky, 'Google Appeals €2.4bn EU Antitrust Fine', *Financial Times*, 11 September 2017; 关于苹果，参见 Adam Liptak and Vindu Goel, 'Supreme Court Declines to Hear Apple's Appeal in E-Book Pricing Case', *New York Times,* 7 March 2011; 关于亚马逊，参见 Simon van Dorpe, 'The Case Against Amazon', *Politico.eu*, 4 March 2019。

21. His example is set out in Peter Thiel and Blake Masters, *Zero to One* (New York: Crown Business, 2014).

22. Michael Cox, 'Schumpeter in His Own Words', *Federal Reserve Bank of Dallas: Economic Insights* 6:3 (2001), p. 5.

23. Joseph A. Schumpeter, *Capitalism, Socialism, and Democracy* (London: Routledge, 2005).

24. Mark J. Perry, 'Fortune 500 Firms 1955 v. 2017: Only 60 Remain, Thanks to the Creative Destruction That Fuels Economic Prosperity', *AEIdeas*, 13 October 2017.

25. See Ariel Ezrachi and Maurice Stucke, *Virtual Competition: The Promise and Perils of the Algorithm-Driven Economy* (Cambridge, MA: Harvard University Press, 2016), Chapters 5–8.

26. Emilio Calvano, Giacomo Calzolari, Vincenzo Denicolò, and Sergio Pastorello,

'Artificial Intelligence, Algorithmic Pricing, and Collusion', *Vox CEPR Policy Portal*, 3 February 2019; https://voxeu.org/ accessed February 2019.

27. Benedict Evans, 'Why Amazon Has No Profits (And Why It Works)', 5 September 2014, https://www.ben-evans.com/benedictevans/2014/9/4/why-amazon-has-no-profits-and-why-it-works(accessed February 2019).

28. Timothy Lee, 'Uber Lost $2.8 Billion in 2016. Will It Ever Become Profitable?', *Vox*, 15 April 2017.

29. Lina M. Khan, 'Amazon's Antitrust Paradox', *Yale Law Journal* 126:3 (2017), 564–907.

30. 数据提取自 Rani Molla 和 Jason Del Ray, 'Amazon's Epic 20-year Run as a Public Company Explained in Five Charts', recode. net, 2017 年 5 月 15 日，对自 2017 年第四季度开始的数据根据下列网址中的亚马逊数据做了更新：https://ir.aboutamazon.com/quarterly-results。

31. See the the history of ExxonMobil, for instance, at http://corporate.exxon mobil.com/en/company/about-us/history/overview (accessed 25 April 2018).

32. 'May 15, 1911: Supreme Court Orders Standard Oil to Be Broken Up', *New York Times*, 15 May 2012.

33. 'The World's Most Valuable Resource Is No Longer Oil, but Data', *The Economist*, 6 May 2017.

34. See Standard Oil Co. of New Jersey v. United States, 221 U.S. 1 (1911). Available at https://supreme.justia.com/cases/federal/us/221/1/case.html (accessed 25 April 2018).

35. 'Google Searches Expose Racial Bias, Says Study of Names', *BBC News*, 4 February 2013. Quoted inSusskind, *Future Politics*, p. 288.

36. James Vincent, 'Google "Fixed" Its Racist Algorithm by Removing Gorillas from Its Image-Labeling Tech', *Verge*, 12 January 2018. Quoted ibid, p. 282.

37. Ernesto, 'Google Removed 2.5 Billion "Pirate" Search Results', *TorrentFreak*, 6 July 2017.

38. Craig Silverman, 'Recommendations Push Users to the Fringe', *BuzzFeed*, 12 April 2018; Caroline O'Donovan, 'YouTube Just Demonetized Anti-Vax Channels', *BuzzFeed*, 22 February 2019; Eli Rosenberg, 'A Right-wing YouTuber Hurled Racist, Homophobic Taunts at a Gay Reporter. The Company Did Nothing', *Washington Post*, 5 June 2019; Max Fisher and Amanda Taub, 'On YouTube's Digital

Playground, an Open Gate for Pedophiles', *New York Times*, 3 June 2019.

39. Robert Booth, 'Facebook Reveals News Feed Experiment to Control Emotions', *Guardian*, 30 June 2014.

40. Susskind, *Future Politics*, p. 132.

41. Karen Hao, 'Facebook's Adserving Algorithm Discriminates by Gender and Race', *MIT Technology Review*, 5 April 2019.

42. Scott Shane, 'These Are the Ads Russia Bought on Facebook in 2016', *New York Times*, 1 November 2017; Eric Tucker and Mary Clare Jalonick, 'Lawmakers Release Troves of Facebook Ads Showing Russia's Cyber Intrusion', *Chicago Tribune*, 1 November 2017.

43. Karsten Müller and Carlo Schwarz, 'Fanning the Flames of Hate: Social Media and Hate Crime', Warwick University Working Paper Series No. 373 (May 2018), reported in Amanda Taub and Max Fisher, 'Facebook Fueled Anti-Refugee Attacks in Germany, New Research Suggests', *New York Times*, 21 August 2018.

44. Brad Stone, 'Amazon Erases Orwell Books from Kindle', *New York Times*, 17 July 2009.

45. James Felton, 'Amazon AI Designed to Create Phone Cases Goes Hilariously Wrong', *IFLScience!*, 10 July 2017.

46. Nicole Chavez, 'Arkansas Judge Drops Murder Charge in Amazon Echo Case', *CNN*, 2 December 2017.

47. Susskind, Future Politics, p. 236; "Inconvenient Facts" 应用程序，网站：https://apps.apple.com/us/app/inconvenient-facts/id1449892823?ls=1 (2019 年 6 月访问); Josh Begley, 'After 12 Rejections, Apple Accepts App That Tracks U.S. Drone Strikes', *Intercept*, 28 March 2017; Ben Hubbard, 'Apple and Google Urged to Dump Saudi App That Lets Men Track Women', *New York Times,* 13 February 2019。

48. Arash Khamooshi, 'Breaking Down Apple's iPhone Fight with the U.S. Government', *New York Times*, 21 March 2016. Also see Susskind, *Future Politics*, p. 155.

49. James Vincent, 'Twitter Taught Microsoft's AI Chatbot to be a Racist Asshole in Less Than a Day', Verge, 24 March 2016. Also see Susskind, *Future Politics*, p. 37.

50. Alex Kantrowitz, 'Microsoft's Chatbot Zo Calls the Qur'an Violent and Has Theories About Bin Laden', *BuzzFeed News*, 3 July 2017.

51. Susskind, *Future Politics*, p. 73.

52. 出处同上 , p. 3。

53. 关于政治生活的私有化，参见 Jamie Susskind, 'Future Politics: Living Together in a World Transformed by Tech', Google Talks, 18 October 2018, https://www.youtube.com/watch?v=PcPJjOJO1vo (2018 年 10 月访问)。

54. Tony Romm, Drew Harwell, and Craig Timberg, 'Google CEO Sundar Pichai: Fears About Artificial Intelligence Are "Very Legitimate", He Says in Post Interview', *Washington Post*, 12 December 2018.

55. See, for instance, Nick Srnicek, 'We Need to Nationalise Google, Facebook, and Amazon. Here's Why', *Guardian*, 30 August 2017; Nick Srnicek, 'The Only Way to Rein in Big Tech Is to Treat Them as a Public Service', *Guardian*, 23 April 2019.

56. Christopher Hope, 'One Official Disciplined over Data Loss Every Day', *Telegraph*, 3 November 2008.

57. 有关"消费者"和"公民"，参见 Jamie Susskind, 'Future Politics: Living Together in a World Transformed by Tech', Harvard University CLP Speaker Series, 11 December 2018。

第十二章 意义与目标

1. 这是迈克尔·桑德尔在以下演讲中提出的观点：Sandel, 'In Conversation with Michael Sandel: Capitalism, Democracy, and the Public Good', LSE Public Lecture chaired by Tim Besley, 2 March 2017, http://www.lse.ac.uk/ (2018 年 4 月 24 日访问)。

2. Quoted in David Spencer, *The Political Economy of Work, digital edn* (New York: Routledge, 2010), p. 19.

3. 两个都引自上面的出处 , p. 79。

4. https://www.amazon.com/Love-work-love-thats-all/dp/B01M0EY8ZD (accessed 24 April 2018).

5. https://www.freud.org.uk/about/faq/(accessed 19 October 2017); Sigmund Freud, *Civilization and Its Discontents* (New York: W. W. Norton, 2010), pp. 79–80.

6. Max Weber, *The Protestant Ethic and the Spirit of Capitalism* (Oxford: Oxford University Press, 2011), p. 129.

7. 出处同上 , p. 170。

8. 出处同上 , pp. 99–100。

9. Marie Jahoda, Paul Lazarsfeld, and Hans Zeisel, *Marienthal: The Sociography of an*

Unemployed Community, 4th printing (Piscataway, NJ: Transaction Publishers, 2009), p. vii. 下文关于玛丽·雅霍达研究的叙述都出自这本书。

10. See, for instance, Marie Jahoda, *Employment and Unemployment: A Social-Psychological Analysis* (Cambridge: Cambridge University Press, 1982); 关于自杀率，参见'Why Suicide Is Falling Around the World, and How to Bring It Down More', *The Economist*, 24 November 2018。

11. Michael Sandel, 'Themes of 2016: Progressive Parties Have to Address the People's Anger', *Guardian*, 1 January 2017.

12. Sandel, 'In Conversation with Michael Sandel'.

13. Norman Longmate, *The Workhouse: A Social History* (London: Pimlico, 2003), p. 14.

14. Chris Weller, 'EBay's Founder Just Invested $500 000 in an Experiment Giving Away Free Money', *Business Insider UK*, 8 February 2017.

15. Gregory Clark, *A Farewell to Alms* (Princeton, NJ: Princeton University Press, 2007), pp. 65.

16. 出处同上, p. 66。

17. 出处同上, pp. 64-65。

18. James Suzman, *Affluence Without Abundance: The Disappearing World of the Bushmen* (London: Bloomsbury, 2017), p. 256.

19. Hannah Arendt, *The Human Condition* (London: University of Chicago Press, 1998), p. 82.

20. Aristotle, Politics, Book III; available at http://www.perseus.tufts. edu/.

21. James Renshaw, *In Search of the Greeks*, 2nd edn (London: Bloomsbury, 2015), p. 376.

22. Aristotle, quoted in Jamie Susskind, *Future Politics* (Oxford: Oxford University Press, 2018), p. 301. 这个译本引自 Kory Schaff, *Philosophy and the Problems of Work: A Reader* (Oxford: Rowman & Littlefield, 2001).

23. Maurice Balme, 'Attitudes to Work and Leisure in Ancient Greece', *Greece & Rome* 31:2 (1984), 140–52.

24. Jacob Snyder, 'Leisure in Aristotle's Political Thought', *Polis: The Journal for Ancient Greek Political Thought* 35:2 (2018).

25. Cited in Balme, 'Attitudes to Work, but originally from Hesiod', *Theogony, Works and Days, Testimonia,* ed. and trans. Glenn W. Most, Loeb Classical Library 57

(London: Harvard University Press, 2006), Theogony, lines 535–57.

26. Ibid., *Works and Days*, lines 42–53.

27. Cited in Balme, 'Attitudes to Work'; Genesis 3:19, https://www.bible gateway. com/.

28. See, for instance, 'Economic and Philosophical Manuscripts', in Karl Marx, *Selected Writings*, ed. Lawrence Simon (Indianapolis: Hackett, 1994).

29. Quoted in Daniel Susskind and Richard Susskind, *The Future of the Professions* (Oxford: Oxford University Press, 2015), p. 256.

30. 傅立叶的描述引用于 David Frayne, *The Refusal of Work: The Theory and Practice of Resistance to Work* (Zed Books, 2015), p. 30.

31. Susskind and Susskind, *Future of the Professions*, p. 255.

32. Gallup, 'State of the American Workplace' (2017); Pew Research Center, 'How Americans View Their Jobs', 6 October 2016, http://www.pewso cialtrends. org/2016/10/06/3-how-americans-view-their-jobs/ (accessed 24 April 2018).

33. Will Dahlgreen, '37% of British Workers Think Their Jobs Are Meaningless', *YouGov UK*, 12 August 2015.

34. David Graeber, 'On the Phenomenon of Bullshit Jobs: A Work Rant',*STRIKE! Magazine*, August 2013.

35. 皮埃尔 - 米歇尔·门格尔称之为 "法国悖论"。他在题为 "What Is Work Worth" 的法语演讲中阐述了这一点，并为 Robert Skidelsky 于 2018 年 2 月 6 日组织的 "未来工作" 研讨会做准备。

36. John Maynard Keynes, *Essays in Persuasion* (New York: W. W. Norton, 1963), p. 368.

37. Wassily Leontief, 'National Perspective: The Definition of Problems and Opportunities' in *The Long-term Impact of Technology on Employment and Unemployment: A National Academy of Engineering Symposium,* 30 June 1983 (Washington, DC: National Academy Press, 1983), p. 7.

38. Bertrand Russell, *In Praise of Idleness and Other Essays* (New York: Routledge, 2004), pp. 3 and 13.

39. Thorstein Veblen, *The Theory of the Leisure Class* (New York: Dover Thrift Editions, 1994).

40. G. A. Cohen, *If You're an Egalitarian, How Come You're So Rich?* (London: Harvard University Press, 2001).

41. http://www.english-heritage.org.uk/learn/story-of-england/victorian/religion/ (accessed 24 April 2018).

42. Schaff, *Philosophy and the Problems of Work,* p. 3; *Keynes, Essays in Persuasion*, p. 368.

43. Jahoda, Lazarsfeld, and Zeisel, *Marienthal*, p. 66.

44. Eleanor Dickey, 'Education, Research, and Government in the Ancient World', lecture at Gresham College, Barnard's Inn Hall, London, 15 May 2014.

45. Michael Barber, 'Rab Butler's 1944 Act Brings Free Secondary Educational for All', *BBC News*, 17 January 1944.

46. See Jonathan Birdwell, Ralph Scott, and Louis Reynolds, *Character Nation* (London: Demos, 2015), p. 9.

47. James Arthur, Kristján Kristjánsson, David Walker, et al., 'Character Education in UK Schools Research Report', The Jubilee Centre for Character and Virtues at the University of Birmingham (2015), as described in ibid., p. 10.

48. 男士每周的闲暇时间为 6.1 × 7 = 42.7 小时；女士为每周 38.5 小时。Office for National Statistics, 'Leisure Time in the UK: 2015', 24 October 2017, https://www. ons.gov.uk/releases/leisuretimeintheuk2015 (2017 年 4 月 24 日访问)。不过，我们应该对电视的主导地位持保留态度：国家统计局的分类似乎没有恰当地统计上网时间。

49. See http://www.bbc.co.uk/corporate2/insidethebbc/whoweare/mission_and_values (accessed 24 April 2017). 在与英国广播公司最近的一次争执中，英国保守党主席威胁说要以这种方式切断其资金来源。See Tim Ross, 'BBC Could Lose Right to Licence Fee over "Culture of Waste and Secrecy", Minister Warns', *Telegraph*, 26 October 2013.

50. H.M. Government, 'Sporting Future: A New Strategy for an Active Nation', December 2015.

51. Sarah O'Connor, 'Retirees Are Not the Only Ones Who Need a Break', *Financial Times*, 7 August 2018.

52. 志愿活动统计数据来自 Andy Haldane, 'In Giving, How Much Do We Receive? The Social Value of Volunteering', lecture to the Society of Business Economists, London, 9 September 2014. 那一年，英国有 3 080 万人从事有偿工作。See Office for National Statistics, 'Statistical Bulletin: UK Labour Market, December 2014', 17 December 2014.

53. Haldane, 'In Giving, How Much Do We Receive?'.

54. Sophie Gilbert, 'The Real Cost of Abolishing the National Endowment for the Arts', *Atlantic*, 16 March 2017.

55. 关于英国，参见 Daniel Wainwright, Paul Bradshaw, Pete Sherlock 和 Anita Geada, 'Libraries Lose a Quarter of Staff as Hundreds Close', *BBC News*, 29 March 2016—2010 年共有 4 290 个理事会管理的图书馆，2016 年则只有 3 765 个。有趣的是，这一现象并不普遍，在中国，公共图书馆的数量同期增加了 8.4%。See Will Dunn, 'The Loss of Britain's Libraries Could Be a Huge Blow to the Economy', *New Statesman*, 18 December 2017.

56. Benedicte Page, 'Philip Pullman's Call to Defend Libraries Resounds Around the Web', *Guardian,* 27 January 2011.

57. Orrin E. Dunlap Jr., 'Telecasts to Homes Begin on April 30 – World's Fair Will Be the Stage', *New York Times*, 19 March 1939.

58. 'Ulysses' in Alfred Tennyson, *Selected Poems* (London: Penguin Books, 2007).

59. Dylan Matthews, '4 Big Questions About Job Guarantees', *Vox*, 27 April 2018; Sean McElwee, Colin McAuliffe, and Jon Green, 'Why Democrats Should Embrace a Federal Jobs Guarantee', *Nation*, 20 March 2018.

60. 例如，参见 Arendt, The Human Condition on 'labor', 'work', and 'action'。与此同时，许多社会主义者希望这种区别在未来完全消失，因为工作变成了休闲，而休闲变成了工作，用马克思的话说，两者都变成了"不仅是一种生活手段，而且是生活的首要需求"。参见 'Critique of the Gotha Program' in Marx, Selected Writings, p. 321。

61. "我们不是唯一一认为不参政的人并非只顾自己的事，而是无用之人的人。"这句话出自 Pericles' Funeral Oration, quoted in Balme, 'Attitudes to Work'。

62. International Labour Organization, *Care Work and Care Jobs for the Future of Decent Work* (Geneva: International Labour Office, 2018), p. xxvii.

63. Annie Lowrey, *Give People Money: The Simple Idea to Solve Inequality and Revolutionise Our Lives* (London: W. H. Allen, 2018), p. 151.

64. 'Unpaid Care', Parliamentary Office of Science and Technology, *Houses of Parliament*, No. 582 (July 2018).

65. See Chris Rhodes, 'Manufacturing: Statistics and Policy', House of Commons Library Brief Paper No. 01942 (November 2018); Chris Payne and Gueorguie Vassilev, 'House Satellite Account, UK: 2015 and 2016', Office for National

Statistics (October 2018). 2016 年制造业的总价值为 1 760 亿英镑；而 "家庭任务" "做饭" "洗衣" "照顾儿童" 的总价值为 7 976.5 亿英镑。

66. Joi Ito and Scott Dadich, 'Barack Obama, Neural Nets, Self-Driving Cars, and the Future of the World', *Wired*, 12 October 2016.

67. Alex Moss, 'Kellingley Mining Machines Buried in Last Deep Pit', *BBC News*, 18 December 2015.

68. See, for instance, David Goodhart and Eric Kaufmann, 'Why Culture Trumps Skills: Public Opinion on Immigration', *Policy Exchange*, 28 January 2018.

69. John Stuart Mill, *Principles of Political Economy with Chapters on Socialism* (Oxford: Oxford University Press, 2008), p. 124.

70. Isaiah Berlin, *Two Concepts of Liberty* (Oxford: Claredon Press, 1959), p. 3.

后　记

1. Stefan Zweig, *The World of Yesterday* (London: Pushkin Press, 2014), p. 23.

参考文献

以下是本文正文及注释中引用的所有书本、学术文章和讲座，以及一些重要的、不止一次被引用的一般性文章。网站和在线数据表请参阅注释。仅当引用的数据和事实可能随时间变化时，在此处和注释中才会列出最后一次访问的日期。

Abbott, Ryan, and Bret Bogenschneider, 'Should Robots Pay Taxes? Tax Policy in the Age of Automation', *Harvard Law & Policy Review* 12 (2018).

Acemoglu, Daron, 'Technical Change, Inequality, and the Labor Market', *Journal of Economic Literature* 40:1 (2002), 7–72.

—— and David Autor, 'Skills, Tasks and Technologies: Implications for Employment and Earnings' in David Card and Orley Ashenfelter (eds), *Handbook of Labor Economics*, vol. 4, pt. B (North-Holland: Elsevier, 2011), pp. 1043–171.

—— and Pascual Restrepo, 'Artificial Intelligence, Automation and Work' in Ajay Agrawal, Joshua Gans, and Avi Goldfarb (eds), *Economics of Artificial Intelligence* (Chicago: Chicago University Press, 2018).

—— and Pascual Restrepo, 'Demographics and Automation', NBER Working Paper No. 24421 (2018).

—— and Pascual Restrepo, 'The Race Between Machine and Man: Implications of Technology for Growth, Factor Shares, and Employment', *American Economic Review* 108:6 (2018), 1488–542.

—— and Pascual Restrepo, 'Robots and Jobs: Evidence from US Labor Markets', NBER Working Paper No. 23285 (2017).

—— and Pascual Restrepo, 'The Wrong Kind of AI? Artificial Intelligence and the Future of Labor Demand', MIT Working Paper (2019).

—— and James Robinson, *Why Nations Fail* (London: Profile Books, 2012).

Adams, James Truslow, *The Epic of America* (New York: Little, Brown, 1931).

Albers, Anni, *On Weaving* (Princeton, NJ: Princeton University Press, 2017).

Alesina, Alberto, Reza Baqir, and William Easterly, 'Public Goods and Ethnic Divisions', *Quarterly Journal of Economics* 114:4 (1999), 1243–84.

——, Rafael Di Tella, and Robert MacCulloch, 'Inequality and Happiness: Are Europeans and Americans Different?', *Journal of Public Economics* 88:9–10 (2004), 2009–42.

——, Edward Glaeser, and Bruce Sacerdote, 'Why Doesn't the United States Have a European-Style Welfare State?', *Brookings Papers on Economic Activity* 2 (2001).

Aletras, Nikolas, Dimitrios Tsarapatsanis, Daniel Preoţiuc-Pietro, and Vasileios Lampos, 'Predicting Judicial Decisions of the European Court of Human Rights: A Natural Language Processing Perspective', *PeerJ Computer Science* 2:93 (2016).

Allen, Robert, 'The Industrial Revolution in Miniature: The Spinning Jenny in Britain, France, and India', Oxford University Working Paper No. 375 (2017).

Alstadsæter, Annette, Niels Johannesen, and Gabriel Zucman, 'Tax Evasion and Inequality', *American Economic Review* 109:6 (2019), 2073–103.

——, Niels Johannesen, and Gabriel Zucman, 'Who Owns the Wealth in Tax Havens? Macro Evidence and Implications for Global Inequality', *Journal of Public Economics* 162 (2018), 89–100.

Alvaredo, Facundo, Lucas Chancel, Thomas Piketty, *et al.*, *World Inequality Report* (Creative Commons, 2018).

Antràs, Pol, and Hans-Joachim Voth, 'Factor Prices and Productivity Growth During the British Industrial Revolution', *Explorations in Economic History* 40 (2003), 52–77.

Arendt, Hannah, *The Human Condition* (London: University of Chicago Press, 1998).

Arthur, James, Kristján Kristjánsson, David Walker, *et al.*, 'Character Education in UK Schools Research Report', The Jubilee Centre for Character and Virtues at the University of Birmingham (2015).

Atkinson, Anthony B., *The Changing Distribution of Earnings in OECD Countries* (Oxford: Oxford University Press, 2009).

——, *Inequality: What Can Be Done?* (London: Harvard University Press, 2015).

——, 'The Restoration of Welfare Economics', *American Economic Review* 101:3 (2011), 157–61.

Autor, David, 'The Limits of the Digital Revolution: Why Our Washing Machines Won't Go to the Moon', *Social Europe* (2015), https://www.socialeurope.eu/.

——, 'Polanyi's Paradox and the Shape of Employment Growth' in 'Re-evaluating Labor Market Dynamics: A Symposium Sponsored by the Federal Reserve Bank of Kansa City. Jackson Hole, Wyoming, August 21–23, 2014' (2015).

——, 'The Polarization of Job Opportunities in the U.S. Labor Market: Implications for Employment and Earnings', Center for American Progress (April 2010).

——, 'Skills, Education, and the Rise of Earnings Inequality Among the "Other 99 Percent"', *Science* 344:6186 (2014), 843–51.

——, 'Why Are There Still So Many Jobs? The History and Future of Workplace Automation', *Journal of Economics Perspectives* 29:3 (2015), 3–30.

——, 'Work of the Past, Work of the Future', Richard T. Ely Lecture delivered at the Annual Meeting of the American Economic Association (2019).

—— and David Dorn, 'The Growth of Low-Skill Service Jobs and the Polarization of the US Labor Market', *American Economic Review* 103:5 (2013), 1553–97.

—— and David Dorn, 'Technology Anxiety Past and Present', Bureau for Employers' Activities, International Labour Office (2013).

——, David Dorn, Lawrence Katz, *et al.*, 'The Fall of the Labor Share and the Rise of Superstar Firms', NBER Working Paper No. 23396 (2017).

——, Lawrence Katz, and Alan Krueger, 'Computing Inequality: Have Computers Changed the Labour Market?', *Quarterly Journal of Economics* 133:1 (1998), 1169–213.

——, Frank Levy, and Richard Murnane, 'The Skill Content of Recent Technological Change: An Empirical Exploration', *Quarterly Journal of Economics* 118:4 (2003) 129–333.

—— and Anna Salomons, 'Does Productivity Growth Threaten Employment? "Robocalypse Now?"', Presentation at the European Central Bank Annual Conference (2017).

Avent, Ryan, *The Wealth of Humans: Work and Its Absence in the 21st Century* (London: Allen Lane, 2016).

Balme, Maurice, 'Attitudes to Work and Leisure in Ancient Greece', *Greece & Rome* 31:2 (1984), 140–52.

Barkai, Simcha, 'Declining Labor and Capital Shares', Working Paper, University of Chicago (2016).

Beaudry, Paul, David Green, and Benjamin Sand, 'The Great Reversal in the Demand for Skill and Cognitive Tasks', *Journal of Labor Economics* 34:1 (2016), 199–247.

Becker, Gary, 'The Economic Way of Looking at Life', Nobel Prize lecture, 9 December 1992.

Belfield, Chris, Claire Crawford, and Luke Sibieta, 'Long-run Comparisons for Spending per Pupil Across Different Stages of Education', Institute for Fiscal Studies, 27 February 2017.

Bell, Alex, Raj Chetty, Xavier Jaravel, *et al.*, 'Who Becomes an Inventor in America? The Importance of Exposure to Innovation', NBER Working Paper No. 24062 (2017).

Bell, Daniel, 'The Bogey of Automation', *New York Review of Books*, 26 August 1965.

Berger, Thor, and Carl Frey, 'Industrial Renewal in the 21st Century: Evidence from US Cities', *Regional Studies* (2015).

Berlin, Isaiah, *The Hedgehog and the Fox* (New York: Simon & Schuster, 1953).

——, *Two Concepts of Liberty* (Oxford: Clarendon Press, 1958).

Berman, Eli, John Bound, and Stephen Machin, 'Implications of Skill-Biased Technological Change: International Evidence', *Quarterly Journal of Economics* 113:4 (1998), 1245–79.

Bessen, James, 'Toil and Technology', *IMF Financial and Development* 51:1 (2015).

Beveridge, William, *Social Insurance and Allied Services* (London: Her Majesty's Stationery Office, 1942).

Birdwell, Jonathan, Ralph Scott, and Louis Reynolds, *Character Nation* (London: Demos, 2015).

Bloom, Benjamin, 'The 2 Sigma Problem: The Search for Methods of Group Instruction as Effective as One-to-One Tutoring', *Educational Researcher* 13:6 (1984), 4–16.

Boden, Margaret, *Philosophy of Artificial Intelligence* (Oxford: Oxford University Press, 1990).

Bostrom, Nick, 'Ethical Issues in Advanced Artificial Intelligence' in George Lasker, Wendell Wallach, and Iva Smit (eds), *Cognitive, Emotive, and Ethical Aspects of Decision Making in Humans and in Artificial Intelligence* (International Institute of Advanced Studies in Systems Research and Cybernetics, 2003), 12–17.

—— and Eliezer Yudkowsky, 'The Ethics of Artificial Intelligence' in William Ramsey and Keith Frankish (eds), *Cambridge Handbook of Artificial Intelligence* (Cambridge: Cambridge University Press, 2011).

Bricker, Jesse, Lisa J. Dettling, Alice Henriques, *et al.*, 'Changes in U.S. Family Finances from 2013 to 2016: Evidence from the Survey of Consumer Finances', *Federal Reserve Bulletin* 103:3 (2017).

Broadberry, Stephen, Bruce Campbell, Alexander Klein, *et al.*, *British Economic Growth, 1270–1870* (Cambridge: Cambridge University Press, 2015).

Broudy, Eric, *The Book of Looms* (Hanover, NH: University Press of New England, 1979).

Brown, Noam, and Tuomas Sandholm, 'Superhuman AI for Multiplayer Poker', *Science*, 11 July 2019.

Brynjolfsson, Erik, 'AI and the Economy', lecture at the Future of Life Institute, 1 July 2017.

—— and Andrew McAfee, *The Second Machine Age* (London: W. W. Norton, 2014).

—— and Tom Mitchell, 'What Can Machine Learning Do? Workforce Implications', *Science* 358:6370 (2017).

Caines, Colin, Florian Hoffman, and Gueorgui Kambourov, 'Complex-Task Biased Technological Change and the Labor Market', International Finance Division Discussion Papers 1192 (2017).

Campbell, Murray, A. Joseph Hoane Jr., and Feng-hsiung Hsu, 'Deep Blue', *Artificial Intelligence* 134 (2002), 57–82.

Caplan, Bryan, *The Case Against Education: Why the Education System Is a Waste of Time and Money* (Oxford: Princeton University Press, 2018).

Carranza-Rojas, Jose, Herve Goeau, and Pierre Bonnet, 'Going Deeper in the Automated Identification of Herbarium Specimens', *BMC Evolutionary Biology* 17:181 (2017).

Chi Dao, Mai, Mitali Das, Zsoka Koczan, and Weicheng Lian, 'Drivers of Declining Labor Share of Income', *IMF Blog* (2017)

Chien, YiLi, and Paul Morris, 'Is U.S. Manufacturing Really Declining?', *Federal Bank of St. Louis Blog*, 11 April 2017.

Chui, Michael, Katy George, James Manyika, and Mehdi Miremadi, 'Human + Machine: A New Era of Automation in Manufacturing', McKinsey & Co., September 2017.

Cingano, Federico, 'Trends in Income Inequality and Its Impact on Economic Growth', OECD Social, Employment and Migration Working Paper No. 163 (2014).

Clark, Gregory, 'The Agricultural Revolution and the Industrial Revolution: England, 1500–1912', unpublished manuscript (University of California, Davis, 2002).

——, *A Farewell to Alms* (Princeton, NJ: Princeton University Press, 2007).

Cobb, Charles, and Paul Douglas, 'A Theory of Production', *American Economic Review* 18:1 (1928), 139–65.

Cohen, G. A., *If You're an Egalitarian, How Come You're So Rich?* (London: Harvard University Press, 2001).

——, *Karl Marx's Theory of History: A Defence* (Oxford: Clarendon Press, 1978).

——, *Rescuing Justice and Equality* (London: Harvard University Press, 2008).

Cole, G. D. H., *A History of Socialist Thought* (London: St Martin's Press, 1953).

Colton, Simon, and Geraint Wiggins, 'Computational Creativity: The Final Frontier?' *Proceedings of the 20th European Conference on Artificial Intelligence* (2012), 21–6.

Cowen, Tyler, *Average Is Over: Powering America Beyond the Age of the Great Stagnation* (New York: Dutton, 2013).

Cox, Michael, 'Schumpeter in His Own Words', *Federal Reserve Bank of Dallas: Economic Insights* 6:3 (2001).

Crevier, Daniel, *AI: The Tumultuous History of the Search for Artificial Intelligence* (New York: Basic Books, 1993).

Cribb, Jonathan, Andrew Hood, Robert Joyce, and Agnes Norris Keller, 'Living Standards, Poverty and Inequality in the UK: 2017', Institute for Fiscal Studies, 19 July 2017.

Dabla-Norris, Era, Kalpana Kochhar, Frantisek Ricka, *et al.*, 'Causes and Consequences of Income Inequality: A Global Perspective', IMF Staff Discussion Note (2015).

Darwin, Charles, *On the Origin of Species* (London: Penguin Books, 2009).

Davis, Abe, Michael Rubinstein, Neal Wadhwa, *et al.*, 'The Visual Microphone: Passive Recovery of Sound from Video', *ACM Transactions on Graphics (TOG)* 33:4 (2014).

Dawkins, Richard, *The Blind Watchmaker* (London: Penguin Books, 2016).

De Fauw, Jeffrey, Joseph Ledsam, Bernardino Romera-Paredes, *et al.*, 'Clinically Applicable Deep Learning for Diagnosis and Referral in Retinal Disease', *Nature Medicine* 24 (2018), 1342–50.

Deloitte, 'From Brawn to Brains: The Impact of Technology on Jobs in the UK' (2015).

Deming, David, 'The Growing Importance of Social Skills in the Labor Market', *Quarterly Journal of Economics* 132:4 (2017), 1593–640.

Dennett, Daniel, *From Bacteria to Bach and Back* (London: Allen Lane, 2017).

——, 'A Perfect and Beautiful Machine: What Darwin's Theory of Evolution Reveals About Artificial Intelligence', *Atlantic*, 22 June 2012.

Diamond, Peter, and Emmanuel Saez, 'The Case for a Progressive Tax: From Basic Research to Policy Recommendations', *Journal of Economic Perspectives* 25:4 (2011), 165–90.

Dimsdale, Nicholas, Nicholas Horsewood, and Arthur Van Riel, 'Unemployment in Interwar Germany: An Analysis of the Labor Market, 1927–1936', *Journal of Economic History* 66:3 (2006), 778–808.

Dreyfus, Hubert, *What Computers Can't Do: The Limits of Artificial Intelligence* (New York: Harper & Row, 1979).

Eberstadt, Nicholas, *Men Without Work: America's Invisible Crisis* (West Conshohocken, PA: Templeton Press, 2016).

Eliot, T. S., *Collected Poems 1909–1962* (London: Faber and Faber, 2002).

Elliott, Stuart W., 'Computers and the Future of Skill Demand', *OECD Educational Research and Innovation* (2017).

Elster, Jon, 'Comment on Van der Veen and Van Parijs', *Theory and Society* 15:5 (1986) 709–21.

Esteva, Andre, Brett Kuprel, Roberto A. Novoa, *et al.*, 'Dermatologist-level Classification of Skin Cancer with Deep Neural Networks', *Nature* 542 (2017), 115–18.

Executive Office of the President, *Artificial Intelligence, Automation, and the Economy* (December 2016).

Ezrachi, Ariel, and Maurice Stucke, *Virtual Competition: The Promise and Perils of the Algorithm-Driven Economy* (Cambridge, MA: Harvard University Press, 2016)

Feigenbaum, Gustavo, *Conversations with John Searle* (Libros En Red, 2003).

Felipe, Jesus, Connie Bayudan-Dacuycuy, and Matteo Lanzafame, 'The Declining Share of Agricultural Employment in China: How Fast?' *Structural Change and Economic Dynamics* 37 (2016), 127–37.

Frayne, David, *The Refusal of Work: The Theory and Practice of Resistance to Work* (Zed Books, 2015).

Freud, Sigmund, *Civilization and Its Discontents* (New York: W. W. Norton, 2010).

Freund, Caroline, and Sarah Oliver, 'The Origins of the Superrich: The Billionaire Characteristics Database', *Peterson Institute for International Economics* 16:1 (2016).

Frey, Carl, and Michael Osborne, 'The Future of Employment: How Susceptible Are Jobs to Computerisation?', *Technological Forecasting and Social Change* 114 (January 2017), 254–80.

——, Michael Osborne, Craig Holmes, *et al.*, 'Technology at Work v2.0: The Future Is Not What It Used to Be', Oxford Martin School and Citi (2016).

Friedman, Benjamin M., 'Born to Be Free', *New York Review of Books*, 12 October 2017.

Fromm, Eric, *Fear of Freedom* (Abingdon: Routledge, 2009).

Fry, Hannah, *Hello World: How to Be Human in the Age of the Machine* (London: Penguin, 2018).

Galbraith, John Kenneth, *The Affluent Society* (London: Penguin Books, 1999).

——, *American Capitalism: The Concept of Countervailing Power* (Eastford, CT: Martino Fine Books, 2012).

Garber, Marjorie, *Vested Interests: Cross-Dressing and Cultural Anxiety* (New York: Routledge, 2012).

Gerth, Hans H., and C. Wright Mills (eds), 'Introduction: The Man and His Work' in *From Max Weber: Essays in Sociology* (Oxford: Oxford University Press, 1946).

Goldin, Claudia, and Lawrence Katz, *The Race Between Education and Technology* (London: Harvard University Press, 2009).

Good, Irving John, 'Speculations Concerning the First Ultraintelligent Machine', *Advances in Computers* 6 (1966), 31–88.

Goodman, Joshua, Julia Melkers, and Amanda Pallais, 'Can Online Delivery Increase Access to Education?', *Journal of Labor Economics* 37:1 (2019).

Goos, Maarten, and Alan Manning, 'Lousy and Lovely Jobs: The Rising Polarization of Work in Britain', *Review of Economics and Statistics* 89:1 (2007), 119–33.

——, Alan Manning, and Anna Salomons, 'Explaining Job Polarization: Routine-Biased Technological Change and Offshoring', *American Economic Review* 104:8 (2014), 2509–26.

Gordon, Robert, *The Rise and Fall of American Growth* (Oxford: Princeton University Press, 2017).

Grace, Katja, John Salvatier, Allan Dafoe, *et al.*, 'When Will AI Exceed Human Performance? Evidence from AI Experts', *Journal of Artificial Intelligence Research* 62 (2018), 729–54.

Graetz, Georg, and Guy Michaels, 'Robots at Work', *Review of Economics and Statistics* 100:5 (2018), 753–68.

Grossman, Maura, and Gordon Cormack, 'Technology-Assisted Review in e-Discovery Can Be More Effective and More Efficient than Exhaustive Manual Review', *Richmond Journal of Law and Technology* 17:3 (2011).

Haldane, Andy, 'In Giving, How Much Do We Receive? The Social Value of Volunteering', lecture to the Society of Business Economists, London, 9 September 2014.

——, 'Labour's Share', speech at the Trades Union Congress, London, 12 November 2015.

Harari, Yuval Noah, *Homo Deus: A Brief History of Tomorrow* (London: Harvill Secker, 2016).

——, *Sapiens* (London: Harvill Secker, 2011).

Harris, Sam, 'Can We Build AI Without Losing Control Over It?' TED talk, 29 September 2016.

Harrison, Mark, 'Soviet Economic Growth Since 1928: The Alternative Statistics of G. I. Khanin', *Europe–Asia Studies* 45:1 (1993), 141–67.

Hassabis, Demis, 'Artificial Intelligence: Chess Match of the Century', *Nature* 544 (2017), 413–14.

Haugeland, John, *Artificial Intelligence: The Very Idea* (London: MIT Press, 1989).

Hawking, Stephen, *On the Shoulders of Giants: The Great Works of Physics and Astronomy* (London: Penguin, 2003).

Hesiod, *Theogony, Works and Days, Testimonia*, ed. and trans. Glenn W. Most, Loeb Classical Library 57 (London: Harvard University Press, 2006).

Hobsbawm, Eric, *Industry and Empire* (London: Penguin, 1999).

Hofstadter, Douglas, *Gödel, Escher, Bach: An Eternal Golden Braid* (London: Penguin, 2000).

——, 'Just Who Will Be We, in 2493?', Indiana University, Bloomington (2003).

——, 'Staring Emmy Straight in the Eye – And Doing My Best Not to Flinch' in David Cope (ed.), *Virtual Music: Computer Synthesis of Musical Style* (London: MIT Press, 2004).

Holtz-Eakin, Douglas, David Joulfaian, and Harvey Rosen, 'The Carnegie Conjecture: Some Empirical Evidence', *Quarterly Journal of Economics* 108:2 (1993), 413–35.

Hughes, Chris, *Fair Shot: Rethinking Inequality and How We Earn* (London: Bloomsbury, 2018).

Imbens, Guido, Donald Rubin, and Bruce Sacerdote, 'Estimating the Effect of Unearned Income on Labor Earnings, Savings, and Consumption: Evidence from a Survey of Lottery Players', *American Economic Review* 91:4 (2001), 778–94.

IMF, *World Economic Outlook* (2017).

International Association of Machinists, 'Workers' Technology Bill of Rights', *Democracy* 3:1 (1983), 25–7.

International Labour Organization, *Care Work and Care Jobs for the Future of Decent Work* (Geneva: International Labour Office, 2018).

——, *Global Wage Report 2014/2015* (Geneva: International Labour Office, 2015).

Jahoda, Marie, *Employment and Unemployment: A Social-Psychological Analysis* (Cambridge: Cambridge University Press, 1982).

——, Paul Lazarsfeld, and Hans Zeisel, *Marienthal: The Sociography of an Unemployed Community*, 4th printing (Piscataway, NJ: Transaction Publishers, 2009).

Johnston, David, *Equality* (Indianapolis: Hackett Publishing, 2000).

Jones, Charles I., 'The Facts of Economic Growth' in John B. Taylor and Harald Uhlig (eds), *Handbook of Macroeconomics*, vol. 2A (Amsterdam: Elsevier, 2016), 3–69.

Jones, Damon, and Ioana Marinescu, 'The Labor Market Impact of Universal and Permanent Cash Transfers: Evidence from the Alaska Permanent Fund', NBER Working Paper No. 24312 (February 2018).

Kaldor, Nicholas, 'A Model of Economic Growth', *Economic Journal* 67:268 (1957), 591–624.

Kalokerinos, Elise, Kathleen Kjelsaas, Steven Bennetts, and Courtney von Hippel, 'Men in Pink Collars: Stereotype Threat and Disengagement Among Teachers and Child Protection Workers', *European Journal of Social Psychology* 47:5 (2017).

Karabarbounis, Loukas, and Brent Neiman, 'The Global Decline of the Labor Share', *Quarterly Journal of Economics* 129:1 (2014), 61–103.

Kasparov, Garry, 'The Chess Master and the Computer', *New York Review of Books*, 11 February 2010.

——, *Deep Thinking* (London: John Murray, 2017).

Katz, Daniel Marin, Michael J. Bommarito II, and Josh Blackman, 'A General Approach for Predicting the Behavior of the Supreme Court of the United States', *PLOS ONE*, 12 April 2017.

Keynes, John Maynard, *Essays in Persuasion* (New York: W. W. Norton, 1963).

——, 'Relative Movements of Real Wages and Output', *Economic Journal* 49:193 (1939), 34–51.

Khan, Lina M., 'Amazon's Antitrust Paradox', *Yale Law Journal* 126:3 (2017), 564–907.

Kheraj, Sean, 'The Great Epizootic of 1872–73: Networks of Animal Disease in North American Urban Environments', *Environmental History* 23:3 (2018).

Kolbert, Elizabeth, 'Hosed: Is There a Quick Fix for the Climate?', *New Yorker*, 8 November 2009.

Krämer, Hagen, 'Bowley's Law: The Diffusion of an Empirical Supposition into Economic Theory', *Papers in Political Economy* 61 (2011).

Kymlicka, Will, *Contemporary Political Philosophy: An Introduction* (New York: Oxford University Press, 2002).

Landes, David, *Abba Ptachya Lerner 1903–1982: A Biographical Memoir* (Washington, DC: National Academy of Sciences, 1994).

Lay, Maxwell, *Ways of the World: A History of the World's Roads and of the Vehicles That Used Them* (New Brunswick, NJ: Rutgers University Press, 1992).

Le, Quoc, Marc'Aurelio Ranzato, Rajat Monga, *et al.*, 'Building High-level Features Using Large Scale Unsupervised Learning', *Proceedings of the 29th International Conference on Machine Learning* (2012).

Leontief, Wassily, 'Is Technological Unemployment Inevitable?', *Challenge* 22:4 (1979), 48–50.

——, 'National Perspective: The Definition of Problems and Opportunities' in *The Long-term Impact of Technology on Employment and Unemployment: A National Academy of Engineering Symposium, 30 June 1983* (Washington, DC: National Academy Press, 1983).

——, 'Technological Advance, Economic Growth, and the Distribution of Income', *Population and Development Review* 9:3 (1983), 403–10.

Levitt, Steven, and Stephen Dubner, *Superfreakonomics* (New York: Harper-Collins, 2009).

Lindley, Joanne, and Stephen Machin, 'The Rising Postgraduate Wage Premium', *Economica* 83 (2016), 281–306.

Longmate, Norman, *The Workhouse: A Social History* (London: Pimlico, 2003).

Lovelock, James, *Novacene* (London: Allen Lane, 2019).

Lowrey, Annie, *Give People Money: The Simple Idea to Solve Inequality and Revolutionise Our Lives* (London: W. H. Allen, 2018).

Luce, Edward, *The Retreat of Western Liberalism* (London: Little, Brown, 2017).

Mankiw, Nicholas G., 'Yes, $r > g$. So What?' *American Economic Review: Papers & Proceedings* 105:5 (2015), 43–7.

Manuelli, Rodolfo, and Ananth Seshadri, 'Frictionless Technology Diffusion: The Case of Tractors', *American Economic Review* 104:4 (2014), 1268–391.

Marovčík, Matej, Martin Schmid, Neil Burch, *et al.*, 'Deep Stack: Expert-Level Artificial Intelligence in Heads-Up No-Limit Poker', *Science* 356:6337 (2017), 508–13.

Marr, David, *Vision: A Computational Investigation into the Human Representation and Processing of Visual Information* (London: MIT Press, 2010).

Marshall, Alfred, *Principles of Economics* (London: Macmillan, 1890).

Marx, Karl, *Selected Writings*, ed. Lawrence Simon (Indianapolis: Hackett, 1994).

McCarthy, John, Marvin Minsky, Nathaniel Rochester, and Claude Shannon, 'A Proposal for the Dartmouth Summer Research Project on Artificial Intelligence', 31 August 1955.

McCulloch, Warren, and Walter Pitts, 'A Logical Calculus of the Ideas Immanent in Nervous Activity', *Bulletin of Mathematical Biophysics* 5 (1943), 115–33.

McKinsey Global Institute, *A Future that Works: Automation, Employment, and Productivity* (January 2017).

Mill, John Stuart, *Principles of Political Economy with Chapters on Socialism* (Oxford: Oxford University Press, 2008).

——, *Principles of Political Economy with Some of Their Applications to Social Philosophy* (London: Longmans, Green, 1848).

Minsky, Marvin, 'Neural Nets and the Brain Model Problem', PhD diss. (Princeton University, 1954).

——, *Semantic Information Processing* (Cambridge, MA: MIT Press, 1968).

Mirrlees, James, and Stuart Adam, *Dimensions of Tax Design: The Mirrlees Review* (Oxford: Oxford University Press, 2010).

Mnih, Volodymyr, Koray Kavukcuoglu, David Silver, *et al.*, 'Human-level Control Through Deep Reinforcement Learning', *Nature* 518 (25 February 2015), 529–33.

Mokyr, Joel, *The Lever of Riches: Technological Creativity and Economic Progress* (New York: Oxford University Press, 1990).

——, 'Technological Inertia in Economic History', *Journal of Economic History* 52:2 (1992), 325–38.

——, Chris Vickers, and Nicholas Ziebarth, 'The History of Technological Anxiety and the Future of Economic Growth: Is This Time Different?' *Journal of Economic Perspectives* 29:3 (2015), 31–50.

Moravec, Hans, *Mind Children* (Cambridge, MA: Harvard University Press, 1988).

Moretti, Enrico, *The New Geography of Jobs* (New York: First Mariner Books, 2013).

Morozov, Evgeny, *To Save Everything, Click Here: Technology, Solutionism, and the Urge to Fix Problems That Don't Exist* (New York: PublicAffairs, 2013).

Motta, Massimo, *Competition Policy* (Cambridge: Cambridge University Press, 2007).

Müller, Karsten, and Carlo Schwarz, 'Fanning the Flames of Hate: Social Media and Hate Crime', Warwick University Working Paper Series No. 373 (May 2018).

Newell, Alan, and Herbert Simon, 'GPS, A Program That Simulates Human Thought' in H. Billing (ed.), *Lernende automaten* (Munich: R. Oldenbourgh, 1961).

Ng, Andrew, 'What Artificial Intelligence Can and Can't Do Right Now', *Harvard Business Review*, 9 November 2016.

Nilsson, Nils J., 'Artificial Intelligence, Employment, and Income', *AI Magazine* (Summer 1984).

——, *The Quest for Artificial Intelligence* (New York: Cambridge University Press, 2010).

Nordhaus, William, 'Two Centuries of Productivity Growth in Computing', *Journal of Economic History* 67:1 (2007), 128–59.

Novak, David, 'Toward a Jewish Public Philosophy in America' in Alan Mittleman, Robert Licht, and Jonathan D. Sarna (eds), *Jews and the American Public Square: Debating Religion and Republic* (Lanham, MD: Rowman & Littlefield, 2002).

Nübler, Irmgard, 'New Technologies: A Jobless Future or Golden Age of Job Creation?' International Labour Office Working Paper No. 13 (2016).

OECD, 'Divided We Stand: Why Inequality Keeps Rising' (2011).

——, 'Focus on Top Incomes and Taxation in OECD Countries: Was the Crisis a Game Changer?' (May 2014).

——, 'Growing Income Inequality in OECD Countries: What Drives It and How Can Policy Tackle It?' (2011).

——, 'Hours Worked: Average Annual Hours Actually Worked', OECD Employment and Labour Market Statistics database (2019).

——, *Job Creation and Local Economic Development 2018: Preparing for the Future of Work* (Paris: OECD Publishing, 2018).

——, *OECD Employment Outlook* (Paris: OECD Publishing, 2012).

——, *OECD Employment Outlook* (Paris: OECD Publishing, 2017).

——, *OECD Employment Outlook* (Paris: OECD Publishing, 2018).

Oliveira, Victor, 'The Food Assistance Landscape', Economic Research Service at the United States Department of Agriculture, Economic Information Bulletin Number 169 (March 2017).

O'Neil, Cathy, *Weapons of Math Destruction: How Big Data Increases Inequality and Threatens Democracy* (New York: Crown, 2016).

O'Rourke, Kevin, Ahmed Rahman, and Alan Taylor, 'Luddites, the Industrial Revolution, and the Demographic Transition', *Journal of Economic Growth* 18:4 (2013), 373–409.

Orwell, George, *Essays* (London: Penguin Books, 2000).

Ostry, Jonathan, Andrew Berg, and Charalambos Tsangarides, 'Redistribution, Inequality, and Growth', IMF Staff Discussion Note (February 2014).

Paine, Thomas, *Agrarian Justice* (Digital Edition, 1999).

Paley, William, *Natural Theology* (Oxford: Oxford University Press, 2008).

Pigou, Arthur, *A Study in Public Finance* (London: Macmillan, 1928).

Piketty, Thomas, *Capital in the Twenty-First Century* (London: Harvard University Press, 2014).

—— and Emmanuel Saez, 'A Theory of Optimal Capital Taxation', NBER Working Paper No. 17989 (2012).

——, Emmanuel Saez, and Gabriel Zucman, 'Distribution National Accounts: Methods and Estimates for the United States', *Quarterly Journal of Economics* 133:2 (2018), 553–609.

—— and Gabriel Zucman, 'Capital Is Back: Wealth–Income Ratios in Rich Countries 1700–2010', *Quarterly Journal of Economics* 129:3 (2014), 1255–310.

Pleijt, Alexandra, and Jacob Weisdorf, 'Human Capital Formation from Occupations: The "Deskilling Hypothesis" Revisited', *Cliometrica* 11:1 (2017), 1–30.

Polanyi, Michael, *The Tacit Dimension* (Chicago: Chicago University Press, 1966).

Popper, Karl, *The Open Society and Its Enemies*, vol. 1: *The Age of Plato* (London: Routledge, 1945).

Putnam, Hilary, 'Much Ado About Not Very Much', *Daedalus* 117:1 (1988), 269–81.

PwC, 'Global Top 100 Companies by Market Capitalisation' (2018).

——, 'Workforce of the Future: The Competing Forces Shaping 2030' (2018).

Rawls, John, *A Theory of Justice* (Cambridge, MA: Harvard University Press, 1999).

Reichinstein, David, *Albert Einstein: A Picture of His Life and His Conception of the World* (Prague: Stella Publishing House, 1934).

Remus, Dana, and Frank Levy, 'Can Robots Be Lawyers? Computers, Lawyers, and the Practice of Law', *Georgetown Journal of Legal Ethics* 30:3 (2017), 501–58.

Renshaw, James, *In Search of the Greeks*, 2nd edn (London: Bloomsbury, 2015).

Ricardo, David, *Principles of Political Economy and Taxation* (New York: Prometheus Books, 1996).

Ruger, Theodore W., Pauline T. Kim, Andrew D. Martin, and Kevin M. Quinn, 'The Supreme Court Forecasting Project: Legal and Political Science Approaches to Predicting Supreme Court Decisionmaking', *Columbia Law Review* 104:4 (2004), 1150–1210.

Russakovsky, Olga, Jia Deng, Hao Su, *et al.*, 'ImageNet Large Scale Visual Recognition Challenge', *International Journal of Computer Vision* 115:3 (2015), 211–52.

Russell, Bertrand, *In Praise of Idleness and Other Essays* (New York: Routledge, 2004).

Saez, Emmanuel, 'Striking It Richer: The Evolution of Top Incomes in the United States', published online at https://eml.berkeley.edu/~saez/ (2016).

—— and Thomas Piketty, 'Income Inequality in the United States, 1913–1998', *Quarterly Journal of Economics* 118:1 (2003), 1–39.

—— and Gabriel Zucman, 'Wealth Inequality in the United States Since 1913: Evidence from Capitalized Income Tax Data', *Quarterly Journal of Economics* 131:2 (2016), 519–78.

Salehi-Isfahani, Djaved, and Mohammad Mostafavi-Dehzooei, 'Cash Transfers and Labor Supply: Evidence from a Large-scale Program in Iran', *Journal of Development Economics* 135 (2018), 349–67.

Sandel, Michael, 'In Conversation with Michael Sandel: Capitalism, Democracy, and the Public Good', LSE Public Lecture chaired by Tim Besley, 2 March 2017.

——, 'Themes of 2016: Progressive Parties Have to Address the People's Anger', *Guardian*, 1 January 2017.

Scanlon, Tim, *Why Does Inequality Matter?* (Oxford: Oxford University Press, 2018).

Schaff, Kory, *Philosophy and the Problems of Work: A Reader* (Oxford: Rowman & Littlefield, 2001).

Scheidel, Walter, *The Great Leveler: Violence and the History of Inequality from the Stone Age to the Twenty-First Century* (Oxford: Princeton University Press, 2017).

Schloss, David, *Methods of Industrial Remuneration* (London: Williams and Norgate, 1898).

Schumpeter, Joseph A., *Capitalism, Socialism, and Democracy* (London: Routledge, 2005).

Searle, John, 'Minds, Brains, and Programs', *Behavioral and Brain Sciences* 3 (1980), 417–57.

——, 'Watson Doesn't Know It Won on "Jeopardy!"' *Wall Street Journal*, 23 February 2011.

Selbst, Andrew, and Julia Powles, 'Meaningful Information and the Right to Explanation', *International Data Privacy Law* 7:4 (2017), 233–42.

Seligman, Ben, *Most Notorious Victory: Man in an Age of Automation* (New York: Free Press, 1966).

Shapiro, H. A., '"Heros Theos": The Death and Apotheosis of Herakles', *Classical World* 77:1 (1983), 7–18.

Silk, Leonard, 'Economic Scene; Structural Joblessness', *New York Times*, 6 April 1983.

Silver, David, Aja Huang, Chris Maddison, *et al.*, 'Mastering the Game of Go with Deep Neural Networks and Tree Search', *Nature* 529 (2016), 484–9.

——, Thomas Hubert, Julian Schrittwieser, *et al.*, 'Mastering Chess and Shogi by Self-Play with a General Reinforcement Learning Algorithm', arXiv:1712.01815v1 (2017)

——, Julian Schrittwieser, Karen Simonyan, *et al.*, 'Mastering the Game of Go Without Human Knowledge', *Nature* 550 (2017), 354–9.

Singh, Satinder, Andy Okun, and Andrew Jackson, 'Artificial Intelligence: Learning to Play Go from Scratch', *Nature* 550 (2017), 336–7.

Smith, Adam, *An Inquiry into the Nature and Causes of the Wealth of Nations*, paperback edn (Oxford: Oxford University Press, 1998).

——, *The Theory of Moral Sentiments* (London: Penguin Books, 2009).

Snyder, Jacob, 'Leisure in Aristotle's Political Thought', *Polis: The Journal for Ancient Greek Political Thought* 35:2 (2018).

Solomonoff, Grace, 'Ray Solomonoff and the Dartmouth Summer Research Project in Artificial Intelligence' (no date), http://raysolomonoff.com/dartmouth/dartray.pdf

Somers, James, 'The Man Who Would Teach Machines to Think', *Atlantic*, November 2013.

Spencer, David, *The Political Economy of Work*, digital edn (New York: Routledge, 2010).

Standage, Tom, *The Turk* (New York: Berkley Publishing Group, 2002).

Stiglitz, Joseph, 'Inequality and Economic Growth', *Political Quarterly* 86:1 (2016), 134–55.

——, 'Toward a General Theory of Consumerism: Reflections on Keynes's *Economic Possibilities for Our Grandchildren*' in Lorenzo Pecchi and Gustavo Piga (eds), *Revisiting Keynes: Economic Possibilities for Our Grandchildren* (Cambridge, MA: MIT Press, 2008).

Summers, Lawrence, 'The 2013 Martin Feldstein Lecture: Economic Possibilities for Our Children', *NBER Reporter* 4 (2013).

Susskind, Daniel, 'Automation and Demand', Oxford University Department of Economics Discussion Paper Series No. 845 (2018).

——, 'A Model of Technological Unemployment', Oxford University Department of Economics Discussion Paper Series No. 819 (2017).

——, 'Re-Thinking the Capabilities of Technology in Economics', *Economics Bulletin* 39:1 (2019), A30.

——, 'Robots Probably Won't Take Our Jobs – for Now', *Prospect*, 17 March 2017.

——, 'Technology and Employment: Tasks, Capabilities and Tastes', DPhil diss. (Oxford University, 2016).

——, 'Three Myths About the Future of Work (and Why They Are Wrong)', TED talk, March 2018.

—— and Richard Susskind, *The Future of the Professions* (Oxford: Oxford University Press, 2015).

—— and Richard Susskind, 'The Future of the Professions', *Proceedings of the American Philosophical Society* (2018).

Susskind, Jamie, *Future Politics* (Oxford: Oxford University Press, 2018).

——, 'Future Politics: Living Together in a World Transformed by Tech', Google Talks, 18 October 2018.

——, 'Future Politics: Living Together in a World Transformed by Tech', Harvard University CLP Speaker Series, 11 December 2018.

Suzman, James, *Affluence Without Abundance: The Disappearing World of the Bushmen* (London: Bloomsbury, 2017).

Syverson, Chad, 'Challenges to Mismeasurement Explanations for the US Productivity Slowdown', *Journal of Economic Perspectives* 32:2 (2017), 165–86.

Taplin, Jonathan, 'Is It Time to Break Up Google?', *New York Times*, 22 April 2017.

Tegmark, Max, *Life 3.0: Being Human in the Age of Artificial Intelligence* (London: Penguin Books, 2017).

Tennyson, Alfred, *Selected Poems* (London: Penguin Books, 2007).

Thiel, Peter, and Blake Masters, *Zero to One* (New York: Crown Business, 2014).

Tombs, Robert, *The English and Their History* (London: Penguin Books, 2015).

Topol, Eric, 'High-performance Medicine: The Convergence of Human and Artificial Intelligence', *Nature* 25 (2019), 44–56.

Turing, Alan, 'Intelligent Machinery, A Heretical Theory', *Philosophia Mathematica* 3:4 (1996), 156–260.

——, 'Intelligent Machinery: A Report by A. M. Turing', National Physical Laboratory (1948); archived at https://www.npl.co.uk (accessed July 2018).

——, 'Lecture to the London Mathematical Society', 20 February 1947.

Tyson, Laura, and Michael Spence, 'Exploring the Effects of Technology on Income and Wealth Inequality' in Heather Boushey, J. Bradford DeLong, and Marshall Steinbaum (eds), *After Piketty: The Agenda for Economics and Inequality* (London: Harvard University Press, 2017).

UBS, 'Intelligence Automation: A UBS Group Innovation White Paper' (2017).

Van Parijs, Philippe, 'Basic Income: A Simple and Powerful Idea for the Twenty-first Century' in Bruce Ackerman, Anne Alstott, and Philippe Van Parijs (eds), *Redesigning Distribution: Basic Income and Stakeholder Grants as Cornerstones for an Egalitarian Capitalism* (New York: Verso, 2005).

—— and Yannick Vanderborght, *Basic Income: A Radical Proposal for a Free Society and a Sane Economy* (London: Harvard University Press, 2017).

van Zanden, Jan Luiten, Joerg Baten, Marco Mira d'Ercole, *et al.*, 'How Was Life? Global Well-being Since 1820', OECD (2014).

Veblen, Thorstein, *The Theory of the Leisure Class* (New York: Dover Thrift Editions, 1994).

Walker, Tom, 'Why Economists Dislike a Lump of Labor', *Review of Social Economy* 65:3 (2007), 279–91.

Wang, Dayong, Aditya Khosla, Rishab Gargeya, *et al.*, 'Deep Learning for Identifying Metastatic Breast Cancer', https://arxiv.org, arXiv:1606.05718 (2016).

Webb, Michael, Nick Short, Nicholas Bloom, and Josh Lerner, 'Some Facts of High-Tech Patenting', NBER Working Paper No. 24793 (2018).

Weber, Bruce, 'Mean Chess-Playing Computer Tears at Meaning of Thought', *New York Times*, 19 February 1996.

Weber, Max, *The Protestant Ethic and the Spirit of Capitalism* (Oxford: Oxford University Press, 2011).

Weil, David, *Economic Growth*, 3rd edn (London: Routledge, 2016).

Weiss, Antonia, 'Harold Bloom, The Art of Criticism No. 1', *Paris Review* 118 (Spring 1991).

Weizenbaum, Joseph, *Computer Power and Human Reason* (San Francisco: W. H. Freeman, 1976).

——, 'ELIZA – A Computer Program for the Study of Natural Language Communication Between Man and Machine', *Communications of the ACM* 9:1 (1966), 36–45.

Wood, Gaby, *Living Dolls* (London: Faber and Faber, 2002).

World Bank, *World Development Report: Digital Dividends* (2016).

World Economic Forum, *Global Risks Report 2017* (2017)

Wu, Zhe, Bharat Singh, Larry S. Davis, and V. S. Subrahmanian, 'Deception Detection in Videos', https://arxiv.org, 12 September 2017.

Zweig, Stefan, *The World of Yesterday* (London: Pushkin Press, 2014).